多层次资本市场研究

2019 年第 2 辑　总第 2 辑

谢　庚　徐　明　主编

中国金融出版社

责任编辑：石　坚
责任校对：孙　蕊
责任印制：丁淮宾

图书在版编目（CIP）数据

多层次资本市场研究．2019 年．第 2 辑：总第 2 辑／谢庚，徐明主编．—北京：中国金融出版社，2019．12

ISBN 978－7－5220－0405－1

Ⅰ．①多…　Ⅱ．①谢…　②徐…　Ⅲ．①资本市场—研究—中国　Ⅳ．①F832．5

中国版本图书馆 CIP 数据核字（2019）第 269047 号

多层次资本市场研究．2019 年．第 2 辑
Duocengci Ziben Shichang Yanjiu. 2019 Nian. Di－er Ji

出版发行　中国金融出版社
社址　北京市丰台区益泽路 2 号
市场开发部　（010）63266347，63805472，63439533（传真）
网上书店　http：//www. chinafph. com
　　　　　（010）63286832，63365686（传真）
读者服务部　（010）66070833，62568380
邮编　100071
经销　新华书店
印刷　北京市松源印刷有限公司
尺寸　185 毫米×260 毫米
印张　14．25
字数　235 千
版次　2019 年 12 月第 1 版
印次　2019 年 12 月第 1 次印刷
定价　48．00 元
ISBN 978－7－5220－0405－1

目　　录

编者按

2019年，按照打造一个规范、透明、开放、有活力、有韧性的资本市场的总目标，全面深化资本市场改革的各项措施稳步推进。本辑《多层次资本市场研究》将以资本市场改革涉及的若干基础性制度、指数及其衍生品创新为主题，从学者、业内专家等多重视角为读者提供资本市场未来改革发展的相关思考。

完善资本市场基础性制度，把好市场入口和市场出口两道关，加强对交易的全程监管是金融供给侧结构性改革的重要内容。开篇，全国中小企业股份转让系统有限责任公司（以下简称全国股转公司）总法律顾问牛文婕领衔就提高资本市场违法违规成本撰写了《构建我国证券集体诉讼制度的设想——以我国法律背景和证券市场实践为视角》，并提出在当前我国法律体系和司法体制大背景下，不宜简单效仿美国版证券集团的诉讼制度，而是应当充分利用已有的代表人诉讼制度，构建具有中国特色的证券集体诉讼制度。围绕科技创新企业在长期发展过程中对公司控制权和外部融资的平衡需求，我国资本市场探索实施了差异化表决权。本辑"制度探索"栏目为读者提供了清华大学法学院朱慈蕴教授撰写的《双重股权架构的境外经验与启示》。最后，围绕资本市场的进口、出口与交易等问题，国内主要交易所的从业人士紧密结合日常监管的重要实践问题，分别撰写了《我国上市公司主动退市监管实践的法律思考》《关于控股股东的认定标准问题研究》《股票价格稳定机制研究》。

2005年2月，华夏上证50ETF在上交所上市，我国指数化投资踏入了新进程；2010年4月，沪深300股指期货在中金所上市，为市场提供了资产配置和风险防范的新工具；2015年2月，上证50ETF期权在上交所上市，进一步丰富了股票投资的风险管理工具；2015年4月，上证50、中证500股指期货在中金所上市；2019年12月，我国第一只股指期权产品沪深300股指期权正式上市交易。可以说，持续发展基于指数的衍生品是健全我国多层次资本市场体系，完善市场双边风险管理，吸引中长期资金入市的重要手段。本辑"市场实践"

栏目特别邀请了中证指数公司、华夏基金和中金所研究院的相关业内资深专家，分别撰写了《指数化投资发展趋势与展望》《ETF 产品的创新与融合发展》《行业指数期货服务实体经济发展的作用分析》，既梳理研究了指数化投资和 ETF 产品创新的历史、未来、应用场景以及发展路径，同时创新性地提出了推动行业指数期货作为股指期货后备品种的建议。

本辑继续关注中小企业在多层次资本市场的发展。在“企业研究”栏目中，《中小企业资本市场服务的多维度有效性研究——基于湖南省新三板挂牌公司的调查分析》通过统计分析、问卷调查、走访座谈等方法，论证了新三板在改善中小企业资本环境中发挥的作用。在“域外经验”栏目中，《中小企业小额发行注册豁免的境外经验及借鉴》提出了以融资额为界限简化小额发行审核流程，并以限制投资额度的方式实施投资者适当性管理的相关建议；《境外多层次资本市场结构研究——以美国、英国和日本为例》进一步从内部层级、制度、行业、产品、投资者、中介机构的竞争等结构性视角丰富了我们对资本市场建设的认识；同时，希望《CBOE 做市商制度研究》不但能为我国期货期权市场的发展提供参考借鉴，也能对我国中小企业股票的做市提供一些启发。

“行业研究”栏目是全国股转公司践行以信息披露为中心监管理念的工作成果。自 2016 年起，全国股转公司已陆续发布多项行业信息披露指引，覆盖金融、软件和信息技术、医药制造、环境治理、专业技术服务业、零售业、互联网和相关服务业以及计算机、通信和其他电子设备制造业等多个行业。2019 年 10 月，全国股转公司进一步发布实施了教育、影视、农林牧渔、化工四个行业的信息披露指引。为了进一步让读者了解上述四个行业的产业链、商业模式、竞争能力、发展潜力和运行风险，以及分行业信息披露指引制定的基本逻辑，全国股转公司分行业信息披露指引研究小组在汲取往年工作经验和充分调研的基础上，撰写形成了《新三板挂牌公司分行业信息披露指引研究》。

制度探索

构建我国证券集体诉讼制度的设想

——以我国法律背景和证券市场实践为视角

牛文婕* 白芸**

摘 要：我国资本市场近年出现多起证券欺诈违法案件，严重损害了投资者的合法权益，在现行法律制度环境下，其违法违规成本与社会危害性不相适应，引发了市场各方对投资者保护和维护市场秩序的关注，社会各界纷纷呼吁加大证券违法犯罪行为的成本，证券集团诉讼的制度移植问题渐渐成为学界和业界讨论的热点。① 近期公开征求意见的《证券法（三审稿）》和出台的《最高人民法院关于为设立科创板并试点注册制改革提供司法保障的若干意见》（法发〔2019〕17号）（以下简称《科创板司法意见》）规定了一系列证券纠纷解决机制，② 着力从完善当前诉讼机制角度进一步加强对中小投资者的保护。这些规定表明了监管层对后端解决证券纠纷的重视，也使引入证券集团诉讼的

---

* 牛文婕，全国中小企业股份转让系统有限责任公司总法律顾问。

** 白芸，全国中小企业股份转让系统有限责任公司法律事务部经理。

本文仅代表个人观点。全国中小企业股份转让系统有限责任公司法律事务部杨微波、曹明明对本文写作也有贡献。

① 本文研究缘起于Hal S. Scott教授在2019年5月中国证监会国际部、哈佛大学法学院、清华大学五道口金融学院联合全国股转公司举办的“系统性风险防范与危机处置金融监管研讨会”中提出的关于我国引入证券集团诉讼的不同意见，为回应其观点，特做比较研究，以期为我国证券集体诉讼制度的构建提供参考。

② 前者第一百零四条规定了纠纷的调解机制、投资者保护机构的证券支持诉讼制度以及对投资者保护机构持股行权的豁免规定、第一百零五条明确了对虚假陈述、内幕交易、操纵市场等证券民事赔偿诉讼可以采用代表人诉讼；后者明确了要健全与注册制改革新相适应的证券民事诉讼制度，立足于用好、用足现行的代表人诉讼制度。

呼声渐趋高涨。本文从分析美国相关制度入手，结合我国证券市场实践，对证券集团诉讼制度的优势和弊端进行梳理，并提出构建我国证券集体诉讼制度的思考与设想。

关键词： 集团诉讼　代表人诉讼

一、集团诉讼的概念及特点

（一）集团诉讼的概念及制度要点

集团诉讼（Class Action，本文在介绍域外制度语境下选用集团诉讼，我国语境下选用集体诉讼作为制度构建对象）是指由权利受到损害的投资者以自己名义并代表与其存在相同法律事实的人向法院提起诉讼，诉讼结果约束所有集体成员的诉讼形式。集团诉讼起源于普通法系中的衡平理念，美国 1853 年联邦最高法院通过判例确立了集团诉讼制度，1938 年美国《联邦民事诉讼规则》将集团诉讼引入普通法救济领域，1966 年国会修订该法第 23 条，增设了集体成员范围的声明退出（Option－out）规则，至此美国的集团诉讼终告成型。

集团诉讼包括两个核心要点：一是除非受损者明确声明退出诉讼，否则默示其成为集团诉讼的原告，受诉讼结果约束；二是代表人和律师享有其他投资者对撤诉与和解事项的默示授权。

证券集团诉讼是指由一个或部分投资者代表全体被侵权投资者以集团的形式向法院提起民事侵权赔偿的行为。证券集团诉讼在美国最为发达，美国在《1995 年私人证券诉讼改革法》（以下简称 PSLRA）和《1998 年证券诉讼统一标准法》，以及 2005 年的《集团诉讼公平法》中专门规定了证券集团诉讼。

（二）证券集团诉讼和代表人诉讼制度的区别

我国《民事诉讼法》第 54 条规定了人数不确定的代表人诉讼是指诉讼当事人一方人数众多，其诉讼标的是同一种类，由其中一人或数人代表全体当事人进行诉讼，法院判决效力及于全体原告的一种诉讼形式。表面上看其与集团诉讼有相似之处，但实际上二者存在差异：一是判决扩张效力不同。根据《民事诉讼法》第 54 条第 4 款的规定，我国代表人诉讼的判决效力只及于参加登记的人，未参加登记的权利人只有在诉讼时效期间提起诉讼才能适用该判决、裁定；按照集团诉讼的声明退出规则，法院裁判具有扩张性，只要受损投资人不明确表示拒绝，则裁判的效力适用于所有权利人，无须另行判决。二是代表人的权限不同。根据《民事诉讼法》第 54 条第 3 款的规定，我国的代表人诉讼如要处理被代表人的实体权利，必须经过被代表人的特别授权；在集团诉讼中，代表人实际上享有包括撤诉与和解在内的一切处分权，这一授权是默示的。

二、引入证券集团诉讼可能带来的优势①

从加大证券违法违规行为成本的角度考虑，参考域外典型制度设计，构建适合我国法律体系、司法和证券市场实践的证券集体诉讼制度，有利于强化追究违法者的民事责任。

一是解决了受损证券投资者起诉动力不足的问题，克服个别诉讼的风险和不经济，缓和了集体行动困境。由于单个证券纠纷的受损投资者具有广泛性和分散性，而案件标的具有小额多数的特征，普通的被侵权人既无足够的激励、也无充分的能力采取司法救济，再考虑到证券诉讼的专业性和复杂性，律师成为发起集体诉讼的最优选择。集团诉讼原告的参与采用声明退出规则，汇集了遭受损失的中小投资者，使案件标的变得巨大，风险代理的胜诉酬金制度使代理律师的胜诉律师费可高达总赔偿额的 30%。由此，高额的风险酬金为代理律师提供了足够的利益激励，律师往往会主动寻找适格的代表人，积极提起集体诉讼。

二是集团诉讼巨大的民事赔偿数额可能对上市公司及其控股股东、高级管理人员形成威慑。国内目前上市公司所承担的证券违法行政责任有额度限制，既不足以涵盖投资者的损失，又因违法违规的成本过低不足以对上市公司产生威慑。集团诉讼声明退出规则所汇集的巨大赔偿数额对上市公司的控股股东及高级管理人员形成了威慑，倒逼其规范公司治理、履行忠实勤勉义务。

三是提高诉讼效率，节约诉讼成本。集体诉讼能够避免针对同一情形、不同受案法院、依不同标准作出不一致的裁决，维护了司法的权威性和稳定性。

---

① 郭雳．证券集团诉讼的功用与借鉴——一个基于现实的批判性解读［M］//证券法苑（2010）第二卷，北京：法律出版社，2010：165－191.

三、引入证券集团诉讼的弊端——以美国实践为切入点①

如上所述，证券集团诉讼一定程度上解决了原告起诉动力不足的问题，巨大的赔偿数额理论上也可以形成威慑，但是在证券集团诉讼最为发达的美国却被部分学者诟病，他们提出的理由如下。

（一）证券集团诉讼给原告的赔偿不足

证券集团诉讼虽然解决了原告起诉动力不足的问题，但在实践中给予原告的赔偿也不足。

一是原告律师有动机鼓励客户以远低于股东损失的数额和解案件。在集团诉讼制度下，律师无须征得所有原告的同意即可进行和解，而原告的集体行动困境决定了受害投资人难以对集团诉讼的律师形成有效的约束。数据表明，自1995年底PSLRA通过以来，向法院提起证券集团诉讼的起诉状超过3900份，但是进入审判程序的诉讼只有20个，如果这些起诉没有被驳回，那么几乎所有的诉讼都可以和解。据统计，2012年美国所有的证券集团诉讼案件和解金额的中位数和平均数分别为1200万美元和3600万美元，原告律师通常可以从和解结果中得到25%～35%的佣金，为了避免审判的成本和风险，即使和解可能不符合集团成员的最大利益，原告律师也有动力鼓励原告以远低于赔偿他们损失的金额和解案件，以此获得高额的律师代理费用。

二是原告投资者的受偿比例低下，集团诉讼中的赔偿金额很大一部分没有分配给受损股东。通过随机调查2001—2008年75件证券集团诉讼和解分配结果，发现只有40%～60%的潜在合格的股票持有者提交了分配索赔，对于未分配的赔偿金，法官既不会同意将这些钱用于公益事业，也不会返还被告，而是在提出索赔的集团成员之间分配，或按照和解协议的规定再进行分配。也就是说，虽然证券集团诉讼的参与是“明示退出”，但是赔偿金的分配却要“明示加入”，投资者往往因为涉及金额过小、没有收到和解通知或者因分摊获赔资金的费用将超过其可能得到的赔偿而怠于索赔，这导致了原告投资者受偿比例低下。

① 本部分观点和数据来自Hal S. Scott教授在“系统性风险防范与危机处置金融监管研讨会”中的讲话，及其论文Hal S. Scott & Leslie N. Silverman, Stockholder Adoption of Mandatory Individual Arbitration for Stockholder Disputes [J]. Harvard Journal of Law & Public Policy, 2013, Vol. 36, No. 3, pp. 1188－1228中的观点。

（二）律师存在操控证券集团诉讼问题

在证券集团诉讼中，律师享有包括和解、撤诉在内的处分权，但是每个投资者只对诉讼结果享有很小的份额，没有动力监督律师的行为，因而集团诉讼中委托人角色缺位，律师能够主导诉讼，由此引发了一系列问题。

一是集团诉讼制度在给公司股东带来高昂成本的同时，却给原告律师带来丰厚的回报，滋生扰诉和滥诉的行为。在实践中，存在律师不问缘由对任何股价显著波动兴诉，无端地扩大被告范围等现象，并且被告高管享有 D&O 保险[①]（Directors and Officers Liability Insurance，董事、监事及高级管理人员责任保险），D&O 保险仅在和解中可以适用，所以公司的利益常在律师和高管的和解默契中被出卖。

二是律师利用法院的裁判倾向挑选法院以谋求胜诉。不同法院对集团诉讼的态度不尽相同，整体上州法院更倾向原告，而在联邦法院诉讼一般有利于被告，由于不同地区法院尺度各异，一些地区法院较容易认可巨额的和解，很多集团诉讼律师刻意挑选某地法院申请诉讼，司法的权威性大打折扣。

（三）证券集团诉讼的威慑性不足

证券集团诉讼中有欺诈行为的高管并不承担实际的赔偿，并且其受到的名誉损失也较小，所以证券集团诉讼潜在的威慑作用可能非常有限。

在惩戒违法者方面，和解赔偿绝大部分来源于保险公司，其余多由被告公司承担，只有在公司资不抵债、保险覆盖面不足等少数情况下，成本才会落在违法者个人身上。数据显示，96%的证券集团诉讼是由保险机构赔付和解金额，所以董事和高管虽然经常成为诉讼的被告，但却是由公司或其保险公司支付和解金，个人被告负担的部分不超过0.5%。因此，管理者的违法责任通过保险公司和被告公司的层层转嫁，最终还是由股东承担，在这一过程中产生了包括律师费用在内的巨大交易成本，却并未使股东获得足额且合理的赔偿，也未起到真正惩戒违法者的作用。此外，研究发现，董事除不直接承担损害赔偿责任外，在证券集团诉讼中一般名誉损失也不大。因此，该制度的存在并不能有效敦促其勤勉尽责。

---

① 将公司董监高在行使职权时因过错导致第三者遭受经济损失，并依法应承担的相应经济赔偿责任的风险转嫁给保险公司，由保险公司按合同约定来承担经济赔偿责任。

（四）证券集团诉讼高昂的制度成本降低了美国资本市场对优质企业的吸引力，甚至影响了企业创新

一是证券集团诉讼给上市公司带来巨大的保险成本。数据表明，美国从2000—2012年所有证券集团诉讼和解的总价值接近681亿美元。证券集团诉讼的存在导致美国的保险成本大幅上升，世界500强公司为高管购买的D&O保险额度在美国通常为5亿美元，欧洲为2.5亿美元。保险公司在美国支付的费用约为4%，总成本为2000万美元；在欧洲，这一比例为1.3%，总成本为325万美元。由此可见，世界500强公司在美国的保险成本是欧洲的6倍多，这些高额的保险成本均由股东间接承担。

二是证券集团诉讼的存在增加了企业在美国上市的风险，使美国在资本市场的竞争中处于不利地位。为避免涉诉，上市公司不得不采取保守的商业策略，使公司失去很多商业机会，这在一定程度上抑制了企业创新。美国资本市场监管委员会（Committee on Capital Markets Regulation）发现，证券集团诉讼制度的存在使企业上市的责任风险大大增加，成为私营企业在美国上市的主要顾虑，也是风险资本减少投资以及推动资本流向海外的主要因素，使美国在全球资本市场中处于不利地位。

四、构建我国证券集体诉讼制度的思考与设想

在社会普遍呼吁提高上市公司质量、加大上市公司违法违规成本的背景下，在各国证券法律体系中可供借鉴的工具箱内，证券集团诉讼制度备受关注，学界和业界对此研究已久，众说纷纭。各国法律制度、司法环境、市场实践和信用体系等因素不同，并无放之四海普遍适用的同一标准，而是各有千秋。其中，尤以美国的证券集团诉讼和德国的示范诉讼[①]较为突出。

我国证券维权律师的队伍在不断发展壮大[②]，并通过网络平台[③]获得受损投

---

① 德国示范诉讼是德国依据《投资人示范性诉讼法》制定的制度，其对群体纠纷中共同的法律问题和事实问题进行裁判，裁判结果可以成为其他类似案件在诉讼上的处理依据。虽然我国与德国从法系上看更为相似，但是该制度在各级法院之间的协调程序极为复杂、制度移植成本过大，所以在此不做详述，主要比较分析美国版证券集团诉讼。

② 2018年维权律师征集索赔新增上市公司超过50家，2014年以前约100家上市公司被诉，索赔金额约20亿元，2015年至今约100家上市公司被诉，索赔金额超过30亿元。

③ 新浪维权平台、同花顺股民维权中心、大众维权易。

资者的授权后发起诉讼；同时，虽然A股D&O保险投保率不足10%，但随着上市公司对该险种的认识逐渐清晰，业内正在鼓励科创板上市企业购买D&O保险。[①] 所以，证券集团诉讼在美国实践中出现的一系列问题也应成为法律制度移植过程中的重要考量因素，尤其是在创新远远不足的市场发展初期，不应令其成为创新企业上市的顾虑，更不应对公司发展战略形成阻力。此外，证券集团诉讼下法院的裁决具有扩张效力，增加了法官的判决风险；此类案件的涉众性对本已不堪重负的司法系统造成的压力可想而知。因此，在目前司法改革背景下，引入美国版证券集团诉讼制度在法院层面也存在较大难度。

本文认为，在当前法律体系和司法体制大背景下，不宜简单效仿美国版证券集团诉讼制度，而是应当在现行法律制度体系下，充分利用已有制度，按照《科创板司法意见》中指出的用好、用足现行代表人诉讼制度，在短期内同样可以起到有效维护中小投资者权益的效应；从中长期看，可以系统整合《证券法》《公司法》《民事诉讼法》和《刑法》等相关制度，构建适合我国证券市场法律制度体系和实践的证券集体诉讼制度。针对上述问题，结合我国证券市场的具体实践，提出如下思考角度和初步设想。

（一）关于诉讼动力问题：完善诉讼融资及律师风险代理制度，解决原告起诉动力不足的问题

在解决受损股东起诉动力不足方面，诉讼融资和律师的风险代理制度不失为良策。一是在实践中，国内已有风险资本为诉讼提供融资[②]，即由第三方预先承担诉讼成本，若胜诉则向融资方返还一定比例的赔偿额，若败诉原告不必返还诉讼成本，该方式降低了原告的风险预期，增强了原告的起诉动力。二是完善现有的律师风险代理制度，为避免因过高的律师费用引发的滥诉风险，可考虑要求律师向法院和仲裁庭披露其在诉讼及和解协议中预期获得的律师费用，并由裁判者或者引入第三方评估对畸高的费用进行调整，从而抑制风险代理的弊端。

① 保护中小投资者权益 业内：鼓励科创板上市企业购买董监高责任险［EB/OL］.［2019-08-26］. https://baijiahao.baidu.com/s?id=1636474316795330442&wfr=spider&for=pc.

② 深圳前海鼎颂投资有限公司设立虚假陈述维权专项资金。

（二）关于原告诉讼的可行性问题：从登记、代表人权限、举证责任、赔付方式等方面完善现有代表人诉讼制度，解决对原告诉讼支持不足的问题

一是利用信息化网络平台便利当事人进行登记并参与诉讼。美国版证券集团诉讼的声明退出规则使判决效力在同类案件中自动扩张适用，可能存在较大的审判风险，因此建议暂不采用该种方式，而是优化加入，通过网络平台征集受损投资者、由其登记加入诉讼的方式便利当事人参与。二是便利当事人对代表人和律师的诉讼授权。在美国版证券集团诉讼中，投资者对代表人及律师的默示授权使律师缺乏必要的约束，引发道德风险，我国可考虑允许当事人通过网络投票多数决的方式对代表人及律师进行诉讼的特别授权，且代表人和律师的行为不及表示反对的投资者。三是为投资者参与证券诉讼提供制度便利。加快内幕交易、操纵市场民事赔偿司法解释的出台，明确原被告双方的举证责任，适当降低原告的举证难度，加强律师民事诉讼调查令制度的适用性。四是由人民法院以强制执行的方式通过证券登记结算系统向已经参与诉讼的投资者进行赔偿分配，提高投资者的赔付率。

（三）关于司法统一性问题：用好示范判决机制，规避律师滥诉，维护司法统一性和权威性

建议中证中小投资者服务中心有限责任公司（以下简称投服中心）与审判机关共同推动将证券公益机构参与的案件选为示范案件，积极与上海、北京、深圳等地区的证券交易场所相关案件指定管辖法院共同推动证券公益机构诉讼示范判决机制试点。如能由最高人民法院发布同类案件的指导性案例则更具示范效应。投服中心目前有持股行权和支持诉讼两种参与诉讼方式，建议引导当事人用好投服中心等公益组织的专业支持，通过调解、仲裁、诉讼等纠纷多元化解机制解决纠纷，进一步降低投资者维权成本，提高矛盾化解效率，真正实现“办一案，带一片”的示范效果。

（四）关于实施效果问题：适当强度的证券集体诉讼制度有助于阻遏目前上市公司违法违规等恶性事件的发生，短期内并不会削弱我国资本市场对企业上市的吸引力

在现有证券市场法律制度体系中，对证券市场违法违规行为的处罚力度主

要集中在证券交易场所的自律监管、证券监督管理部门的行政处罚和部分刑罚范畴。因各种制度设计和司法实践的制约，民事责任的追究十分不易，不能从经济利益的角度使违法违规者付出相应的代价，这确实是证券市场法律责任制度设计上的软肋，因此，从具体操作层面大幅提升证券集体诉讼的可行性尤为必要。在制度设计过程中，采取适当强度的方式，从目前形势看，还远不到阻碍证券市场创新、降低市场吸引力的程度。可以在一段时期内评估实施效果，再做相应调整。

五、结论

无论市场如何变革，保证投资者的权益在受到侵害时能够得到便捷有效的司法救济是资本市场的监管使命，但是具体制度的引入还需结合我国的实践。从表面上看，美国版证券集团诉讼的制度设计具有提高审判效率、加大上市公司违法成本、威慑违法者的作用，但该制度并非单独发挥作用，其引入同样会促使公司购买 D&O 保险以转移违法者的成本，甚至有可能抑制企业的创新。因此，本文建议构建具有中国特色的证券集体诉讼制度，通过发展律师风险代理制度、对诉讼代表人制度进行改良、用好指导性案例和示范判决机制等方式，可以解决目前证券类纠纷原告起诉动力不足、诉讼难度大、成本高的问题，同时，配合各种具体可行的操作安排，也可使证券集体诉讼具有可行性，提高对上市公司违法行为的威慑程度。如此，既可以规避美国版证券集团诉讼律师滥用权力，又可以达到维护司法权威性的效果，并在一定程度上加大证券市场违法违规成本，保护投资者合法权益，维护证券市场的正常秩序。

双重股权架构的境外经验与启示

朱慈蕴*

摘　要： 本文从双重股权架构功能出发，论述引入双重股权架构的必要性，在梳理域外立法机制时发现，域外各地形成了具有自身特色的双重股权架构制度；重点分析了引入双重股权架构的股东约束机制和投资者保护机制，包括建立类别表决权制度、保持一定比例的低投票权普通股股东董事、成立公司治理委员会、引入燕尾条款、完善股东诉讼等。最后，结合当前新三板市场推出的差异化表决权制度改革，提出相应的实施建议。

关键词： 双重股权架构　域外经验　投资者保护

一、双重股权架构的理论基础

（一）双重股权架构本质与表现

在现代《公司法》上，股份上的现金流权和表决权集中在一类普通股上，这一类普通股承载着相同的经济利益和一个表决权。双重股权架构的经济本质是对现金流权与控制权比例配置的背离，其允许创始股东融资的同时保留甚至强化对公司的控制权。双重股权架构的股份差异化表决权可以体现为不同的形式，在“一股一权”普通股之外，可以发行无表决权股、限制表决权股、复数表决权股、无收益权股、董监事选任股、特定事项否决权股或金股以及其他类型股票。

* 朱慈蕴，清华大学法学院教授、博士生导师。

（二）双重股权架构的功能

维持公司控制权与公司融资需求之间的平衡。双重股权架构的核心优势在于维持创始人对公司控制权的掌握，允许部分股东以低比例的经济权利获得高比例的参与权利。科技创新型企业在成长期面临控制权与外部融资导致股权稀释的权衡，通过实施双重股权架构制度，发行具有不同表决权的类别股，允许公司创始人团队在不稀释控制权的前提下寻求外部融资。

有利于公司长期稳定与发展。双重股权架构保证了公司创始人团队的长期控制权，当管理层与市场投资者在公司发展目标与发展战略产生冲突时，能够确保管理层选择有利于企业长期可持续发展的战略，为股东谋求长期价值，避免短视行为。一是有利于提高公司日常决策效率。异质化的公司股东在风险偏好、收益预期等方面存在较大差异性，尤其是中小股东普遍面临信息困境和集体行动难题，因此，在公司管理决策中较难达成一致意见。相对而言，创始人团队基于其行业经验和专业知识更具备管理决策能力，掌握更全面的信息，能够更高效地作出管理决策。二是促进企业长期发展。一方面，双重股权架构使创始人团队不受短期盈利的资本市场束缚，集中资源致力于公司的长远规划和发展；另一方面，可稳定管理层预期，激励管理层投入专属性人力资源。

有效抵御资本市场上的敌意收购。集中的控制权使公司创始人团队能够有效阻止敌意收购，或具备更强的议价能力，增加外部敌意收购的成本。[①]

（三）代理成本增加是引入双重股权架构制度的重要风险

双重股权架构的风险主要是控制人滥用控制权，增加代理成本。研究表明，控制权与现金流权利的分离程度越大，控股股东与其他股东之间的利益冲突就越严重，也会导致更高的代理成本。[②] 一是在风险分担机制方面，创始人团队的现金流权利和投票权比例失衡，加之机会主义倾向、市场环境的不确定性、信息不对称等因素，存在创始人团队背离公众股东利益而谋求控制权私人收益的动机和风险。二是双重股权架构阻碍了公司控制权的市场流动性，因此，减弱了公司创始人团队谋取经营业绩长期增长的动力和压力。基于对公司的控制权，双重股权架构的受益人既可避免被公司的其他股东罢免，又可避免

① 具有战略性或涉及国家关键行业的公司（如通信、媒体、航空等），为避免公司控制权被敌意收购也可采用双重股权架构。

② 叶勇，徐秋子．“一股一权”的法经济学反思［J］．中国外资，2014（3）．

在控制权市场竞争下的敌意收购造成的控制权转移。三是引发控制权滥用问题，控股股东可能利用其控制地位，通过关联交易、高管薪酬、合并等方式损害公司和少数股东利益。

二、双重股权架构的域外经验

（一）欧美等地采用双重股权架构的企业数量占比较高

美国是双重股权架构制度较为完善的国家之一。2015 年，在美国 IPO 的 133 家公司中，采用双重股权架构的公司占比 13.5%；2017 年，标准普尔 500 指数中的双重股权架构上市公司有 32 家，占比 6.64%。加拿大是美洲国家中不同表决权普通股上市公司比例最高的国家，[①] 多伦多证券交易所自 20 世纪 20 年代开始就允许双重股权架构公司上市，2006 年，在多伦多证券交易所上市的公司中采用双重股权结构的比例在 25% 左右。[②] 在欧洲，荷兰、法国、瑞典等国有相当比例的公司采用双重股权架构。研究表明，2003 年，在西欧 14 国 5162 家公开公司（样本公司中包含了众多小公司）中约 20% 使用了双重股权架构。[③]

（二）域外各地形成了各具特色的双重股权架构制度

1. 美国允许采用灵活的差异化表决权结构

美国各州《公司法》和《示范商事公司法》对公司发行差异化表决权的股份并不禁止或限制，但证券交易所的规则对差异化表决权股份的发行进行约束。

一是《示范商事公司法》允许发行高投票权股份实行双重股权架构。公司章程需规定公司发行的股票类别、同一类别中股票系列及数量，并在发行前对相关条件作出规定，包括优先权、权利和限制。

二是交易所通过规定完善的合同条款（上市公司章程条款）来提升双重股权架构上市公司的治理水平，促进投资者保护，包括燕尾条款（控制权溢价共享条款），要求任何购买公司超级表决权普通股的要约，应同时提供同样的条

---

① Ben - Ishai, Stephanie & Poonam Puri. Dual Class Shares in Canada: An Historical Analysis [J]. Dalhousie Law Journal, 2006, Vol. 29, No. 1, pp. 118 - 120.

② Shareholder Association for Research and Education. Second Class Investors: The Use and Abuse of Subordinated Shares in Canada [EB/OL]. [2008 - 08 - 18]. http://www.share.ca/files/ Second_ ClassInvestors. pdf.

③ See Morten Bennedsen & Kasper Meisner Nielsen. The Impact of a Break - Through Rule on European Firms [J] European Journal of Law and Economics, 2004, Vol. 17, No. 3, pp. 259 - 283.

款和条件购买其他次级表决权的普通股，这一条款是避免少数控制股东通过出售控制权获取超额溢价的重要方式；[①] 日落条款，法律或合约中规定部分或全部条文的终止生效日期，要求双重股权架构每五年重新表决一次是否继续存续，只有得到普通股股东的分类表决通过才可继续实施；低投票权普通股股东董事，公司董事会应当有一定比例的代表低投票权普通股股东的董事，以此保证低投票权普通股股东对公司事务的知情权和话语权；复数表决权股的表决权比例限制，公司发行的复数表决权股的表决权与普通股表决权之比不能超过10：1，而且复数表决权股的公司内部人拥有的表决权比例不能超过51%。

2. 加拿大对实施差异化表决权结构的公司实施更为严格的投资者保护制度

一是《加拿大商事公司法》规定，公司可以通过章程发行不同权利内容或对权利限制的类别股份，但在这类股份上至少附属股利分配权、表决权和剩余财产分配权之一种权利。[②] 加拿大常见的股权架构为A类股、B类股结构，即A类股份的投票权为每股一票，B类股份的投票权为每股多票，同时，B类股可按照1：1的比例转换成A类股，而A类股却不能转换为B类股。[③]

二是设置较为严格的股东保障机制。首先，在差异化表决权股发行程序上，加拿大规定除经过股东大会决议同意外，还需经大部分独立董事同意。其次，理论上，上市公司可通过股权重置或发行新股的方式实现双重股权架构，但为了维持股份平等原则，加拿大交易所禁止通过股权重置的方式实施双重股权架构。再次，监管部门规定燕尾条款为实施双重股权架构的上市公司章程范本，要求公司发生并购交易时，不同表决权股东应受到平等对待。最后，针对

---

① See Daniel P. Cipollone. Risky Business: A Review of Dual Class Share Structures in Canada and a Proposal for Reform [J]. Dalhousie Journal of Legal Studies, 2012, Vol. 21, p. 80.

② 《加拿大商事公司法》(*Canada Business Corporations Act*, R. S., 1985, c. C-44), s. 24 "(3) Where a corporation has only one class of shares, the rights of the holders thereof are equal in all respects and include the rights: (a) to vote at any meeting of shareholders of the corporation; (b) to receive any dividend declared by the corporation; and (c) to receive the remaining property of the corporation on dissolution." "(4) The articles may provide for more than one class of shares and, if they so provide, (a) the rights, privileges, restrictions and conditions attaching to the shares of each class shall be set out therein; and (b) the rights set out in subsection (3) shall be attached to at least one class of shares but all such rights are not required to be attached to one class."

③ 香港交易及结算所有限公司（以下简称香港交易所）首席中国经济学家办公室．双重股权架构与生物科技行业的上市制度改革［EB/OL］．［2019-11-13］．https://www.hkex.com.hk/-/media/HKEX-Market/News/Research-Reports/HKEx-Research-Papers/2018/CCEO_DualClass_201804_c.pdf?la=en.

发行了投票权受限股的公司，加拿大设有一套专门的监管体系防范低投票权股东的财富被挪用。

3. 日本对发行类别股的情形作出明确规定，并采用类别股股东大会保护股东权益

一是日本《公司法》允许公司在IPO之前采取差异化表决权结构，可申请上市，但是上市公司不得发行差异化表决权的股份。同时，《公司法》规定了股份公司基于公司章程，就以下事项发行两个种类以上的股份：盈余分配；剩余财产分配；可行使表决权的事项；转让限制；股东向公司请求回购股份；以发生一定事由为条件，公司向股东请求赎回股份；公司通过股东大会决议赎回全部股份；在股东大会、董事会等决议事项中，除一般决议外，还须经类别股东大会决议；由该类别股的类别股东大会选任董事、监事。这九个种类的类别股无相互重叠的部分，除此之外不得发行任何类别股。①

二是采用类别股股东大会机制保护类别股股东权益。类别股股东大会是由类别股股东参加的股东大会，公司如果实施会给类别股股东的利益带来重大影响的法定事项以及章程规定的事项时，需要经过该类别股股东大会的决议。这是仅由共通利害关系的类别股股东组成的合议体作出的集团性决定，该制度的目的是给予类别股股东团体性保护和调整公司利害关系。

4. 新加坡双重股权架构制度充分借鉴了欧美等地经验

一是2016年生效的《新加坡公司法》允许公众公司发行包含不同表决权的股票，包括无表决权的股票和多票表决权的股票。② 股权设置方面，规定投票权的上限为“一股十票”；股票类型转换方面，引入日落条款，在多票表决权股被出售、转让或所有人不再担任管理职务时，该股份自动转为普通股；信息披露方面，在招股书、发行备忘录等文件中需披露关于双重股权架构的详细信息。

二是对于发行不同投票权的股票，除经至少三分之二股东通过外，持有不含投票权股的股东也可进行投票表决。增加董事会独立性，要求审计委员会、提名委员会、薪酬委员会必须多数成员为独立董事，且委员会主席也应为独立

① 参见江頭憲治郎．株式会社法（第7版）［M］．日本：有斐阁，2017.

② See Chief China Economist's Office of Hong Kong Exchanges and Clearing Limited. Listing Reforms for Dual－class Share Structure and Biotech Industry［R］. Research Report, November 2018.

董事。

5. 中国香港对实施双重股权架构公司设置严格的管理制度

一是对上市申请公司，港交所只允许上市时采取双重股权架构，已上市公司不允许实施，此举可排除已上市公司通过资本重组转为双重股权架构的情况，避免中小投资者因集体行动困境而被迫同意不平等的投票权分配。同时，上市公司需满足一系列定量与定性标准，包括市值标准、所属创新产业、高速增长业绩等条件。

二是对不同投票权受益人，香港交易所《主板上市规则》规定，不同投票权受益人（以下简称受益人）须为公司的董事，除此之外，受益人为积极参与业务营运事务者，且用技能、知识或战略方针为公司业务持续增长作出重大贡献者。不同受益人实际拥有其已发行股本相关经济利益的占比合计不得低于10%，使受益人本身充分承担公司运营和决策风险，以遏制代理成本问题。

三是对投票权分配的要求，超级表决权与普通股表决权之比不得超过10：1。同时，超级表决权只在股东大会表决时使用，在以下重要议案时不得行使：（1）组织章程文件任何形式的变动；（2）任何类别股份所附带权利的变动；（3）委任或罢免独立非执行董事；（4）委聘或辞退审计师；（5）自愿清盘。

四是双重股权架构公司成立完全由独立董事任职的公司治理委员会，以及独立董事为主席的提名委员会，且独立董事必须至少每三年轮流退任。[①] 公司治理委员会除承担制定及检讨企业管治政策等一般职能之外，还必须承担审查和监控同双重股权架构有关的风险和利益冲突；提名委员会主要负责物色及提名董事人选。

三、股东约束与投资者保护机制设计

在双重股权架构下，中小股东保护问题更为突出，投资者保护制度的完善是此制度获得市场接纳的根基。域外经验表明，通过在双重股权架构资本重置的前、中、后环节设置多重治理制度，可实现对控股股东的约束和中小股东的保护。

① 香港交易所《主板上市规则》第8A.29条。

（一）建立类别表决权制度的事前救济机制

类别表决权是指类别股股东（优先股或无表决权股、低投票权股）在普通股股东大会之外分类召开的类别股股东会上的表决权，类别股股东对变更其在公司中的参与权的有关议案作出意思表示（赞成、反对或弃权），从而形成类别股股东团体。类别表决权的价值在于为类别股股东提供事前救济手段，通过行使类别表决权，类别股股东可以对损害其利益的公司决议进行类别否决。英美法系和大陆法系国家《公司法》都明确了优先股股东的类别表决权，例如，美国《示范商事公司法》规定，如果公司章程修改将变更类别股股东在公司中的参与权，则类别股股东有权单独作为一个投票团体进行表决。① 英国《公司法》规定，如变更类别股份的类别权，应经类别股股东四分之三以上书面表决同意。②

（二）保持一定比例的低投票权普通股股东董事

借鉴美国、新加坡等国家的实践经验，实施双重股权架构的上市公司应在公司章程中规定，董事会中应有一定比例的代表低投票权股股东的董事，以此保证低投票权股股东对公司事务的知情权和话语权，尤其在两类股东发生利益冲突时，保护低投票权股股东免遭控制类别股股东的侵害。③

（三）设立公司治理委员会

公司治理委员会成员和主席均为独立董事，并承担审查和监控双重股权架构相关的风险和利益冲突的职责，包括确认高投票权受益人均是公司董事会成员以及相关会计年度内并无发生董事失格的情况；审查及监控利益冲突的管理，并就任何涉及发行人、发行人附属公司或发行人股东与高投票权受益人之间可能有利益冲突的事宜向董事会提出建议；就委任或罢免合规顾问向董事会提出建议等。

（四）引入燕尾条款

根据燕尾条款规定，当双重股权架构公司发生并购交易时，不同表决权股东应受到平等对待，包括同等的交易价格、交易方式等交易条件，以防止高投

① MBCA 2010 § 10. 04. 规定了八种改变类别股股东参与权的公司章程修改事项，类别股股东作为独立的投票团体（voting group）有权对这些列举的公司章程修改事项进行投票。

② 类别权是指公司章程规定的，类别股股东不同于普通股股东的权利，优先股是类别股的一个子范畴，优先权是类别权的一个子范畴。关于类别股和类别权的一般原理适用于优先股和优先权。

③ Shareholder Association for research and education：Second class，April 2004，p. 27.

票权股股东将公司控制权出售并获得大量溢价。通过该条款将高投票权股股东的控制权溢价平均分配到所有股东，消除高投票权股股东在公司收购中的财产转移行为，从而保证了股东平等。研究发现，引入燕尾条款国家的超级表决权的溢价低于无相关制度的国家。[①]

（五）完善股东诉讼机制

完善股东直接诉讼和派生诉讼等机制是双重股权架构公司对低投票权股股东保护的重要事后监督机制。从保护投资者和惩戒上市公司内部人违法行为角度出发，美国股东诉讼制度中包含选择退出规则、胜诉酬金制度以及共同基金制度。首先，选择退出规则是指经法定程序通知后，如果股东未表示反对，则视为默认加入股东集团诉讼中。该规则在于扩大股东诉讼原告范围和赔偿金，克服股东直接诉讼“集体行动”困难，同时也增加了对优秀律师团队的吸引和激励，对公司内部控股股东形成威慑力。[②] 其次，胜诉酬金的经济实质是诉讼项目由原告提供给律师，律师通过风险代理向原告进行融资。[③] 胜诉酬金[④]解决了股东诉讼败诉的律师费用风险。最后，共同基金规则是指将原告（胜诉方）在集团诉讼中获得的收益作为一项共同基金，律师费用和其他费用可从该基金中支取。

四、对新三板实施双重股权架构的建议

2019 年 4 月，上交所修订《科创板股票上市规则》，规定了表决权差异安排。2019 年 10 月，新三板正式启动了系统性、全面性的改革。2019 年 11 月 8 日，就修订、制定的相关业务规则公开征求意见。其中，《挂牌公司治理规则（征求意见稿）》第十九条规定，“挂牌公司可以按照法律法规、业务规则的规定，在公司章程中设置表决权差异安排。设置表决权差异安排，应当经出席股东大会的股东所持表决权的三分之二以上通过，拟持有特别表决权股份的股东及其关联方应当回避表决”；第二十条规定，“每份特别表决权股份的表决权数

---

① John A. Willes & John H. Willes. Contemporary Canadian Business law: Principles and Cases, 8th ed [M]. Toronto: McGraw - Hill Ryerson, 2006.

② 杜要中．美国证券集团诉讼程序规则及借鉴［J］．证券市场导报，2002（7）．

③ 耿利航．论我国股东派生诉讼的成本承担和司法许可［J］．法律科学，2013（1）．

④ 胜诉酬金制度同样也有利于激励少数股东提起派生诉讼来间接保护其在公司中的利益，完善公司治理。

量应当相同，且不得超过每份普通股份的表决权数量的 10 倍”，说明新三板正式引入了差异化表决权制度。从新三板市场特征出发，新三板具有试点双重股权架构的需求及优势。新三板市场中高新技术企业占比超过 62%，其中，生物医药、高端装备制造、互联网、软件和集成电路、云计算、人工智能、大数据行业企业占比达 42%，引入双重股权架构符合创新型、创业型企业的现实需求情况。

挂牌公司设置表决权差异安排的所属行业、财务要求等由全国股转公司另行规定，具体细则暂未公布。现结合双重股权架构的相关理论、域外经验，新三板在双重股权架构的实施细节方面，可借鉴美国证券交易所、香港交易所、上交所等对双重股权架构公司实施的内部管理制度。

首先，确立双重股权架构的挂牌公司范围。从境外经验看，家族企业和媒体行业等新经济以外的传统行业对双重股权架构也有迫切需求，建议不对新三板双重股权架构的适用行业做过于狭隘的界定，可以将所适用的行业界定为高科技、生物科技以及其他有需求的新三板企业。

其次，从高投票权股受益人、高投票权股表决权限制、高投票权股股东最低经济利益方面限制双重股权架构公司相关资格，避免公司治理结构失效。高投票权股的发行对象应限于经股东大会特别多数股东认可的企业创始人，且一经转让高投票权股自动转换为一股一权的普通股；考虑规定无论持有复数表决权股的公司内部人拥有多少表决权，其表决权比例不能超过 51%。

再次，完善挂牌公司信息披露制度，包括在报告书等相关文件上标注双重股权架构公司，并阐明实施此架构的必要性和安全性；信息披露文件中揭露双重股权架构相关风险，揭示高投票权股持有人或受益人及持股数量等；应该披露公司内部人与公司经济上的关联性，以避免过高的代理成本。此外，在高投票权股股东与公司进行关联交易时，应对关联交易的内容向低投票权股投资者进行充分披露，以保障市场公平。

最后，建构相应的治理制度来防范控制股东滥用控制权，保护持低投票权股的投资者。如确立股东大会的类别表决制度，强制要求双重股权架构挂牌公司在董事会中设置低投票权普通股股东代表董事、公司治理委员会，公司章程中强制记载日落条款等。

我国上市公司主动退市监管实践的法律思考

施金晶[*]　张斌[**]

摘　要： 2019年5月16日，上海证券交易所（以下简称上交所）根据上市委员会审核意见，作出同意上海普天邮通科技股份有限公司（以下简称＊ST上普）A股、B股股票主动退市申请，并决定公司股票终止上市。这是自2014年证监会推动退市制度改革建立主动退市制度以来，继二重集团（德阳）重型装备股份有限公司（以下简称＊ST二重）2015年主动退市外，我国资本市场第二单主动退市案例。[①] 两单主动退市案例既有一些共性之处，也不乏其个性特征。在监管实践中发现，两单主动退市案例在具体实施过程中存在着一些局部规则漏洞和空白，也有部分法律适用问题值得深入探讨。同时，作为一项制度实践历时五年后，有必要重新审视目前我国主动退市制度的实践环境和应用情景，合理展望其未来可能的制度走向，进而思考其规则制定细节的进一步完善。鉴于此，笔者结合日常退市监管实践工作，对我国上市公司主动退市监管实践情况展开一定的法律思考。

关键词： 退市制度　主动退市

＊ 施金晶，华东政法大学经济法学博士研究生。

＊＊ 张斌，上海证券交易所上市公司监管一部经理。

① 广义上来说，我国资本市场主动退市早在2004年TCL通讯（000542.SZ）吸收合并退市以来就存在上市公司主动退市案例，但前期主动退市多为集团公司上市资源整合导致，一般都采取吸收合并的方式，退市公司股份被置换成为新上市公司股份，与狭义上的上市公司股份退市后丧失在公开市场挂牌交易机会有所不同。因此，从严格意义上来说，2014年主动退市制度建立以来，仅有＊ST上普和＊ST二重两单主动退市案例。

一、我国上市公司主动退市制度及实践案例情况

我国上市公司主动退市制度由主动退市适用范围规则、主动退市程序规则和投资者保护等相关配套规则三部分组成，具体路径上主要有股东大会决议退市和要约收购退市两种方式，总体上尚存在着立法分散和规则空白问题。截至目前，*ST 上普和*ST 二重两单仅有的主动退市案例均为国有企业在面临强制退市后的无奈之举，两单案例既存在共性特征，也有个性差异，生动反映了目前我国主动退市制度的实践情况。

（一）我国上市公司主动退市制度框架

我国上市公司主动退市制度的建立是几轮退市制度改革的产物，其最直接的上位法是证监会于 2014 年 10 月颁布的《关于改革完善并严格实施上市公司退市制度的若干意见》（证监会令第 107 号）（以下简称《若干意见》）。按照证监会当时的制度设想，上市公司股票挂牌转让只是其在某一段时间给予企业自身发展融资需要作出的安排，并非企业发展的终极目标，因此可能存在处于不同发展阶段的上市公司基于实现发展战略、维护合理估值、稳定控制权以及成本效益法则等方面的考虑，认为不再需要继续维持上市地位，或者继续维持上市地位不再有利于公司发展，可以主动向证券交易所申请其股票终止在交易所的挂牌转让。

具体而言，上市公司申请股票主动退市可能存在以下客观原因：第一，基于股票上市融资便利和信息披露成本的经济考量决定主动退市。虽然股票上市后可以为公司带来证券发行直接融资的渠道便利，但是上市公司组织日常信息披露的合规成本会给其带来额外的上市费用。两相比较，可能存在一些上市公司发现股票上市对其而言是负收益，进而有经济动力进行主动私有化。第二，基于更灵活的公司治理结构和日常经营需要而进行的主动退市。例如，一些上市公司在发展过程中基于企业发展的需要，可能会产生更加灵活的控制权结构安排，而不同交易所基于各国公司证券法律关于同股同权和社会公共股分布比例要求会对上市公司的治理结构和股权分布等形成不同的制度约束。因此，公司会基于公司发展阶段过程中的不同关键要素考量，决定进行私有化或者转所交易。第三，基于提升股票估值考量的主动退市。上市公司股票价格高低会受到特定交易市场环境的影响，不同的交易市场会因为股票供需不同、交易流动性差异等存在估值差异，公开市场和私有市场对于股票估值定价也存在不同的

运行机理进而导致差异。上市公司实际控制人基于自身财富最大化的诉求，也存在着主动退市的经济驱动。

在主动退市的具体路径上，上交所《股票上市规则》规定了七类主动终止上市的情形。[①] 从具体分析来看，七种类型中区分了主动终止上市后是否去其他交易所挂牌上市的不同，也区分了不同主体回购或者收购上市公司股份的情形差异，甚至包含了上市公司因吸收合并或者解散导致法人主体资格后的必然退市情形。若排除前述分类标准导致的情形增加外，我国上市公司主动退市的路径主要可以分为两种：第一种路径是股东大会决议主动退市路径。公司股票上市交易是其对于已发行股票交易转让的机制安排，理论上公司有权决定其股票不再上市交易。鉴于股票是否继续上市交易会影响全体股东的交易权（转让权），因此在决策机制上需要以股东大会多数决的方式形成公司整体的意思表示。[②] 第二种路径是基于主动有意行为导致不满足上市公司社会公众股分布要求，进而主动适用强制退市规则的退市路径。我国《证券法》基于上市公司股票流动性考量，区分上市公司总股本的不同对其社会公众股分布比例设置了25%和10%两档最低比例要求，[③] 如果上市公司股权结构不能维持前述要求将面临强制退市风险，而通过回购或收购主动不满足前述分布条件的，即为主动退市。根据回购或收购的主体不同又可以具体分为上市公司回购股份主动退市、控股股东收购股份主动退市和第三方收购主动退市三种情形。第二种路径

① 根据上交所《股票上市规则》第14.4 1条规定，上市公司出现下列情形之一的，可以申请主动终止上市：（一）上市公司股东大会决议主动撤回其股票在上交所的交易，并决定不再在上交所交易；（二）上市公司股东大会决议主动撤回其股票在上交所的交易，并转而申请在其他交易场所交易或转让；（三）上市公司向所有股东发出回购全部股份或部分股份的要约，导致公司股本总额、股权分布等发生变化不再具备上市条件；（四）上市公司股东向所有其他股东发出收购全部股份或部分股份的要约，导致公司股份总额、股权分布等发生变化不再具备上市条件；（五）除上市公司股东外的其他收购人向所有股东发出收购全部股份或部分股份的要约，导致公司股本总额、股权分布等发生变化不再具备上市条件；（六）上市公司因新设合并或者吸收合并，不再具有独立法人资格并被注销；（七）上市公司股东大会决议公司解散；（八）中国证监会和上交所认可的其他主动终止上市情形。

② 上交所《股票上市规则》14.4.2 前条第（一）项、第（二）项规定的股东大会决议事项，除须经出席会议的全体股东所持有效表决权的三分之二以上通过外，还须经出席会议的除下列股东以外的其他股东所持有效表决权的三分之二以上通过：（一）上市公司的董事、监事、高级管理人员；（二）单独或者合计持有上市公司5%以上股份的股东。

③ 《证券法》第50条规定：股份有限公司申请股票上市，应当符合下列条件：（一）股票经国务院证券监督管理机构核准已公开发行；（二）公司股本总额不少于人民币三千万元；（三）公开发行的股份达到公司股份总数的百分之二十五以上；公司股本总额超过人民币四亿元的，公开发行股份的比例为百分之十以上；（四）公司最近三年无重大违法行为，财务会计报告无虚假记载。证券交易所可以规定高于前款规定的上市条件，并报国务院证券监督管理机构批准。

还需要遵守《公司法》《证券法》《上市公司收购管理办法》（以下简称《收购管理办法》）、《上市公司重大资产重组管理办法》等关于上市公司收购、重组等有关程序事项和信息披露方面的规定。

在配套制度安排上，鉴于主动退市过程中可能存在少数异议股东被多数股东意见所代表，为向其提供一定的救济路径、避免其股票权益受到损害，《若干意见》要求主动退市公司应当提供异议股东保护机制，在公司章程中对决议持异议股东的回购请求权、现金选择权等作出专门安排。此外，为鼓励上市公司在面临强制退市前申请主动退市，《若干意见》给予主动退市区别于强制退市一定的制度收益，具体包括：第一，主动退市公司，在满足一定条件后，随时可以重新申请上市；[①] 第二，对于涉嫌欺诈发行的公司或其控股股东、实际控制人，在受到证监会行政处罚前，按照公开承诺回购或者收购全部新股，赔偿中小投资者经济损失，及时申请其股票退出市场交易的，可以从轻或者减轻处罚。

总体来看，作为提升退市效率、丰富退市渠道的制度创设产物，目前我国已经初步建立了上市公司主动退市的制度，但是具体规则主要散落在证监会《证券法》《若干意见》和沪深交易所的《股票上市规则》的相关条款中，欠缺针对性、体系性的立法安排，也因此容易产生可能的规则漏洞和相应的法律适用问题。

（二）主动退市实践情况：＊ST 二重和＊ST 上普案例回顾

自 2014 年 10 月创设主动退市制度以来，截至目前，我国资本市场仅有两单主动退市案例，即＊ST 二重和＊ST 上普主动退市。这两单主动退市在主动退市原因、公司属性、主动退市路径、异议股东保护措施等方面存在一定的共性特征，在具体现金选择权操作细节上又存在着一定的差异之处。

在共性方面，两单主动退市案例在以下四个方面存在相同之处：第一，主动退市原因都是面临强制退市前的无奈之举。＊ST 二重因为 2011—2013 年连续三年亏损，股票被上交所暂停上市，在预计 2014 年度经营业绩为亏损的情况下，启动了主动退市方案；＊ST 上普因为 2015—2017 年连续三年亏损被实施股票暂停上市，在预计 2018 年继续亏损后，启动了主动退市方案。第二，

---

① 上交所《退市公司重新上市实施办法》第 9 条规定：主动退市公司可以随时向本所提出重新上市申请。

两家公司在所有权属性上均是国有企业，股东方资金实力较强，为要约收购或异议股东保护方案的实施提供了资金保障。其中，＊ST 二重控股股东为中国第二重型机械集团公司，披露的实际控制人为中国机械工业集团有限公司（国务院国资委独资公司），＊ST 上普控股股东则为中国普天信息产业股份有限公司，实际控制人也为国务院国资委。第三，在主动退市路径上，两家公司最终都是通过股东大会决议审议通过的方式申请主动退市，退市议案获得双重多数决通过。第四，在异议股东保护措施上，两家公司都选择了由控股股东或实际控制人向包括异议股东在内的全体股东提供现金选择权的方式提供投资者保护方案。之所以向全体股东提供现金选择权，其目的是避免公司股东为了获得异议股份现金选择权申报资格而策略性地在股东大会上投反对票，最终可能因为全体股东“集体行动的逻辑”导致主动退市方案未获审议通过。

在个体差异方面，两单案例存在以下具体不同之处：第一，在主动退市路径的选择方面，＊ST 二重一开始选择了要约收购的方式，要约收购以＊ST 二重的股权分布符合退市要求为生效条件，即社会公众持股数量低于 229344952 股（包含本数），则要约收购生效；否则，要约收购自始不生效①。根据预受要约情况，预受要约股份数量合计 112596748 股，未达到生效条件，要约收购退市失败。＊ST 二重进而选择了股东大会决议退市方案，最终获得表决通过，但其提供的现金选择权的价格与前期要约收购价格一致。而＊ST 上普则一开始就选择了股东大会决议的退市方案。从主动退市成本上来看，理论上要约收购退市方式可以在满足股份分布退市条件前提下设置要约收购股份数量上限，以减少主动退市前期的成本。但考虑到《证券法》第 97 条关于余股同等条件收购的制度，与需要提供异议股份现金选择权的股东大会决议退市路径相比，在资金成本上并无明显规则套利空间。第二，在股份类别上，＊ST 二重主动退市仅涉及 A 股主动退市，＊ST 上普则同时发行有 A 股和 B 股，按照《股票上市规则》规定，其主动退市申请原则上应当申请 A 股和 B 股同时退市。② 第三，在具体现金选择权价格设置方面，＊ST 二重现金选择权价格为 2.59 元/股，较暂停上市前收盘价溢价比例为 10.21%；＊ST 上普 A 股现金选择权价格为 6.74

---

① ＊ST 二重公告．二重集团（德阳）重型装备股份有限公司要约收购报告书［R］．2015－02－17．

② 上交所《股票上市规则》第 14.4.1 条规定，已在本所发行 A 股和 B 股股票的上市公司，根据前款规定申请主动终止上市的，应当申请其 A 股、B 股股票同时终止上市，但存在特殊情况的除外。

元每股，B 股现金选择权价格为 0.416 美元每股，较暂停上市前一日收盘价的溢价率分别为 -12.48% 和 5%。

二、上市公司主动退市实践中的法律适用问题

如前文所述，作为我国退市制度改革产物的主动退市制度，虽然目前已经初具规则框架，但由于缺乏体系性的立法安排，也缺乏充分的案例实践，因而在具体实践过程中存在一定的法律问题尚待明确。为此，笔者结合监管实践中所遇到的问题，对可能存在的法律实践问题进行一定的阐释和探讨。

（一）主动退市和强制退市的规则竞合问题

从目前仅有的两单主动退市案例情况来看，其均为上市公司在面临强制退市风险后被动选择主动退市，因此存在上市公司同时触及强制退市情形和主动退市情形的规则竞合和法律适用问题。目前既有立法并无直接规则对此予以明确。与之类似的是，在上交所主板《股票上市规则》和《科创板股票上市规则》关于退市章节的规定中，对于公司可能触及多种退市风险警示情形的规则竞合问题，都采取了“先触及、先适用”的规则适用原则①。因此，基于规则适用统一性，当出现主动退市和强制退市的规则竞合时，原则上也应当参照适用“先触及，先适用”的规则适用逻辑。但是，如何理解“先触及”成为问题的关键。一般而言，因财务指标触及强制退市，年报披露日即为触及强制退市之日。而在主动退市情形下，究竟是公司召开股东大会表决通过之日或者要约收购导致公司股权分布不满足上市条件之日，还是公司在出现前述情形后提出主动退市申请之日，实践中不无困惑。

我们以为应当以公司提出申请之日作为主动退市触及之日。具体理由如下：第一，如果将公司股票在交易所上市交易视为一项民商事协议行为，那么公司申请股票退市就是对协议的终止或变更，首先必须由公司作为协议一方向另一方以一定的法律行为作出相关意思表示，方才启动了退市事宜流程；第二，股东大会作出主动退市决议仅仅是公司意思形成的过程，尚不能对外产生法律效力；第三，如果缺乏主动退市申请，那么公司股份分布持续不满足上市条件将触发强制退市而非主动退市。因此，公司只需要在披露年报前申请主动退市，即可直接先适用主动退市程序。但是，“先触及，先适用”并非意味着

① 袁钰菲．并购实战：制度逻辑与方案设计［M］．上海：上海财经大学出版社，2018.

后触及的规则就一定不适用，因此理论上当公司披露年报后也同步触及适用了强制退市规则。因此，从合规性而言，交易所作出同意主动退市申请的决定应当至少早于公司因触及强制退市而作出终止上市决定最晚日，否则公司股票就应当按照规定被强制退市。在实践中，交易所对 * ST 二重和 * ST 上普主动退市申请同意的决定均满足前述规则要求。

（二）A + B 股公司要约收购主动退市规则适用问题

我国《证券法》第 50 条规定，股份有限公司上市需要满足公开发行的股份达到公司股份总数的百分之二十五以上；公司股本总额超过人民币四亿元的，公开发行股份的比例要求为百分之十以上。那么对于同时发行有 A 股和 B 股的上市公司而言，其如果选择要约收购方式为主动退市路径，在社会公众股分布上是需要满足 A 股、B 股分别低于维持上市的分布比例，还是只需要总股本合并计算上低于上市要求的社会公众股份分布比例即满足申请主动退市条件？

对于该问题，实务中存在两种认识：第一种观点认为，A 股和 B 股并非类别股的差异，其区别仅仅在于交易结算资金的不同，鉴于日常股东大会中 A 股和 B 股都是合并计算投票表决权比例的，因此在《证券法》第 50 条未做特别说明的情况下，社会公众股分布的要求应当是对总股本合并计算的要求。第二种观点是从立法目的解释的角度出发，主张《证券法》之所以对上市公司社会公众股分布作出最低分布比例要求，其目的是保障公司股份的流通性，而 A 股和 B 股在交易时是两个彼此隔绝、互不影响的单独交易市场，因此社会公众股分布的比例要求也应当是对 A 股和 B 股各自的要求。由此反推，要约收购退市路径下的主动退市也应当要求 A 股和 B 股同时不满足股份分布条件。

我们认为第一种观点较合理，主要理由如下：第一，在法律解释过程中，基于维护法律安定性价值，首先应当通过文义解释理解条文的字面意思，只有当文义解释得出复数解释结论时，方才运用其他解释方法。① 而从字面上看，《证券法》第 50 条从规则条款上并不能解读分股份类别计算的字面意思。第二，通过系统查阅目前 A 股存量上市公司发现，至少存在中信银行、中国人寿和中国石油三家 A + H 股公司，合并计算公司社会公众股的分布满足最低上市

① 梁慧星．民法总论（第三版）[M]．北京：法律出版社，2010.

比例要求，但是单独计算 A 股的股份分布则不满足上市比例要求。[①] 因此，从规则解释适用延续性的角度，也是基于维护现行资本市场秩序的考虑，合并计算而非分股份类别单独适用更有利于整个市场的稳定运行。

（三）主动退市现金选择权方案法律适用问题

因为公司股票退市后，异议股东被动丧失了其所持股票在公开市场的投票交易权，因此作为一种权益保护机制，《若干意见》明确要求上市公司应当向其提供异议股份回购请求权或现金选择权的安排。现金选择权来源于异议股东回购请求权，而异议股份回购制度最早是法律在公司合并决策中为了达成尊重公司股东多数合并意愿和保护少数派股东合法权益适度平衡的制度产物，其目的在于当公司组织结构发生根本性变化时，允许少数股东拥有彻底退出的机会。[②] 我国《公司法》基于公司股票流动性不同的考虑，规定有限公司在出现连续五年盈利不分红、合并、分立、转让主要财产、应当解散而未解散公司等情形下，异议股东有请求公司按照合理价格收购其股权的权利，[③] 而股份公司股东在因对股东大会作出的公司合并、分立决议持异议时，可以要求公司收购其股份。[④] 与异议股份回购不同的是，现金选择权由公司以外的第三方提供，提供对象也不限于异议股东。目前上交所《上市公司重大资产重组信息披露备忘录第六号　上市公司现金选择权业务指引（试行）》（以下简称《业务指引》）对重大资产重组过程中提供现金选择权业务的适用情形和程序事项进行

---

① 其中，中信银行第一大股东中国中信有限公司持有 A 股 319.89 亿股，占公司 A 股总数 340.53 亿股的 93.94%；中国人寿第一大股东中国人寿保险（集团）公司持有 A 股 193.24 亿股，占公司 A 股总数 208.24 亿股的 92.78%；中国石油第一大股东中国石油集团持有 A 股 1475.97 亿股，占公司 A 股总数 1619.2208 亿股的 91.15%。

② 朱锦清．公司法学（下）［M］．北京：清华大学出版社，2017.

③ 《公司法》第 74 条规定，有下列情形之一的，对股东会该项决议投反对票的股东可以请求公司按照合理的价格收购其股权：（一）公司连续五年不向股东分配利润，而公司该五年连续盈利，并且符合本法规定的分配利润条件的；（二）公司合并、分立、转让主要财产的；（三）公司章程规定的营业期限届满或者章程规定的其他解散事由出现，股东会会议通过决议修改章程使公司存续的。自股东会会议决议通过之日起六十日内，股东与公司不能达成股权收购协议的，股东可以自股东会会议决议通过之日起九十日内向人民法院提起诉讼。

④ 《公司法》第 142 条规定，公司不得收购本公司股份。但是，有下列情形之一的除外：（一）减少公司注册资本；（二）与持有本公司股份的其他公司合并；（三）将股份用于员工持股计划或者股权激励；（四）股东因对股东大会作出的公司合并、分立决议持异议，要求公司收购其股份；（五）将股份用于转换上市公司发行的可转换为股票的公司债券；（六）上市公司为维护公司价值及股东权益所必需。

了专门规定，但对于现金选择权价格等未做明确限制。①

目前上市公司主动退市过程中的现金选择权方案主要参照《业务指引》的规定实施。实施过程存在以下法律问题：

第一，现金选择权的价格应当如何设置。《公司法》异议股份回购规则的表述是合理价格，但如何确定合理价格并不明确。目前两单主动退市案例均参照了《收购管理办法》关于要约价格设置的规定②，将现金选择权价格设定为公司暂停上市停牌前30个交易日的均价。但按照这种方式定价可能出现现金选择权价格低于最后一个交易日收盘价格，容易引发市场质疑。③

第二，现金选择权实施触及强制要约收购问题。第三方因提供现金选择权可能导致其持股比例超过30%，触及《收购管理办法》关于强制要约义务。在实践中，*ST二重在审议主动退市议案的股东大会上，同时提请审议通过了非关联股东批准相关方免予以要约方式增持公司股份的议案，意图在可能触及强制要约收购义务后，适用《收购管理办法》第63条第关于认购新股导致持股比例超过30%的要约豁免规则。④ 尽管根据申报结果，*ST二重并未最终触及强制要约问题，但很显然现金选择权是老股收购，与认购新股发行存在差异，直接适用未免牵强。对此，笔者认为强制要约收购规则旨在让中小股东平等享受控制权转让溢价，实施主动退市现金选择权与巩固控制权的收购行为有所区别，考虑到简化主动退市程序（尤其是在公司面临强制退市情形下的主动退市面临时间节奏问题），可以认为其不受《收购管理办法》的规则约束；并且由第三方提供固定价格的现金选择权实质上与要约收购效果等同，因此也无再行申请豁免的必要。

第三，现金选择权股权登记日如何设置问题。上交所《业务指引》中规定

① 袁钰菲．并购实战：制度逻辑与方案设计［M］．上海：上海财经大学出版社，2018.

②《上市公司收购管理办法》第三十五条规定：收购人按照本办法规定进行要约收购的，对同一种类股票的要约价格，不得低于要约收购提示性公告日前6个月内收购人取得该种股票所支付的最高价格。要约价格低于提示性公告日前30个交易日该种股票的每日加权平均价格的算术平均值的，收购人聘请的财务顾问应当就该种股票前6个月的交易情况进行分析，说明是否存在股价被操纵、收购人是否有未披露的一致行动人、收购人前6个月取得公司股份是否存在其他支付安排、要约价格的合理性等。

③ 周科竞．*ST上普现金选择价缺乏诚意［N］．北京商报，2019-03-25.

④《上市公司收购管理办法》第63条规定：有下列情形之一的，相关投资者可以免予按照前款规定提交豁免申请，直接向证券交易所和证券登记机构申请办理股份转让和过户手续：（一）经上市公司股东大会非关联股东批准，投资者取得上市公司向其发行的新股，导致其在该公司拥有的权益超过该公司已发行股份的30%，投资者承诺3年内不转让本次向其发行的新股，且公司股东大会同意投资者免予发出要约。

“对于A股上市公司，其股权登记日为开始申报日的前一交易日，申报期间公司股票及其衍生品种停牌”。目前＊ST二重和＊ST上普基于操作简便，均将现金选择权的股权登记日设置为公司召开股东大会审议主动退市方案的股权登记日，因此股权登记日和申报日之间至少间隔了15个工作日。在此期间可能因为强制划转、继承等非交易过户事项导致股权发生变动、申报有效性确认问题，需要进行后续的线下辨别和筛选。对此，建议可以明确规定主动退市的现金选择权的股权登记日原则上也应当为开始申报日的前一交易日。

三、上市公司主动退市制度展望及完善建议

主动退市制度自建立以来，已历时近五年，从最初旨在丰富退市渠道、提升退市效率的制度设想预期，到实践运行过程中演变成为国有企业退市的一种变通方式，有必要理性分析制度演变的背后成因，并对未来制度发展走向进行重新展望。最终，我们还需要在理性展望的基础上，对我国主动退市制度进行进一步的规则完善和市场引导。

（一）上市公司主动退市制度展望

从既有的两单主动退市案例情况可以窥见，未来我国上市公司主动退市制度在短期内将主要成为国有企业上市公司在面临强制退市时的自救渠道。究其原因，首先，目前我国企业上市尚未真正实现注册发行，上市公司基于稀缺性的“壳”价值客观存在，公司缺乏主动退市的经济驱动；其次，对于国有企业尤其是央企而言，之所以选择主动退市并避免被强制退市，主要原因在于行政治理机制在国有企业决策层内部发挥政治作用，也只有国有企业的控股股东有实力并且有意愿选择主动退市。

那么对于目前的这种发展态势，应当如何看待？我们注意到，已经有媒体观点认为主动退市成为强制退市公司的一个保护机制，背离了主动退市制度设计之初的本意，主张对于被动主动退市的公司不能随时向交易所提出重新上市申请的制度优待。[①] 这其实是对重新上市制度的一种“流行的误解”。主动退市公司可以随时申请重新上市的前提条件是其已经满足了连续三年盈利、最近三年无重大违法行为等，因此对于连续亏损或存在重大违法行为的退市上市公司而言，其至少需要在退市经营满三个会计年度方能申请重新上市，因此既存的

---

① 皮海洲．主动退市不能成为一种“临时抱佛脚”的选择［J］．武汉金融，2019（4）．

规则设计已经压缩了制度套利的空间。并且，从退市制度的初衷而言，退市本身并不是目的，主动或是强制也无关问题本质，其最终是为了通过退市提升资本市场效率。而在目前强制退市因投资者利益保护措施缺失尚面临一定阻力的情形下，即使是被动的主动退市，因为解决了退市过程中的投资者利益保护问题，也完全符合公众利益。

再以一种更加前瞻性的视角来看，随着在科创板试点股票发行注册制的不断推进并最终推广实施，上市公司"壳"价值会不断地缩减，基于上市成本考量的主动退市经济驱动将会逐渐增强，相信类似美的吸收合并小天鹅退市的市场化案例将会越来越多。那么，作为一种制度的提前储备，我们也有必要进一步完善主动退市制度。

(二) 上市公司主动退市完善建议

从目前既有规则来看，我们认为我国主动退市制度至少还要从以下三个方面进行进一步的制度完善。

第一，对主动退市制度进行专门系统性立法，填补完善规则细节。如前文所述，目前我国主动退市的主要制度规则散见于《若干意见》和沪深交易所《股票上市规则》，缺乏对主动退市适用情形、决策程序、异议股东保护具体实施规则、交易所受理、决定和复核程序等体系性、专门性规定。既造成了实践中的规则检索成本，也存在因规则空白和漏洞形成的适用困惑，徒增监管和市场成本。此外，若通过要约收购路径进行主动退市的，按照目前规定，尚需要按照《收购管理办法》等规定披露权益变动报告书、收购报告书乃至申请要约豁免事项。鉴于主动退市与关涉控制权事项的收购存在本质区别，要约收购仅仅是主动退市实现股份分布不满足上市条件的技术手段，因此有必要简化适用《收购管理办法》中的相关规定，减少商事成本，提升退市效率。

第二，探索建立主动退市余股强制挤出制度。我国《证券法》第 97 条规定，在上市公司收购行为完成前异议股东拥有股份回购请求权，即请求公司按照本次要约价格收购余股股东拟出售的余股，目的在于充分保护主动退市过程中的投资者利益。但是如果有极少部分股东不行使异议股份回购请求权，退市公司无权将其股份强制赎回。对于不情愿带着小股东的退市公司而言，"在作出重大决策时须遵循严格的程序，人数众多但持股比例微乎其微的小股东在理论上仍有权参与股东大会，这极大地增加了公司的运营成本"，"《公司法》所赋予的小股东各项诉权极大地增加了其退市后与其母公司、关联公司进行企业重组等重大决策的风险成本"[①]。而在美国等成熟资本市场国家，公司证券法律基于经济效率的考虑，已经建立了收购合并过程中的余股强制挤出制度，赋予公司在特定情形下强制挤出少数股东的对等权利。为了减少主动退市公司的制度成本，目前在国内实践中，只能通过换股吸收合并的方式，通过注销上市公司法人主体实现对少数股东的强制挤出，带来诸多的商事成本。因此，建议应当尽快探索建立余股强制挤出制度。

第三，探索实施上市公司分类收费和分类监管，显著提升退市风险公司的上市成本。《若干意见》曾经设想"证券交易所可以通过设定差异化的上市年费、提高信息披露要求等经济或者自律方式，加大存在强制退市可能的上市公司维持上市地位的成本，引导其主动退出交易所市场"。目前交易所已经对退市公司探索实施了初具成效的分类监管，但是对于提升退市风险公司的上市费用和信息披露合规成本尚未能形成效果明显的实施方案。其主要原因在于，在目前的"壳"价值动辄数十亿元的市场环境下，不在同一数量级别的上市费用和合规成本的有限调整也难以发挥作用。但未来随着市场估值环境不断调整，建议在评估测量的基础上，继续尝试探索合理有效的上市公司分类阶梯收费标准，并针对退市风险公司探索建立明确可行的专项信息披露要求，以切实显著提升其上市成本，促使一批丧失可持续经营能力的公司主动退出资本市场，保护中小投资者的利益。

① 江川．余股强制挤出：证券投资者保护视阈下的反向思考［J］．新金融，2017（7）．

关于控股股东的认定标准问题研究

宋彦妍[*]　盛子轩[**]　申凡[***]

摘　要：本文从控股股东的概念、与实际控制人的区分及实践中的认定情况等角度出发，研究了控股股东的认定标准问题，具体探讨了实践中控股股东是否可以为多方及非第一大股东是否能认定为控股股东的问题。研究发现，厘清认定控股股东的标准十分必要，本文对控股股东的认定从形式、实质及监管效能等方面着力，在综合分析持股比例和表决权的基础上，提出认定控股股东的相关建议。

关键词：控股股东　认定标准　实践争议　完善建议

一、引言

控股股东的定义在2006年引入《公司法》，而对于控股股东该如何认定及其法律责任等尚未立法规制，目前仅有上海证券交易所和深圳证券交易所（以下简称交易所）上市规则、解答层面及实务界标准可做参考，但是也不能据此得出明确的认定标准。主要原因包括以下三点：第一，在规则层面，理论界对实际控制人的认定标准关注较多，而对控股股东的认定标准关注较少；第二，作为认定实际控制人主要标准的控制权的认定范畴包含了控股股东的概念，导

* 宋彦妍，金杜律师事务所证券业务部合伙人。

** 盛子轩，全国中小企业股份转让系统有限责任公司挂牌审查部高级经理。

*** 申凡，全国中小企业股份转让系统有限责任公司挂牌审查部经理。

致二者极易混同；第三，在实践中，上市条件方面对实际控制人有明确的要求，比如上市公司要求实际控制人最近三年或两年内不能发生变更，而对控股股东的变更并无限制，因此上市公司及监管层更加关注实际控制人的认定标准。上述因素都会导致控股股东认定标准不明确、形式不统一，从而出现控股股东是否可以存在多方，是否可以是非第一大股东等具体问题。

在我国现行的法律制度框架下，本文研究控股股东的认定标准有重要意义。首先，结合《公司法》与上市规则，明确控股股东的认定标准，更具实务指导性，可以解决控股股东与实际控制人的认定标准模糊、缺乏判断依据及可能存在的混同问题。

其次，厘清控股股东的认定标准，可以防止为了逃避法律义务而规避控股股东认定的情形。法律规则对控股股东规定了相应的法律义务，比如公司独立性、资金占用、同业竞争、重大违法违规、限售期、失信联合惩戒的相关要求等。尤其是对股票限售期的规定，上市公司发行人如没有或难以认定实际控制人的，要求发行人的股东按持股比例从高到低依次承诺其所持股份自上市之日起锁定 36 个月，直至锁定股份的总数不低于发行前股份总数的 51%。

再次，相较实际控制人的控制权而言，控股股东是更加显性、直接控制公司的人，且由于控股股东的特殊地位，需要使控股股东权责匹配，使控股股东对公司及其他股东的利益负有注意义务。明确控股股东认定标准对于规范大股东行为，保护其他中小股东利益，完善公司治理结构更具意义。

最后，有利于完善控股股东的信息披露。证监会对控股股东是法人和自然人的信息披露要求都作出了明确的规定①。明确的控股股东认定标准有利于完善信息披露，保障信息披露的真实性、准确性。

本文结合《公司法》等相关法律法规、证监会规定及实务操作情况，研究控股股东认定的标准，提出上市公司及挂牌公司认定控股股东标准的相关建议。

二、认定的相关法律规定

控股股东的法律定义在法律、部门规章及交易所信息披露规则等层面均有

① 王军伟. 控股股东、最终控制人行为与公司治理效率关系的实证研究 [D]. 南京：南京航空航天大学，2013.

规定，主要体现在《公司法》①《上市公司章程指引》（2019年修订）② 及交易所股票上市规则③等层面，相关规定核心要义基本保持一致，即在综合分析股东持有的股权和表决权的基础上认定控股股东。

在概念层面，有限责任公司与股份有限公司控股股东认定规则分别如下。有限责任公司为：（1）占有限责任公司资本总额50%以上的股东；（2）出资额的比例低于50%，但其表决权能对股东会决议产生重大影响。股份有限公司层面也是类似有限责任公司的认定：（1）持股比例超过50%的股东；（2）若持股比例低于50%，则关注表决权的影响，表决权能够对股东大会产生重大影响的为控股股东。

对于一些特殊情形，比如第一大股东没有被认定为控股股东，在交易所规则层面也有一些规定，上海证券交易所将第一大股东的行为视同控股股东④。经案例检索及分析，上市公司在没有将第一大股东（非纯财务投资人）认定为控股股东的情况下，第一大股东比照控股股东的要求接受核查、履行限售等义务。

在交易所上市规则及业务解答层面，存在一些参考30%股权比例从而认定控股股东的标准，比如《首发业务若干问题解答（一）》及香港联交所⑤的相

① 《公司法》（2016）第216条，控股股东是指其出资额占有限责任公司资本总额百分之五十以上或者其持有的股份占股份有限公司股本总额百分之五十以上的股东；出资额或者持有股份的比例虽然不足百分之五十，但依其出资额或者持有的股份所享有的表决权已足以对股东会、股东大会的决议产生重大影响的股东。

② 《上市公司章程指引》（2019年修订）第192条，控股股东是指其持有的普通股（含表决权恢复的优先股）占公司股本总额50%以上的股东；持有股份的比例虽然不足50%，但依其持有的股份所享有的表决权已足以对股东大会的决议产生重大影响的股东。

③ 《深圳证券交易所股票上市规则》第18.1条、《深圳证券交易所创业板上市规则》第17.1条（2018年11月修订）、《上海证券交易所股票上市规则》第18.1条（2018年11月修订）、《上海证券交易所上市公司控股股东、实际控制人行为指引》附则6.2条、《全国中小企业股份转让系统挂牌公司信息披露细则》第56条等规定，控股股东指其持有的股份占公司股本总额50%以上的股东；或者持有股份的比例虽然不足50%，但依其持有的股份所享有的表决权已足以对股东大会的决议产生重大影响的股东。

④ 《上海证券交易所上市公司控股股东、实际控制人行为指引》附则第6.5条规定，以下主体的行为视同控股股东、实际控制人行为，比照适用本指引相关规定：1. 控股股东、实际控制人直接或间接控制的法人、其他组织（上市公司及上市公司控股子公司除外）；2. 控股股东、实际控制人为自然人的，其父母、配偶和子女；3. 第一大股东；4. 本所认定的其他主体。

⑤ 《首发业务若干问题解答（一）》问题10，发行人股权较为分散但存在单一股东控制比例达到30%的情形的，若无相反证据，原则上应将该股东认定为控股股东或实际控制人。参见《香港联合交易所有限公司证券上市规则》《香港联合交易所有限公司GEM证券上市规则》第1.01条，控股股东为（1）任何有权在发行人的股东大会上行使或控制行使30%或30%以上投票权的人士或一组人士；（2）有能力控制组成发行人董事会的大部分成员的人士或一组人士。

关规定，若无相反证据，均认定持股超过30%的股东为控股股东。我们认为，30%股权比例的设置与《公司法》中重大事项的决议需经过三分之二以上表决权的股东通过的规定是相辅相成的。

三、法定概念的规范解读

（一）法律层面的认定标准

依照法律、法规的效力位阶判断，《公司法》是判断控股股东的最基本原则，据此控股股东的认定依据为持股比例超过50%的；若持股比例低于50%，则需要判断股权代表的表决权是否足以对公司股东大会决议产生重大影响[①]。

在法理层面也有支持此判断的依据，比如，如果有一个股东能够在股东会投票表决时占据多数，能够实际控制股东会，他就能够选举董事会的多数甚至全部董事，这样的股东叫做控股股东，持股达到半数以上的叫做绝对控股，不到半数的称为相对控股[②]。也有学者认为，上述对于控股股东的认定标准过于单一，认定标准依然局限于持股比例和对会议决议的重大影响，并建议增加对控股股东的认定标准[③]。

其他规定并未超出《公司法》对于控股股东的定义，因此按照目前的法律规定，控股股东的认定标准是股权比例及股权所代表的表决权。

（二）与实际控制人的区分

1.《公司法》层面的区分

根据《公司法》的规定，实际控制人本质上不是公司的股东，但是通过一些其他安排（比如投资关系、协议等）能够控制公司，享有控制权[④]。按照文义解释方法，控股股东与实际控制人二者之间的区分如下：

首先，从控制股权的角度来看，控股股东对于公司的控制是显性的，位于前台的控制，建立在股权所有权基础上；而实际控制人的概念更偏重于控制，是隐性的，位于后台控制公司，并且可以不是公司的股东，即建立于控制权与

---

① 《公司法》（2016）第216条。

② 朱锦清．公司法学［M］．北京：清华大学出版社，2017.

③ 张园园，罗培新．上市公司控股股东、实际控制人违法行为的监管实践与制度完善［J］．证券法苑，2017（22）．

④ 《公司法》第216条，实际控制人是指虽不是公司的股东，但通过投资关系、协议或者其他安排，能够实际支配公司行为的人。

所有权分离的基础之上[①]。值得一提的是，立法者定义的实际控制人是指间接股权控制人，而控股股东是指直接股权控制人[②]。从上述分析可见，《公司法》等法律、规则规定的持有公司股权仅指直接持股，即控股股东必须是公司的股东，必须直接持有公司股份，而实际控制人不能是公司的股东，并不一定持有公司股份。

其次，从控制权层面来看，控股股东对公司控制权的来源是依其股份所享有的表决权；而实际控制人对公司的控制权来源则侧重通过投资关系、协议等其他安排而支配公司的行为。

2. 上市规则层面的区分

在上市规则层面对控制权作出了规定，原则上包括：（1）持股50%以上的股东；（2）超过30%的表决权；（3）能够选举半数以上董事；（4）表决权对股东大会决议能够产生重大影响[③]。由上述控制权的情形可以看出，证监会层面认定的实际控制人的范畴包括控股股东的概念。

3. 上市规则在认定控制权方面更具操作性

在我国《公司法》等法律、规则的层面，控股股东与实际控制人的概念是不存在交叉、并列的关系，是不重合的。控股股东的概念覆盖了通过股权形成的控制权，实际控制人的概念覆盖了除股权控制之外的其他形式下的控制权（比如投资安排、协议控制），因此，《公司法》通过控股股东与实际控制人在概念上的区别，进而全面、宽泛地认定了对公司拥有控制权的主体类型。

但是在上市实务操作中，特别是在上市公司认定控制权时，对于控股股东的认定被囊括进实际控制人的范畴，由此出现了控股股东和实际控制人可以为同一人的情况，在一定程度上存在概念交叉。此种认定标准更利于在实务操作中对上市公司实际控制人控制权的认定，且与境外主要的认定标准趋于一致。

---

① 王宏哲．“实际控制人”概念：证监会主导的误用及其立法原因［J］．中国集体经济，2012（25）．

② 王宏哲．“实际控制人”概念：证监会主导的误用及其立法原因［J］．中国集体经济，2012（25）．

③ 《深圳证券交易所股票上市规则》第18.1条、《深圳证券交易所创业板股票上市规则》第17.1条、《上市公司收购管理办法》第84条规定，下列情形之一的，为拥有上市公司控制权：1. 投资者为上市公司持股50%以上的控股股东；2. 投资者可以实际支配上市公司股份表决权超过30%；3. 投资者通过实际支配上市公司股份表决权能够决定公司董事会半数以上成员选任；4. 投资者依其可实际支配的上市公司股份表决权足以对公司股东大会的决议产生重大影响；5. 中国证监会认定的其他情形。

四、实践中的认定情况

（一）实践中的认定标准

随着经济的发展，股权结构日趋分散复杂，上市及挂牌公司中认定控股股东的形式、标准也比较宽泛，上市公司世龙实业甚至认定了两个控股股东，分别为直接控股股东和间接控股股东。总体来看，在符合《公司法》原则的基础上，目前对于控股股东的认定情形主要有以下三种。

境内上市公司：（1）通常为公司持股比例最高的股东；（2）为多名股东（通过一致行动等方式）；（3）无控股股东。

新三板挂牌公司：（1）为一个自然人或者企业主体，通常为第一大股东；（2）无控股股东，不存在认定多人为控股股东的情况。

香港上市公司：（1）任何持股超过30%的股东及通过上述股东能够有权在股东大会上行使30%或以上的投票权的人士；（2）通过签订一致行动协议等安排，使投票权或表决权超过30%以上的多名股东；（3）无控股股东。

（二）目前仍存在争议的问题

1. 控股股东是否适合存在多方

在联交所的上市规则中并没有专设实际控制人的概念，其规则规定的控股股东对公司的控制包含了全部控制，即最终控制，因此联交所规则下的控股股东可以认定为多方或多人。在HKEX－GL89－16联交所诠释3.4.2中，将持有上市公司股份超过30%的两位股东（机构A、机构B）及分别持有上述两位股东100%股份的股东（A先生、B先生）均认定为控股股东。从上述认定可以看出，联交所对于控股股东的认定是以对股东大会形成的实质控制为主要标准，并未限定控股股东人数。

境内上市公司及新三板审查初期都存在通过签订《一致行动协议》而认定多方为控股股东的情况。但是，境内上市、挂牌公司基于《一致行动协议》达成共识从而形成共同控制权，是认定共同实际控制人的依据之一，也可以作为对抗其他单一股东对股东大会能够产生重大影响的相反证据之一，但不适宜作为成为共同控股股东的依据。

因此，为了区别共同实际控制人的控制权与控股股东因股权和表决权而产生的控制权，从本质上区分实际控制人与控股股东，解决实际控制人与控股股东的混同问题，我们认为不适合将控股股东认定为多方。

2. 非第一大股东是否可以成为控股股东

从目前的上市和挂牌公司来看，将非第一大股东认定为控股股东的案例十分少见。经过案例检索，我们发现上市公司中富瀚微（股票代码：300613）及挂牌公司云尚物联（股票代码：873291）通过合并间接持股股份计算表决权的方式，将非第一大股东（股份代表的表决权最多）认定为控股股东；上市公司威华股份（股票代码：002240）及挂牌公司朋万科技（股票代码：836011）通过委托表决权的方式将非第一大股东认定为控股股东（股份代表的表决权最多）。

从上述对法律、规则的分析来看，并未对非第一大股东成为控股股东作出禁止性规定，而且上交所规定可以将第一大股东的行为视同控股股东；从案例来看，认定非第一大股东为控股股东的主要依据是股份享有的表决权，符合《公司法》对控股股东认定的第二种情形的规定。因此，我们认为，在合理充分论述表决权依据的基础上，可以将非第一大股东认定为控股股东。

（三）境内外认定理念

境内外认定控股股东的理念都比较宽松，其共性是都秉持了实质重于形式的原则。根据分析香港联交所诠释发现，联交所在确认上市申请人的控股股东时，遵循了尊重每个企业的实际情况，对保荐人应该履行完备的尽职审查义务作出要求，保证上市申请文件中关于控股股东的认定依据充分、全面，不存在误导或者欺诈的成分即可。联交所认为可以根据每个案件和公司实际情况，任何股东都可以被视为控股股东或其中一个控股股东。

通过上述分析发现，联交所和境内交易所在确认控股股东时理念都相对宽松，即在遵循《公司法》规定的基础上，尊重企业的实际情况，以公司和中介机构论证为主要认定依据。

五、认定的相关建议

基于上述法条、法理、交易所认定理念，我们认为对于控股股东的认定（适用于上市及挂牌公司），应该在遵循法律规定的基础上，按照实质重于形式的原则，尊重企业自身实际情况和中介机构的论证，建议认定标准如下。

1. 存在单一股东直接持股比例达 50% 以上的，认定该股东为控股股东

2. 将持股比例低于 50% 的股东认定为控股股东

（1）虽然持股比例低于 50%，但依据其持有的股份所享有的表决权对股东

大会决议能够产生重大影响；（2）申请上市（挂牌）公司股权较为分散但存在单一股东控制比例达到30%的情形的，若无相反证据，原则上认定该股东为控股股东；（3）若无单一股东可通过其持股享有表决权进而对股东大会决议产生重大影响，可以认定无控股股东；（4）控股股东不存在多人或多方的情况；（5）可以不将第一大股东认定为控股股东，但需要公司及中介机构论证第一大股东为纯财务投资人或被认定为控股股东的一方通过合并间接持股等方式享有的表决权超过其他单一股东，且足以对股东大会的决议产生重大影响。

存在下列情形之一的，第一大股东应按照控股股东的要求履行全部法律义务（包括限售等），且中介机构应进一步说明是否通过控股股东认定而规避上市（挂牌）条件或监管并发表专项核查意见：（1）无控股股东；（2）第一大股东（非纯财务投资人）未被认定为控股股东。

股票价格稳定机制研究

王振宇[*]　黄逸飞[**]　张兆阳[***]

摘　要： 价格波动性本身是一个中性的概念，一方面是证券市场的活力之源，另一方面波动性过度可能助长投资者的投机倾向，损害中小投资者利益。就提高市场效率而言，股票价格稳定机制的目标应当是包容基本波动性、减缓临时波动性、限制事故波动性。从新三板的现实情况看，市场面临的主要矛盾是流动性不足，而不是交易非理性活跃导致的流动性过剩，因此要避免在交易环节施加不必要的干预，使新三板的交易制度兼具活力与韧性。比较境内外主流市场股票价格稳定机制的实践经验，我们总结了以下几点：一是放宽价格涨跌幅限制是大势所趋；二是波动性中断被普遍运用；三是指数熔断机制需要适宜的市场环境；四是集合竞价阶段的价格稳定机制需要多个制度配合。

关键词： 波动性　流动性　价格稳定机制

一、理论背景

（一）定义

股票价格波动性，从学术上定义为股票价格的概率分布，是指股票价格的不确定性或不可预测性。价格波动性既与投资者的收益、风险息息相关，又是

[*] 王振宇，全国中小企业股份转让系统有限责任公司交易运行部高级经理。
[**] 黄逸飞，全国中小企业股份转让系统有限责任公司交易运行部高级经理。
[***] 张兆阳，全国中小企业股份转让系统有限责任公司交易运行部经理。

证券市场运行质量的一个重要指标，因此监管者予以密切关注。价格波动性本身是一个中性概念，一方面理论上股价对于信息作出反应，即体现为价格波动性，波动性是证券市场的活力之源；另一方面波动性过度往往是市场内部机制存在问题的表征，可能助长投资者的投机倾向，损害中小投资者的利益。

价格波动性从来源上看可细分为三种：基本波动性、临时波动性和事故波动性。基本波动性是指非预期的证券内在价值变化导致的价格波动，是知情交易者的交易行为导致的价格波动，反映超出预期的基本面变化和中长期价格趋势。临时波动性是指不知情交易者的交易行为导致的价格波动，反映投资者情绪以及交易机制本身对于投资者交易行为的影响。与前两者是投资者有意为之不同，事故波动性是投资者的失误或系统错误导致的意外价格波动，例如“乌龙指”事件导致的股价异动。就提高市场效率而言，股票价格稳定机制的目标应当是包容基本波动性、减缓临时波动性、限制事故波动性。

（二）实证研究

对于股票价格稳定机制的实证研究，主要集中在指数熔断、个股涨跌幅限制、交易暂停三方面对于市场的影响。

1. 指数熔断

指数熔断事件很少见，因此有关该主题的实证研究较少。Fama（1989）推测，当交易需求很高时，传统的熔断机制通过限制供应来延迟价格发现并干扰交易。Santoni 和 Liu（1993）发现，指数熔断并未降低股票收益的条件方差。Harris（1997）指出，虽然指数熔断将减缓与基本面相关的价格变化（它们会降低基本波动性），但它们对暂时波动性的影响尚不确定。一方面，指数熔断可以通过限制不知情交易者和虚张声势者的交易来减少临时波动性。另一方面，指数熔断可能通过限制知情投机者、交易商和套利者的交易来增加临时波动性。Ackert、Church 和 Jayaraman（2001）发现指数熔断规则具有加速交易的意外后果，而价格发现过程不受影响。在后续报告中，Ackert 等（2002）认为指数熔断在资本市场中没有发挥有效的作用。他们指出，指数熔断的触发可能会加剧价格变动，因为某些市场参与者可能会认为其他市场参与者正在采取更好的信息，然后这些参与者可能会根据该假设作出不合理的决策。Subrahmanyam（2013）认为，没有证据表明指数熔断可以减少交易重启后的波动性或恐慌驱动的抛售，有一些实证证据表明指数熔断导致磁吸效应。

2. 个股涨跌幅限制

与指数熔断不同，个股涨跌幅限制使用固定参数，根据一定时间内的价格变动（通常表示为前一个交易日收盘价的百分比）限制个股交易，其代表为个股熔断机制（SSCB）。

利用美国和国际市场的数据，学术文献尚未就个股价格限制的有效性达成共识。一些研究认为，价格限制可以缓和过度波动并减轻恐慌行为。例如，使用美国期货市场的数据，Ma、Rao 和 Sears（1989a 和 1989b）显示在触发个股价格限制后，价格趋于稳定或逆转，并且波动率大幅下降。Lee 和 Kim（1995）发现个股价格限制降低了韩国股市的价格波动。Chowdhry 和 Nanda（1998）认为个股价格限制可以通过消除潜在的不稳定市场价格来提高市场稳定性。最后，Kim 和 Park（2010）通过实证研究佐证了个股价格限制可能会遏制股票市场操纵者。

与此同时，其他研究认为，个股价格限制有碍于市场效率，对减少异常波动性没有效果。Kim 和 Rhee（1997）证明，每日个股价格限制并未降低东京交易所的价格波动性，反而推迟了价格发现，并在次日导致波动加剧。Phylaktis 等（1999）对于流动性较差的雅典交易所的数据进行研究，同样发现价格限制推迟了价格发现，并没有降低波动性。Kim 等（2004）发现个股价格限制导致西班牙电子市场的波动性更高。Chan、Kim 和 Rhee（2005）使用吉隆坡证券交易所的数据发现，个股价格限制不会改善价格发现；相反，即使在限制范围宽达 30% 时也会产生不菲的交易成本，体现在推迟知情交易者的参与以及加剧订单失衡。Wang、Chong 和 Chan（2014）使用中国股票市场的数据发现，个股涨跌停会延迟价格发现，并在价格下行过程中显著增加波动性。Brogaard 和 Roshak（2016）在对 2009—2012 年美国市场的研究中发现，个股熔断的引入通过减少极端事件增强了市场稳定性，但其代价是降低了市场效率。最后，Draus 和 Van Achter（2016）认为，参数设置不当的个股价格限制导致美国和中国都经历了市场恐慌。作者认为，诸如断路器之类的价格限制机制无法区分过度抛售背后的原因，因此实际上可能会限制市场中合理的流动性需求。

3. 交易暂停

根据美国市场个股动态涨跌幅限制机制（LULD）和个股熔断（SSCB）实施之前的数据，一些学术研究发现，交易暂停可能会对市场质量产生不利影响。例如，Lee 等（1994）发现交易暂停会增加波动性。Gerety 等（1992）的研究表明，当投资者日内交易受限制时，可能会根据对次日大幅波动的预期显著调整头寸。Lauterbach 和 Ben – Zion（1993）利用 1987 年市场崩盘的特拉维夫交易所数据发现，交易暂停通过减少次日开盘订单的失衡来平滑价格调整，但未能避免市场整体质量的下滑。Jiang 等（2009）发现交易暂停的溢出效应，即一只证券的交易暂停与成交量放大、买卖价差变宽以及相关证券产生连锁价格反应具有相关性。

另外，交易暂停也被证明可以让市场参与者有更多的时间来评估新信息，从而有助于减少波动性。例如，Corwin 和 Lipson（2000）发现订单在个股交易暂停期间被取消，并且订单簿在交易暂停期间有所更新以反映最新信息。此外，他们发现由于投资者保护自己免受过度波动的影响，买卖价差在交易恢复后会立即变宽。

此外，Christie 等（2002）使用 1997—1998 年的数据，比较纳斯达克市场两种时长的交易暂停和恢复机制（分别是暂停 5 分钟和暂停 90 分钟）对市场质量的影响。他们发现监管暂停的持续时间与停止后的市场质量指标之间存在负相关关系（较短的交易暂停后价格波动性较高、交易成本较高；较长的交易暂停后价格波动性较低、交易成本较低）。

综上所述，从实证研究的结论来看，对于价格稳定机制的正反两方面观点都有，且反对意见更多。赞成价格稳定机制的观点，一是价格稳定效应，二是冷却效应，都较为直观易懂。对于否定价格稳定机制的观点，简要概述如下：一是波动性溢出效应，该理论认为价格稳定机制仅能暂时抑制市场走势，并不能阻止其运用方向，在有关信息不明的情况下，市场焦虑情绪可能不减反增，噪声交易者很有可能把涨跌停视为买卖信号并采取正向反馈交易策略，产生助涨助跌效应；二是价格发现延迟效应，该理论认为信息只有在连续交易时才能广泛发散和传播，价格稳定机制并不能降低信息的不对称性，反而会阻碍新信息的传递；三是流动性干扰效应，该理论认为当股票价格运行到限制水平时，价格稳定机制施加了人为干预，投资者无法按照自身意愿交易，此外市场成交量会从设置有价格稳定机制的市场转入没有价格稳定机制的市场进行交易（例如从现货市场转向期货市场、从达到涨跌停限制的股票转向未达到的股票等），市场总体波动性并未因此降低；四是磁吸效应，该理论认为实行价格限制措施后，当证券价格接近于限制价格时，同方向投资者会因害怕丧失流动性而抢先交易，反方向的投资者则为等待更好的价格而延后交易，证券价格会加速达到限制水平，因此价格稳定机制反而促使了交易者对市场波动的过度反应。

（三）价格稳定机制在我国国情下的意义

尽管学术界对于价格稳定机制的有效性和合理性争论激烈，全世界范围内各证券市场仍普遍实施了不同程度的价格稳定措施。根据美国 SEC 前首席经济学家 Larry Harris 关于价格稳定机制的政治学分析理论，当监管者实施了价格稳定机制，如果股市运行平稳，会被视为政策奏效，而如果出现股价异动，公众也难以归咎于监管层不作为；反之，当监管者放任市场价格自由波动，如果股市运行平稳则监管者无功也无过，但如果股价发生暴涨暴跌，监管者必然难辞其咎。因此，采用价格稳定机制对于监管者而言无疑是理性的选择。

从境内外实践看，成立时间不长、国际接轨程度较低、散户影响力较大的新兴市场普遍更多地运用了价格稳定机制。考虑到我国股票市场自然人投资者持股、交易占比相对较高，投机氛围浓厚，且流动性分布严重不均（大部分时间换手率极高，但股价异常波动时流动性极度缺乏），价格稳定机制对于维持市场正常交易秩序、保护中小投资者利益仍具有现实意义。

同时，从新三板的现实情况看，市场面临的主要矛盾是流动性不足，而不是交易非理性活跃导致的流动性过剩，因此价格稳定机制在严格防范系统性风险的前提下，应当服务于提升市场核心交易功能的目的，要避免在交易环节施加不必要的干预，使新三板的交易制度兼具活力与韧性。

二、境内外实践

我们考察了纽交所、纳斯达克市场、伦交所、德交所、泛欧交易所、港交所、东京交易所、韩国交易所、印度国家交易所、台交所、沪市主板、深市主板、科创板 13 个主流市场的价格稳定机制。各市场在连续竞价交易制度下实施的价格稳定机制主要包括价格涨跌幅限制、有效申报价格范围、静态波动性中断、动态波动性中断、指数熔断以及有效竞价范围。此外，部分市场也实施了集合竞价阶段的价格稳定机制。上述各种机制对三种波动性的影响如表 1 所示。

表 1　　主要价格稳定机制对三种波动性的影响

波动性	价格涨跌幅限制	有效申报价格范围	静态波动性中断	动态波动性中断	指数熔断	有效竞价范围
基本	阻碍	无阻碍	减缓	减缓	减缓	减缓
临时	阻碍	无阻碍	减缓	减缓	减缓	减缓
事故	阻碍	阻碍	阻碍	阻碍	阻碍	减缓

（一）成交价格涨跌幅限制

价格涨跌幅限制是指对单一证券的日内成交价格设置一定的波动范围，使其仅可在有限的涨跌幅范围内进行交易。一般而言，价格涨跌幅限制统一设为前一日收盘价的某一百分比，比如韩国交易所设为 ±30%，台湾证券交易所设为 ±10%。也有部分交易所，比如日本交易所集团根据股票价格的不同设置了不同的价格波动范围。这些都属于传统意义上的静态价格涨跌幅限制，参考价格均设为前一日收盘价。当股票达到涨停价时，将暂停买入，仅允许卖出；当股票触及跌停价时，将暂停卖出，仅允许买入。

（二）有效申报价格范围

有效申报价格范围是指在投资者下达订单时，根据当前系统内订单的买卖情况，对订单申报价格范围进行限制，超出申报价格范围的订单将直接被系统拒绝，以避免证券价格瞬时波动过大。该机制常见于未实施价格涨跌幅限制或价格涨跌幅设置过宽的市场，作为价格涨跌幅限制的备选替代机制。从制度效果来看，价格涨跌幅限制控制的是日内价格波动，以降低较长时间内的价格波动；有效申报价格范围控制的是单笔交易带来的价格瞬间变化，以缓解非常短的时间内的临时波动性或事故波动性。

港交所是采用有效申报价格范围的典型代表。香港市场要求申报价格不得较同方向最优订单超过 24 个价位、不得较对手方最优订单超过 9 个价位，且全天任何时段的订单申报价格不可偏离按盘价的 9 倍或以上。

（三）个股波动性中断机制（静态和动态）

波动性中断机制是指当单只证券的价格波动超过规定价格一定幅度时，自动暂停该证券交易一段时间（冷静期），随后以集合竞价方式恢复交易。根据参考价是否随行就市变化，又可细分为静态和动态波动性中断。目前，绝大部分主流市场均引入了静态或动态波动性中断机制。

以美国市场、伦交所、泛欧交易所、韩国交易所、港交所和台交所为例，各市场的制度设计的特点和区别如表2所示。

表2　　部分市场股票价格波动性中断具体安排

<table>
<tr><th>市场</th><th>参考价</th><th>价格
限制</th><th>触发
价格</th><th>冷静期
时长</th><th>冷静期处置</th></tr>
<tr><td>美国
市场</td><td>近5分钟成交价算术平均价、大于1%，且前价续存满30秒</td><td>10%、20%或0.15美元与75%的孰低值</td><td>拟成
交价</td><td>5~10
分钟</td><td>暂停交易，其间可以继续下单或撤单，之后直接进行集合竞价撮合</td></tr>
<tr><td rowspan="2">伦交所</td><td>静态：最近一次集合竞价成交价</td><td>5%~25%</td><td rowspan="2">拟成
交价</td><td rowspan="2">5分钟</td><td rowspan="2">暂停交易，其间可以继续下单或撤单，之后直接进行集合竞价撮合</td></tr>
<tr><td>动态：最新成交价</td><td>2%~25%</td></tr>
<tr><td rowspan="3">泛欧
交易所</td><td>静态：开盘价</td><td>8%或10%</td><td rowspan="2">拟成
交价</td><td rowspan="2">3分钟</td><td>暂停交易，其间可以继续下单或撤单，之后直接进行集合竞价撮合</td></tr>
<tr><td rowspan="2">动态：最新成交价</td><td>5%</td><td>对于不受项圈确认规则约束的证券，暂停交易，其间可以继续下单或撤单，之后直接进行集合竞价撮合</td></tr>
<tr><td>根据不同
市场、证券而定</td><td>拟成
交价</td><td>30秒</td><td>对于受项圈确认规则约束的证券，拟成交价格超过范围的订单会被标记为失效状态，需由会员对其再次确认方可激活。确认后该订单将会被接受至中央订单簿，参考价格根据价格区间上下限触发方向调整为该价格区间的价格上限或下限，若该订单符合调整后的价格区间，则该订单成功撮合成交
每个订单可以连续触发价格区间上下限最多两次。在此之后，该订单在价格区间之外未能成交的部分将会被拒绝</td></tr>
</table>

续表

市场	参考价	价格限制	触发价格	冷静期时长	冷静期处置
港交所[①]	5 分钟前最后一次成交价	10%	拟成交价	5 分钟	在价格限制范围内继续进行交易
韩国交易所	静态：最近一次集合竞价成交价	10%	拟成交价	2 分钟	暂停交易，其间可以继续下单或撤单，之后直接进行集合竞价撮合
	动态：最新成交价	2%、3%、4%或6%			
台交所	最新成交价	3.5%	拟成交价	2～3 分钟	暂停交易，其间可以继续下单或撤单，之后直接进行集合竞价撮合

首先，从参考价格来看，伦交所和韩国交易所采用了相同的参考价格设置，静态参考价格为前一次集合竞价的成交价格，动态参考价格为最新成交价格；泛欧交易所的静态参考价格为开盘价，动态参考价格为最新成交价格；台交所市场也使用了同样的动态参考价格；而美国市场和港交所制定了与之不同的动态参考价格，美国市场参考价格为前 5 分钟内所有合格的已成交订单的算术平均价格，港交所市场的参考价格为 5 分钟前的最后一次交易价格。

从制度效果来看，一方面，动态波动性中断优于静态波动性中断。静态波动性中断机制相对动态波动性中断机制因其触发门槛低，易引起个股大范围、高频次暂停交易。此外，从流动性改善程度和日内波动率变化特征来看，动态波动性中断改善程度也要更好。另一方面，在动态参考价格中，前 5 分钟均价和 5 分钟前成交价的设置优于最新成交价格方案。以最新成交价作为参考价格，触发条件最为严格，在改善单日价格振幅上作用有限。同时，从交易系统资源消耗角度来看，前 5 分钟均价动态波动性中断因需实时计算均价，其消耗的运行时间要远大于 5 分钟前成交价动态波动性中断。

其次，从价格限制范围来看，港交所市场设为 10%，台交所市场为 3.5%。美国市场根据股票价格的不同设有 10%、20%、0.15 美元与 75% 孰低值三档；伦交所市场基于静态参考价格的波动范围为 5%～25%，基于动态参考价格的

① 目前仅适用于恒生指数和恒生中国企业指数成分股。

波动范围为2%～25%；韩国交易所市场静态波动性中断的触发情形统一规定为可能成交价格超过静态参考价格的10%，而动态波动性中断的价格限制范围有2%、3%、4%和6%四档。

再次，从触发价格看，各市场均采用拟成交价格。从冷静期时长来看，韩国交易所市场设为2分钟，台交所市场为2～3分钟（视个股情况而定），泛欧交易所为3分钟，其余三个市场均为5分钟或以上。

最后，从冷静期是否暂停交易来看，美国市场、伦交所、韩国交易所和台交所市场在冷静期内暂停该证券交易，冷静期结束后直接进行集合竞价撮合以恢复交易；港交所市场在冷静期内继续交易，但证券买卖需在一定的价格波动限制范围内。泛欧交易所的动态价格稳定机制分为项圈规则和交易保留规则，前者将使拟成交价格超过范围的订单标记为失效状态，需由会员对其再次确认方可激活；后者即一般的熔断后集合竞价撮合。

（四）指数熔断机制

指数熔断机制是指当指数日内下跌超过设定幅度时，自动暂停整个市场所有证券的交易一段时间，之后以集合竞价方式恢复交易的一种交易制度。

目前，纽交所、纳斯达克交易所、韩国交易所、印度国家证券交易所等市场引入了指数熔断机制。这四个市场均是典型的以机构投资者为主体的市场。其中，在1987年10月和1989年10月美国股市遭遇崩盘之后，纽交所开始启动指数熔断机制以降低市场波动。当时，设置了道琼斯工业平均指数下跌10%、20%与30%的三档熔断阈值。2012年，在个股涨跌幅限制机制方案通过的同时，美国证监会修改了美国市场的指数熔断机制，熔断阈值调整为标普500指数下跌7%、13%和20%三档，缩小了指数波动范围，以更好地应对市场突发情况（如乌龙指等）。触发第一档和第二档后，市场暂停交易15分钟，冷静期结束后直接进行集合竞价撮合以恢复连续竞价交易。若触发第三档熔断，则直接闭市。

（五）有效竞价范围

有效竞价范围是指在投资者下达订单时，对订单申报价格范围进行限制，超过有效竞价范围的申报不能参加连续竞价，暂存于交易主机，当连续竞价成交价波动使其进入有效竞价范围时，交易主机自动取出申报，参加连续竞价。

在境内外主要市场中，仅见于深交所，适用于包括首次公开发行上市的股票在内的无价格涨跌幅限制的证券。其中，股票上市首日的有效竞价范围规定如下：

1. 股票上市首日开盘集合竞价阶段有效竞价范围为发行价的20%上下。超过开盘有效竞价范围，但未超过有效申报价格范围的申报不能参加开盘集合竞价，暂存于交易主机，当连续竞价成交价波动使其进入有效竞价范围时，交易主机自动取出申报，参加连续竞价。集合竞价阶段未产生开盘价的，以当日第一笔成交价作为开盘价。

2. 股票上市首日连续竞价、盘中临时停牌复牌集合竞价、收盘集合竞价的有效竞价范围为最近成交价的10%上下，但不得超过全日有效申报价格范围。

（六）IPO首日价格稳定机制

在IPO首日，为使市场价格尽快形成和稳定，交易所多数放宽价格稳定机制，给投资者以充分的价格博弈空间。主要的安排如下。

1. 扩大现有价格限制

实施价格涨跌幅限制的交易所在IPO首日多放开价格限制，不以发行价格为参考价限制交易价格，但仍辅之以一定的措施避免首日发生暴涨暴跌的情况。

（1）沪深交易所

沪深交易所以发行价为参考价，对开盘集合竞价设置20%的有效申报范围，并将日内涨跌幅从原有的10%扩大到64%～144%。在连续竞价期间，成交价较开盘价涨跌超过10%时，暂缓撮合，继续接受投资者申报，30分钟后以集合竞价重新开始交易。

（2）东京证券交易所

东京证券交易所规定，在IPO首日开盘价形成前不适用涨跌幅限制，在首日开盘价形成后，再以该开盘价为标准确定当日涨跌幅。但为避免开盘价暴涨暴跌，仍对开盘前申报设置发行价四分之一至四倍的有效价格范围。此外，开盘集合竞价期间特别报价机制仍然有效，故虚拟成交价不会出现暴涨暴跌的情况，从效果来说，开盘价最高可涨至公开发行价的2.3倍，最低可跌至公开发行价的75%。

（3）泛欧交易所

泛欧交易所以发行价为参考价，根据个股情况为其设置一个高于一般规则的涨跌幅，确切的比例在上市通知中明确。若开盘价超过此涨跌幅，则交易暂缓，而后在一定时间内以新的参考价格重新开盘。新的参考价一般是此前的涨跌幅上限或下限价格，在特殊情况下，交易所可能会依据市场情况设定一个不一样的新参考价。重复此过程直至确定开盘价。

2. 不设价格限制

（1）台交所

首次上市的股票首五日取消涨跌幅限制，同时不设瞬间价格稳定措施。

（2）港交所

在港交所的一般价格稳定机制中不使用发行价作为参考价，故其 IPO 首日开盘集合竞价首笔申报不受任何限制，在产生虚拟成交价后，以此为参考价的九倍价规则即生效，投资者申报价格应在当前虚拟成交价的九分之一至九倍之间。

（3）美国市场

纳斯达克与纽交所在 IPO 首日均由人工接收买卖申报撮合，开盘时间不确定，根据订单不断调整报价范围，最终确定开盘价。开盘后遵循指数熔断、动态波动性中断等常规价格稳定机制。

境内外主要市场的股票价格稳定机制组合如表 3 所示。

表 3　境内外主要市场股票价格稳定机制组合

交易场所/板块	价格涨跌幅限制		有效申报价格范围		静态波动性中断		动态波动性中断		指数熔断		有效竞价范围	
	首日	后续	首日	后续	首日	后续	首日	后续	首日	后续	首日	后续
纽交所							√	√	√	√		
纳斯达克							√	√	√	√		
伦交所					√	√	√	√				
德交所					√	√	√	√				
泛欧交易所					√	√	√	√				
港交所				√			√	√				
东京交易所	√（有所放宽）	√					√	√				
韩国交易所	√	√			√	√	√	√	√	√		
印度国家交易所	√	√							√	√		
台交所		√(上市后前五个交易日不适用)						√				

续表

交易场所/板块	价格涨跌幅限制		有效申报价格范围		静态波动性中断		动态波动性中断		指数熔断		有效竞价范围	
	首日	后续	首日	后续	首日	后续	首日	后续	首日	后续	首日	后续
沪市主板	√（有所放宽）	√	√		√							
深市主板	√（有所放宽）	√	√		√						√	
科创板		√(上市后前五个交易日不适用)	√	√	√(适用于上市后前五个交易日)							

其中，我们总结了沪深主板及科创板的首日安排，如表4所示。

表4　沪深主板及科创板首日股票价格稳定机制安排

交易场所/板块	涨跌幅限制	有效申报范围	有效竞价范围	个股波动性中断
科创板	无	买入申报价格不得高于买入基准价格的102%；卖出申报价格不得低于卖出基准价格的98%	无	科创板股票竞价交易出现下列情形之一的，属于盘中异常波动，本所实施盘中临时停牌 （一）无价格涨跌幅限制的股票盘中交易价格较当日开盘价格首次上涨或下跌达到或超过30%的 （二）无价格涨跌幅限制的股票盘中交易价格较当日开盘价格首次上涨或下跌达到或超过60%的 （三）其他情形
				（一）单次盘中临时停牌的持续时间为10分钟 （二）停牌时间跨越14：57的，于当日14：57复牌 （三）盘中临时停牌期间，可以继续申报，也可以撤销申报，复牌时对已接受的申报实行集合竞价撮合

续表

<table>
<tr><th>交易场所/板块</th><th>涨跌幅限制</th><th>有效申报范围</th><th>有效竞价范围</th><th>个股波动性中断</th></tr>
<tr><td rowspan="2">沪市主板</td><td rowspan="2">无</td><td>开盘集合竞价阶段，有效申报价格不得高于发行价格的120%且不得低于发行价格的80%</td><td rowspan="2">无</td><td>新股上市首日连续竞价阶段，盘中成交价格较当日开盘价首次上涨或下跌超过10%的，实施盘中临时停牌，停牌持续时间为30分钟</td></tr>
<tr><td>连续竞价阶段、开市期间停牌阶段和收盘集合竞价阶段，有效申报价格不得高于发行价格的144%且不得低于发行价格的64%</td><td>如停牌持续时间达到或超过14：57，当日14：57复牌，进入收盘集合竞价阶段</td></tr>
<tr><td rowspan="2">深市</td><td rowspan="2">无</td><td rowspan="2">全日的有效申报价格不得高于发行价的144%且不得低于发行价的64%，超过有效申报价格范围的申报为无效申报</td><td>股票上市首日开盘集合竞价阶段有效竞价范围为发行价的上下20%。超过开盘有效竞价范围，但未超过有效申报价格范围的申报不能参加开盘集合竞价，暂存于交易主机，当连续竞价成交价波动使其进入有效竞价范围时，交易主机自动取出申报，参加连续竞价。集合竞价阶段未产生开盘价的，以当日第一笔成交价作为开盘价</td><td>盘中成交价较当日开盘价首次上涨或下跌达到或超过10%的，实施盘中临时停牌，临时停牌时间为30分钟</td></tr>
<tr><td>股票上市首日连续竞价、盘中临时停牌复牌集合竞价、收盘集合竞价的有效竞价范围为最近成交价的上下10%，但不得超过全日有效申报价格范围</td><td>复牌时，对已接受的申报进行复牌集合竞价，临时停牌时间跨越14：57的，于14：57复牌并对已接受的申报进行复牌集合竞价，再进行收盘集合竞价</td></tr>
</table>

（七）集合竞价阶段的价格稳定机制

除连续竞价阶段的价格稳定机制外，部分市场也实施了集合竞价阶段的价格稳定机制。从国际惯例看，集合竞价阶段的价格稳定机制往往搭配了包括波动性中断、价格波动延时、集合竞价随机终止等多个配套制度。境内外主要市场的集合竞价价格稳定机制如表5所示。

表5　　境内外主要市场集合竞价价格稳定机制

<table>
<tr><th>市场</th><th>集合竞价阶段</th><th>参与集合竞价的订单类型</th><th>时间节点</th><th>价格限制</th><th>允许修改/撤单</th><th>随机结束</th><th>价格波动延时机制</th></tr>
<tr><td rowspan="2">纽交所</td><td>开盘</td><td>限价，市价，开盘市价（Market on Open，MOO），开盘限价（Limit on Open，LOO），立即成交或取消（Immediate or Cancel），跨市场扫架（Intermarket Sweep）</td><td>6：30：可输入买卖订单，并可以修改或撤销订单，直至在指定做市商（DMM）的组织下开盘（一般是9：30）
8：30～9：00：每5分钟公布订单匹配与不平衡信息
9：00～9：20：每1分钟公布订单匹配与不平衡信息
9：20～9：35：（特殊情况下证券开盘时间可能晚于9：30）：每15秒钟公布订单匹配与不平衡信息，并于9：28开始公布开盘参考价
9：30：DMM开始组织证券开盘</td><td>通过DMM促进价格发现并减小价格波动</td><td>√</td><td>×</td><td>×</td></tr>
<tr><td>收盘</td><td>收盘市价（Market on Close，MOC），收盘限价（Market on Open，LOC），收盘对冲（Closing Offset Order，CO）</td><td>6：30：可输入买卖订单，并可以修改或撤销订单
15：45：停止接收MOC/LOC订单，每5秒钟公布订单匹配与不平衡信息，此后直至收盘只接收与订单不平衡方向相反的MOC/LOC和CO订单
15：45～15：58：只有记录为错误的MOC/LOC订单才可以修改或撤销订单
15：58～16：00：除极特殊情况外不可修改或撤销订单
16：00：收盘集合竞价</td><td>通过DMM促进价格发现并减小价格波动</td><td>√
（部分时段）</td><td>×</td><td>×</td></tr>
</table>

续表

<table>
<tr><th>市场</th><th>集合竞价阶段</th><th>参与集合竞价的订单类型</th><th>时间节点</th><th>价格限制</th><th>允许修改/撤单</th><th>随机结束</th><th>价格波动延时机制</th></tr>
<tr><td rowspan="2">纳斯达克市场</td><td>开盘</td><td>限价、市价（包括当天有效、一直有效（Good－Till－Cancelled，GTC）、立即成交或取消（Immediate or Cancel，IOC），开盘市价（Market on Open，MOO），开盘限价（Limit on Open，LOO），不平衡稳定（Imbalance－Only，IO）</td><td>4：00～9：28：可输入买卖订单，并可以修改或撤销订单
9：28～9：30：公布订单匹配与不平衡信息，MOO订单不可输入或撤销，LOO订单视为IO订单，IO订单可输入但不可修改或撤销，市价订单申请在开盘后执行，限价、市价订单撤销申请在开盘后执行
9：30：开盘集合竞价</td><td rowspan="2">开盘集合竞价与收盘集合竞价阶段以及价格不超过3美元的个股，其价格涨跌幅度超过10%，将暂停交易5分钟</td><td>√（部分时段）</td><td>×</td><td>×</td></tr>
<tr><td>收盘</td><td>收盘市价（Market on Close，MOC），收盘限价（Limit on Close，LOC），不平衡稳定（Imbalance－Only，IO）</td><td>4：00～15：55：可输入买卖订单，并可以修改或撤销订单
15：55～15：58：公布订单匹配与不平衡信息，MOC订单不可输入或撤销，LOC订单不可修改或撤销
15：58～16：00：停止接收LOC订单，IO订单可输入但不可修改或撤销
16：00：收盘集合竞价</td><td>√（部分时段）</td><td>×</td><td>×</td></tr>
</table>

续表

<table>
<tr><th>市场</th><th>集合竞价阶段</th><th>参与集合竞价的订单类型</th><th>时间节点</th><th>价格限制</th><th>允许修改/撤单</th><th>随机结束</th><th>价格波动延时机制</th></tr>
<tr><td rowspan="3">伦交所SETS股票</td><td>开盘</td><td rowspan="3">限价，市价等</td><td>7：50～8：00：可输入买卖订单，并可以修改或撤销订单，实时公布参考价与订单不平衡信息
8：00：00～8：00：30：开盘集合竞价，30秒随机结束</td><td>市价订单延时（最多1次）：若市价订单不能按参考价全部成交，则集合竞价时间延长2分钟，随后为30秒的随机结束
价格波动延时（最多1次）：若参考价触发价格波动阈值，则集合竞价时间延长5分钟，随后为30秒的随机结束</td><td>√</td><td>√</td><td>√</td></tr>
<tr><td>日中</td><td>12：00～12：02：可输入买卖订单，并可以修改或撤销订单，实时公布参考价与订单不平衡信息
12：00：00～12：00：30：日中集合竞价，30秒随机结束</td><td rowspan="2">市价订单延时（最多1次）：若市价订单不能按参考价全部成交，则集合竞价时间延长2分钟，随后为30秒的随机结束
价格波动延时（最多2次）：若参考价触发价格波动阈值，则集合竞价时间延长5分钟，随后为30秒的随机结束</td><td>√</td><td>√</td><td>√</td></tr>
<tr><td>收盘</td><td>16：30～16：35：可输入买卖订单，并可以修改或撤销订单，实时公布参考价与订单不平衡信息
16：35：00～16：35：30：收盘集合竞价，30秒随机结束</td><td>√</td><td>√</td><td>√</td></tr>
</table>

续表

市场	集合竞价阶段	参与集合竞价的订单类型	时间节点	价格限制	允许修改/撤单	随机结束	价格波动延时机制
泛欧交易所	开盘	限价、市价、开盘市价、止损、止损限价	7：15～9：00：可输入买卖订单，并可以修改或撤销订单，实时公布参考价、参考成交量 9：00：00～9：00：30：开盘集合竞价，30秒随机结束	拟成交价格较前收盘价波动超过10%时，暂缓撮合成交并继续接收订单，延时3分钟后以原阈值作为新的基准价进行集合竞价	√	√	√
	收盘	限价、市价、止损、止损限价	17：30～17：35：可输入买卖订单，并可以修改或撤销订单，实时公布参考价、参考成交量 17：35：00～17：35：30：收盘集合竞价，30秒随机结束 收盘集合竞价结束至17：40：收盘价订单成交阶段	拟成交价格较最近一笔收盘价波动超过10%时，暂缓撮合成交并继续接收订单，延时3分钟后以原阈值作为新的基准价进行集合竞价	√	√	√
东京证交所	开盘	限价、市价（包括开盘委托、收盘委托、盘中限价未成交转收盘市价委托、立即成交或取消委托）	8：00～9：00：可输入买卖订单，并可以修改或撤销订单，实时公布参考价、参考成交量以及其余4档最优买卖报价 9：00：开盘集合竞价	原则上以上一个交易日的收盘价为基准，按照股价的不同设置不同涨跌幅	√	×	×
	收盘		15：00：收盘集合竞价		√	×	×

续表

市场	集合竞价阶段	参与集合竞价的订单类型	时间节点	价格限制	允许修改/撤单	随机结束	价格波动延时机制
台交所	开盘	限价	8：30～9：00：可输入买卖订单，并可以修改或撤销订单，每5秒钟揭露仿真成交价格、成交张数及最佳5文件申报买卖价格、申报买卖张数 8：59～9：00：如任一次试算成交价格与其前一次试算成交价格涨跌超逾3.5%时（开盘前30分钟如无前一次试算成交价，则以开盘竞价基准为准），该有价证券暂缓开盘撮合。暂缓开盘撮合之有价证券，推迟2分钟后依序开盘撮合成交。暂缓开盘期间内接受新增、取消或改量委托，并持续揭露仿真试算成交价格、数量、最高5文件买进价格、数量及最低5文件卖出价格、数量 9：00：开盘集合竞价	试算成交价格超过阈值将触发价格波动延时机制	√	×	√
	收盘	限价	13：25～13：30：只接受委托但不撮合，可以修改或撤销订单，每5秒钟揭露仿真成交价格、成交张数及最佳5文件申报买卖价格、申报买卖张数 13：29～13：30：如任一次试算成交价格与前一次试算成交价格涨跌超逾3.5%时（如无前一次模拟撮合成交价，则以最近一次成交价为准，如仍无最近一次成交价，则以开盘竞价基准为准），该证券13：30不进行收盘撮合，于13：31起暂缓2分钟收盘，该2分钟内接受新增、取消或修改委托，至13：33停止接受委托并收盘。暂缓收盘期间内，持续揭露仿真试算成交价格、数量、最高5文件买进价格、数量及最低5文件卖出价格、数量	试算成交价格超过阈值将触发价格波动延时机制	√	×	√

续表

市场	集合竞价阶段	参与集合竞价的订单类型	时间节点	价格限制	允许修改/撤单	随机结束	价格波动延时机制
港交所	开盘	竞价盘、竞价限价盘	9：00～9：15：输入买卖盘时段（接受竞价盘、竞价限价盘，并可修改或撤销订单） 9：15～9：20：对盘前时段（只接受竞价盘，不得修改或撤销订单） 9：20～9：28：对盘前时段（不接受订单，也不得修改或撤销订单） 9：28～9：30：暂停时段（不接受订单，也不得修改或撤销订单）	买卖盘价格不可偏离上日收市价或按盘价（如有，并视情况而定）9倍或以上	√（部分时段）	×	×
	收盘	竞价盘、竞价限价盘	16：00～16：01（半日市12：00～12：01）：参考价定价时段（不接受订单，也不得修改或撤销订单） 16：01～16：06（半日市12：01～12：06）：输入买卖盘时段（接受竞价盘、竞价限价盘，并可修改或撤销订单） 16：06～16：08（半日市12：06～12：08）：不可取消时段（接受竞价盘、竞价限价盘，不得修改或撤销订单） 16：08～16：10（半日市12：08～12：10）：随机收市时段（接受竞价盘、竞价限价盘，不得修改或撤销订单）	整个收市竞价时段：买卖盘不得偏离按盘价9倍范围 输入买卖盘时段：不得偏离收市竞价交易时段参考价的±5% 不可取消时段及随机收市时段：不得偏离收市竞价交易时段参考价的±5%及介乎于输入买卖盘时段结束时的最高买盘价及最低卖盘价	√（部分时段）	√	×

续表

市场	集合竞价阶段	参与集合竞价的订单类型	时间节点	价格限制	允许修改/撤单	随机结束	价格波动延时机制
上交所主板&深交所	开盘	限价	9：15～9：20：可输入买卖订单，并可以撤单 9：20～9：25：可输入买卖订单，不可撤单 9：25～9：30：只接受委托但不处理 9：30：开盘	±10% 涨跌停限制	√（部分时段）	×	×
	收盘	限价	14：57～15：00：可输入买卖订单，不可撤单 15：00：收盘	±10% 涨跌停限制	√（部分时段）	×	×
科创板	开盘	限价	9：15～9：20：可输入买卖订单，并可以撤单 9：20～9：25：可输入买卖订单，不可撤单 9：25～9：30：只接受委托但不处理 9：30：开盘	±20% 涨跌停限制	√（部分时段）	×	×
	收盘	限价	14：57～15：00：可输入买卖订单，不可撤单 15：00：收盘	±20% 涨跌停限制	√（部分时段）	×	×

三、借鉴境内外经验的几点启示

比较境内外价格稳定机制的实践经验，我们总结了以下几点启示。

（一）放宽价格涨跌幅限制是大势所趋

价格涨跌幅限制一刀切式地阻碍了三种波动性，不利于价格发现机制的形成，因此是一种缺陷明显的价格稳定机制，从实践看主要运用于新兴市场，在成熟市场中除东京交易所以外未见采用，这与新兴市场成立时间不长、投资者散户化、交易机制尚不成熟有关。同时，从各国涨跌停制度的历史沿革可见，随着市场不断发展成熟，放宽价格涨跌幅限制是大势所趋。例如，台交所于 2015 年将涨跌停范围由 ±7% 扩大至 ±10%；同年韩国交易所也将涨跌停范围由 ±15% 扩大至 ±30%。

此外，有效申报价格范围机制不仅实质上可以起到价格涨跌幅限制作用，还能防止“乌龙指”事件造成的事故波动性，因此与价格涨跌幅限制叠加使用意义不大。

（二）波动性中断被普遍运用

在各种价格稳定机制中，波动性中断能够减缓但不阻碍股价大幅波动，对于基本波动性的包容度较高，并且通过吸引对冲订单、集合竞价行情揭示等具体细节设计阻碍临时波动性与事故波动性，因此在各成熟市场、新兴市场均得到了广泛运用。其中，动态波动性中断运用最广，主要原因是静态波动性中断机制相对动态波动性中断机制因其触发门槛低，易引起个股大范围、高频次暂停交易，此外动态波动性中断从流动性改善程度和日内波动率变化特征来看改善程度也要更好。不过，动态波动性中断较复杂，对于技术系统的要求较高。

（三）指数熔断机制需要适宜的市场环境

指数熔断主要运用于北美（除美国市场外还有多伦多交易所）以及部分新兴市场（韩国、印度、巴西、泰国等）。北美市场不设个股成交价格涨跌幅限制，且从制度沿革看，美国市场的指数熔断旨在解决系统性风险引发的全市场波动以及“乌龙指”事件引发的事故波动性。同时，美国的程序化交易高度发达，单个事件引发的异常波动可能引起程序化交易的连锁反应。实施了个股涨跌停的韩国、印度，其机构投资者以及外国投资者的参与程度（持股、交易）较高。可见，该机制主要适用于那些以机构投资者占主导、投资者行为整体较为理性的市场。此外，具有价格涨跌幅限制的市场引入该机制时需要慎重考虑，避免太窄的涨跌幅限制与太窄的指数熔断档位设计叠加使用，可能产生磁吸效应，加剧市场恐慌和流动性枯竭，造成负面的制度效果。鉴于新三板散户投资者的占比相比境外市场仍然较大，且机构投资者中缺少保险、社保等长期投资者，故在已经配备有效申报价格范围的同时实施指数熔断的必要性不大。

（四）集合竞价阶段的价格稳定机制需要多个制度配合

从国际惯例看，集合竞价阶段的价格稳定机制往往搭配了包括波动性中断、价格波动延时、集合竞价随机终止等多个配套制度。

鉴于集合竞价的价格稳定机制较为复杂，技术要求较高，并且可能导致的开盘推迟不符合我国投资者的交易习惯，故建议谨慎实施。考虑到采取集合竞价转让方式的新三板股票过去在收盘价形成机制方面暴露出抗操纵性不强的问题，而收盘价的指示性最强，为防止收盘集合竞价阶段股价异动，未来可视市场发展需要，借鉴港交所等市场的经验，适时引入收盘随机结束机制。

参考文献

[1] 刘逖. 平台的未来：移动互联网时代交易所运营方法论 [M]. 上海：格致出版社，2017.

[2] 李怡芳，李丹. 全球主要证券市场盘中稳定机制比较研究 [R]. 上证研报，2016.

[3] Ackert, Lucy, Bryan Church, and Narayanan Jayaraman. An experimental study of circuit breakers: The effects of mandated market closures and temporary halts on market behavior [J]. Journal of Financial Markets, 4, pp. 185 -208, 2001.

[4] Ackert, Lucy, Bryan Church, and Narayanan Jayaraman. Circuit Breakers with Uncertainty about the Presence of Informed Agents: I Know What You Know I Think [R]. Federal Reserve Bank of Atlanta Working Paper, 2002.

[5] Brogaard, Jonathan and Kevin Roshak. Prices and Price Limits [R]. Working Paper, 2016.

[6] Chan, S. H., Kenneth A. Kim, and S. G. Rhee. Price Limit Performance: Evidence from Transactions Data and the Limit Order Book [J]. Journal of Empirical Finance, 12 (2), pp. 269 -290, 2005.

[7] Chowdhry, Bhagwan and Vikram Nanda. Leverage and Market Stability: The Role of Margin Rules and Price Limits [J]. Journal of Business, 71 (2), pp. 179 -210, 1998.

[8] Corwin, Shane A. and Marc L. Lipson. Order Flow and Liquidity around NYSE Trading Halts [J]. Journal of Finance, 55 (4), 2000.

[9] Draus, Sarah, and Mark Van Achter. Circuit Breakers and Market Runs [R]. Working Paper, 2016.

[10] Fama, Eugene F.. Perspectives on October 1987, or What did We Learn from the Crash? [D]. University of Chicago, 1989.

[11] Gerety, Mason S. and J. Harold Mulherin. Trading Halts and Market Activity: An Analysis of Volume at the Open and the Close [J]. Journal of Finance, 47, No. 5, 1992.

[12] Harris, Lawrence. Circuit Breakers and Program Trading Limits: What Have We Learned? [J]. Brookings -Wharton Papers on Financial Services, 1997.

[13] Jiang, Christine, Thomas H. McInish, and James E. Upson. The Information Content of Division of Economic and Risk Analysis Trading Halts [J]. Journal of Financial Markets, 12, pp. 703 – 726, 2009.

[14] Kim, K. A. and J. Park. Why do Price Limits Exist in Stock Markets? AManipulation – Based Explanation [J]. European Financial Management, 16, pp. 296 – 318, 2010.

[15] Kim, Y. H., JoseYague, and J. Jimmy Yang. Trading Halts or Price Limits: Which is Better? [R]. University of Cincinnati Working Paper, 2004.

[16] Kim, K. A. and S. G. Rhee. Price Limit Performance: Evidence from the Tokyo Stock Exchange [J]. Journal of Finance, 52, pp. 885 – 901, 1997.

[17] Lauterbach, Beni, and Uri Ben – Zion. Stock market crashes and the performance of circuit breakers: Empirical evidence [J]. Journal of Finance, 48, No. 5, pp. 1909 – 1925, 1993.

[18] Lee, Sang – Bib and Kwang – Jung Kim. The Effect of Price Limits on Stock Price Volatility: Empirical Evidence in Korea [J]. Journal of Business Finance and Accounting, 22 (2), 1995.

[19] Lee, Charles M, Mark J. Ready, and Paul J. Seguin. Volume, Volatility, and New York Stock Exchange Trading Halts [J]. Journal of Finance, 49, No. 1, 1994.

[20] Lockwood, Larry J. and Scott C. Linn. An Examination of Stock Market-Return Volatility During Overnight and Intraday Periods, 1964 – 1989 [J]. Journal of Finance, 45, pp. 591 – 601, 1990.

[21] Phylaktis, Kate, Manolis Kavussanos, and Gikas Manalis. Price Limits and Stock Market Volatility in the Athens Stock Exchange [J]. European Financial Management, Vol. 5, No. 1, pp. 69 – 84, 1999.

[22] Santoni, G. J., and Tung Liu. Circuit breakers and stock market volatility [J]. Journal of Futures Markets 13, No. 3, pp. 261 – 277, 1993.

[23] Subrahmanyam, Avanidhar. Circuit Breakers and Market Volatility: a Theoretical Perspective [J]. Journal of Finance, 49, pp. 237 – 254, 1994.

[24] Subrahmanyam, Avanidhar. Algorithmic trading, the Flash Crash, and coordinated circuit Breakers [J]. Borsa Istanbul Review, pp. 4 – 9, 2013.

市场实践

指数化投资发展趋势与展望

王倩如[*]　赵永刚[**]

摘　要：全球指数化投资已成为重要发展趋势。美国市场指数型产品占基金资产的36%，过去十年指数型产品资金累计净流入1.6万亿美元，而主动产品资金净流出1.4万亿美元。SmartBeta策略、ESG策略与固定收益ETF等提升投资效率、降低交易成本，在全球范围内获得广泛的认可与使用。国内指数化投资迎来重要机遇期。2019年8月底，国内指数型产品规模达到1.08万亿元，较2018年底增加39%。主要特征为：（1）国内指数化投资占公募基金规模7.9%，仍有很大发展空间；（2）股票和债券指数型产品规模合计占比超过96.3%，商品整体规模较小；（3）产品种类日益多样化，核心宽基指数规模较为集中；（4）基金公司加快指数产品布局，行业集中度提升。监管环境整体向好，资管新规、互联互通机制、公募基金参与转融券业务等不断完善着指数化投资生态。展望国内指数化投资发展，多样化指数产品提升配置灵活性；养老金等大型机构的潜在需求为指数化投资提供发展机遇；金融科技发展推动指数化产品需求。

关键词：指数化投资　ETF　SmartBeta

指数化投资是以复制指数、控制跟踪误差为目标的投资方式。从最初的市场基准，指数已经逐渐演变成投资者管理组合风险、获取收益以及控制成本的

---

* 王倩如，中证指数有限公司研究部高级研究员。

** 赵永刚，中证指数有限公司研究部副总监，经济学博士。

有效工具和重要资源。近年来，指数化投资已经成为境内外资产管理领域重要的发展趋势。鉴于此，我们对国内指数化投资快速发展的原因、现状进行了梳理，并在此基础上总结归纳了指数化投资的未来发展方向。

一、指数化投资已成为全球投资领域重要发展趋势

（一）全球指数化投资数量和规模稳步增长

指数化投资兴起于20世纪70年代，全球第一只指数基金产品是Vanguard在1975年发行的第一只指数投资信托，跟踪标准普尔500指数，起初这一被动投资策略并不被市场接受，指数投资发展得非常缓慢。1993年，美国市场推出标准普尔500存托凭证（SPDRs），自此，以ETF为代表的指数基金获得迅猛发展。截至2019年6月底，全球ETF规模达到5.62万亿美元，数量超过8200只，较2000年790亿美元的规模增长了近70倍，年复合增长率达25%，如图1所示。

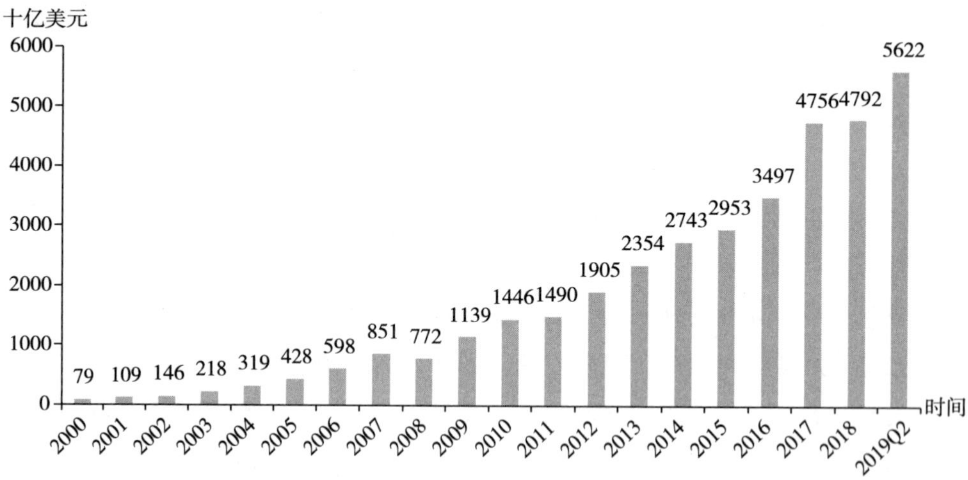

资料来源：Blackrock。

图1　全球ETF规模

从产品类别分布看，全球ETF产品覆盖资产类别包括权益、固定收益、商品、货币和多资产等领域。其中，权益资产占比稳定在77%左右，固定收益类占比为19%，商品和其他类占比为4%，如图2所示。

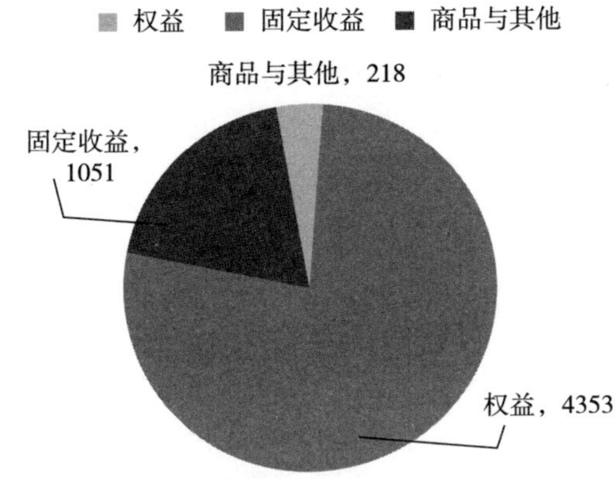

图 2　全球 ETF 资产类别分布（十亿美元）

从区域分布来看，美国市场是 ETF 发展最为成熟的地区，ETF 约 3.95 万亿美元，占全球 ETF 规模的 70%。欧洲、亚太地区、加拿大规模分别为 9170 亿美元、6040 亿美元和 1390 亿美元，分别占全球 ETF 的 16.3%、10.7% 和 2.4%，如图 3 所示。

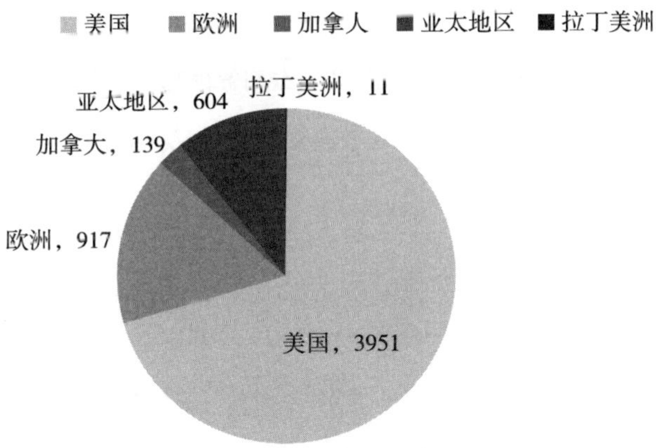

图 3　全球 ETF 资产地区分布（十亿美元）

（二）美国指数型产品占基金资产的 36%，已成为重要产品类别

近十年来，美国投资公司管理基金市场发生了结构性变化，以指数基金和 ETF 为代表的指数型产品占比由 18% 提升至 36%，而主动管理共同基金①和主动 ETF 占比由 82% 降为 64%。指数型产品对主动管理产品产生了一定的替代作用。

① 剔除货币市场基金。

截至2018年底，美国投资公司管理基金资产规模近18万亿美元。其中，指数基金占比18%，指数ETF占比18%，如图4所示。指数型产品已经成长为美国市场非常重要的产品类别，指数化投资也已经成为资产管理行业举足轻重的投资方式。

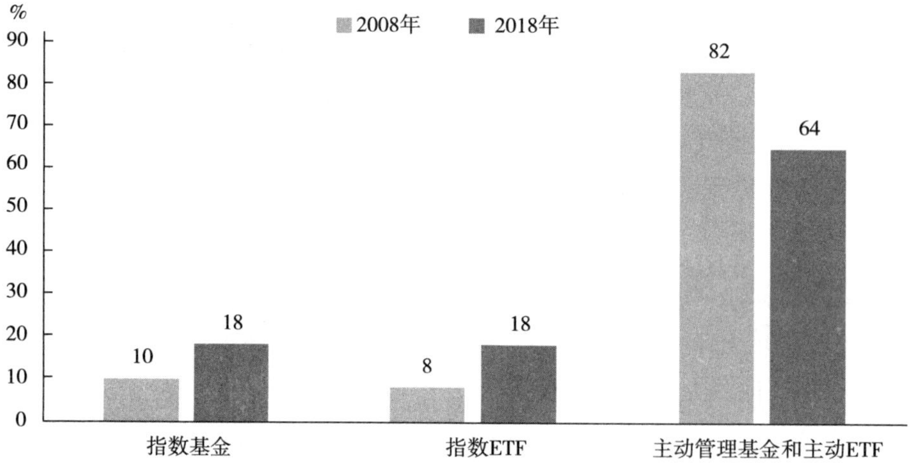

资料来源：ICI。

图4　指数型产品占美国投资公司管理基金资产规模

（三）过去十年指数型产品资金净流入1.6万亿美元，主动产品资金净流出1.4万亿美元

值得关注的是，指数化投资是过去十年来唯一连续保持资金净流入的投资方式。在追逐风险和规避风险互现的环境中，ETP资金流入始终保持正动量，这既来自指数投资的趋势，又得益于ETP产品种类日渐丰富，能够满足投资者多样化的投资需求。

2009—2018年，美国权益类指数基金和ETF累计资金净流入为1.6万亿美元，而同期权益类主动管理共同基金累计资金净流出为1.4万亿美元，如图5所示。

从指数化投资发展历程来看，指数化投资理念与传统主动投资理念差别较大，市场的接受程度造成早期发展较为缓慢。近年来，全球指数化投资呈现持续快速发展的主要原因有以下几个方面：

一是20世纪80—90年代市场平稳上涨凸显了指数化投资的赚钱效应，为指数型产品的迅速崛起提供了重要助力。1983—1989年，平均只有33%大盘主动基金经理能够超越标准普尔 500 指数收益；1994—1998 年，这一比例仅为 19%。理论和实践都表明，主动投资经理很难长期、持续超越基准指数收益。

二是指数化投资的透明化、低成本优势。指数化投资目标明确、规则透明，风格稳定兼具低成本优势。从资产加权平均费率来看，主动股票基金费率为 79 个基点，而股票指数 ETF 仅为 20 个基点。在绝大部分主动管理长期无法战胜市场的背景下，成本的节约可以为客户带来更高的收益。

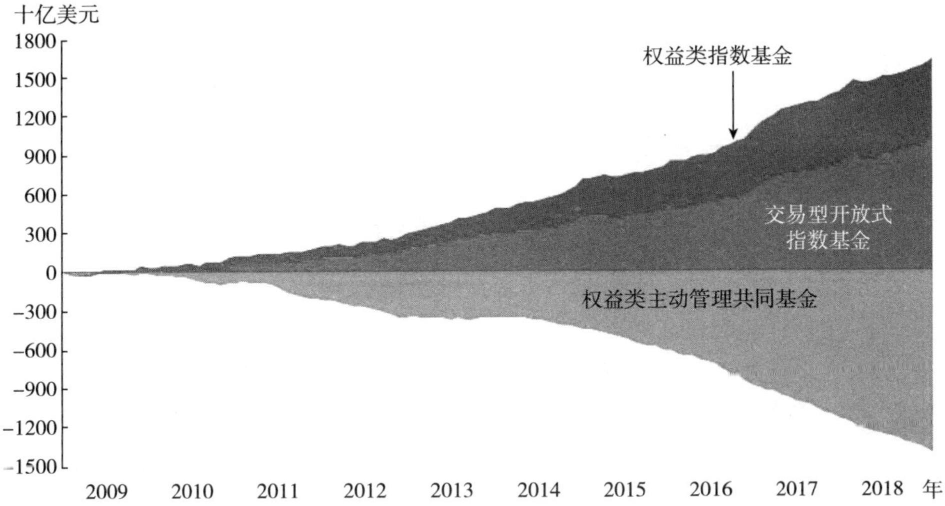

资料来源：ICI。

图 5 美国指数型产品资金与主动共同基金资金流入流出对比

三是顺应资产管理行业追求标准化的趋势。近年来，资产管理行业产品发展呈现标准化趋势，尤其在互联网线上平台，更加需要透明的标准化产品。不仅能带来高度透明化、节约管理费用和交易成本的效应，还有利于大规模复制与推广。指数化产品固有的透明化、风险分散、易复制等特质契合了标准化金融产品的上述典型特征。

（四）海外重要创新趋势给予国内市场更多期待

在实现规模高速增长的同时，指数型产品以细分产品类型的创新与发展体现着指数化投资方式的生命力。在海外发达市场，以 ETF 这一产品类型为代表，近年来，SmartBeta 策略、ESG 策略与固定收益 ETF 等正在满足投资者不同的需求，提升投资效率、降低交易成本，在全球范围内获得了日渐广泛的认可与使用，其中蕴含的创新趋势将给予国内市场更多的思考与期待。

SmartBeta类产品在2005年首次提出后获得了极大的发展，在资产管理中得到了广泛应用。截至2018年底，美国市场SmartBeta ETF超过1000只，资产规模约7800亿美元。其中，多因子、低波动、价值依然是最受机构投资者欢迎的策略。资产管理机构对于SmartBeta投资方式的接受度逐步提升。FTSE于2018年对全球数百位规模超过10万亿美元的资产管理人的调查结果显示，SmartBeta指数和产品的总体渗透率已达到48%的创纪录高位。

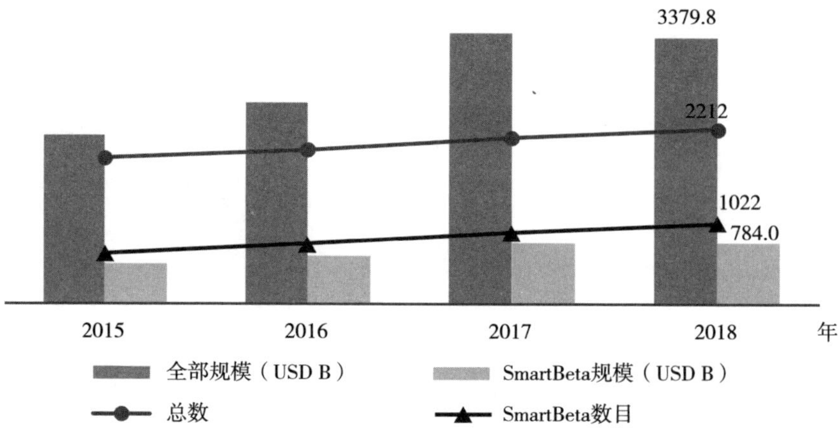

图6　美国Smart Beta ETF总体存量情况（十亿美元）

2018年以来，SmartBeta策略在ETF上的运用仍然围绕主流方向与角度，但可以看到，因子等策略的布局高峰已过，目前发行人的竞争焦点集中在为投资者提供适应投资环境的资产配置方案。在新发行产品中，资产规模跨越1亿美元的有6只，其中最受欢迎的是John Hancock Multifactor Emerging Markets ETF（JHEM），根据市值、相对价格和盈利能力选股及确定权重，吸引资产规模2.8亿美元。

表1　2018年上市的TOP 10 SmartBeta ETF（按资产规模统计）

代码	基金名称	发行机构	AUM（百万美元）	策略	费率（个基点）
JHEM	John Hancock Multifactor Emerging Markets ETF	John Hancock	282.31	多因子	55
JUST	Goldman Sachs JUST U.S. Large Cap Equity ETF	Goldman Sachs	195.07	ESG	20

续表

代码	基金名称	发行机构	AUM（百万美元）	策略	费率（个基点）
HYDW	Xtrackers Low Beta High Yield Bond ETF	Deutsche Bank	137.27	固定收益	25
HYUP	Xtrackers High Beta High Yield Bond ETF	Deutsche Bank	137.18	固定收益	35
ESGV	Vanguard ESG U. S. Stock ETF	Vanguard	103.31	ESG	12
AUSF	Global X Adaptive U. S. Factor ETF	Mirae Asset	103.25	多因子	27
PPTY	PPTY – U. S. Diversified Real Estate ETF	Exchange Traded Concepts	86.36	基本面	53
BLCN	Reality Shares Nasdaq NexGen Economy ETF	Reality Shares	74.05	基本面	68
QARP	Xtrackers Russell 1000 U. S. QARP ETF	Deutsche Bank	67.6	基本面	19
VSGX	Vanguard ESG International Stock ETF	Vanguard	61.96	ESG	15

资料来源：ETF. com，中证指数有限公司。

作为核心风险敞口的替代品，ESG 投资、责任投资代表着期望实现长期、有价值、可增长的可持续投资方式，欧洲和美国市场是全球责任投资的领先市场。截至 2018 年底，美国责任投资规模接近 11.6 万亿美元，机构投资者管理资产 8.6 万亿美元，个人投资者持有 3 万亿美元。整体而言，相比 2016 年和 2014 年分别增长 33% 和 76%，产品稳步发展。

在 2018 年新增的 15 只产品中，其中 12 只产品来自首次发行 ESG ETF 的发行人，其中不乏 Vanguard、Goldman Sachs、UBS 等资产管理巨头的身影。Vanguard 于 9 月首次推出了 ESG 产品——Vanguard ESG U. S. Stock ETF（ESGV）和 Vanguard ESG International Stock ETF（VSGX）跟踪资产规模分别为 1.03 亿美元和 6196 万美元，前者目前是最便宜的 ESG 美国股票 ETF，费率仅 12 个基点。

此外，在投资者对全球投资组合风险敞口的需求推动下，ETF 逐渐向固定收益等类别扩张。在 2018 年市场风险蔓延下，追求稳健的短期固定收益 ETF 成为热点。截至 2018 年底，美国市场固定收益 ETF 超过 370 只，规模近 6600

亿美元。

相较于海外发达市场，上述细分方向等在国内市场依然处于起步阶段，投资者认知程度有待提升，市场格局充满变化。

以 SmartBeta 为例，截至 2018 年底，国内市场 SmartBeta ETF 数量仅为 12 只，合计规模 63 亿元，占所有股票型 ETF 规模的 2%。2007 年，华泰柏瑞发行上市了上证红利 ETF，成为国内第一只 SmartBeta ETF。当前 ETF 虽然整体规模已超越 2014 年底高峰时期，但基金发行人的策略布局仍集中于红利、价值、基本面，有待进一步丰富。与海外发达市场相比，指数型产品的细分重点市场拥有广阔的发展空间与潜力。

二、国内指数化投资规模突破万亿元，迎来重要机遇期

（一）近年来国内指数化投资快速增长

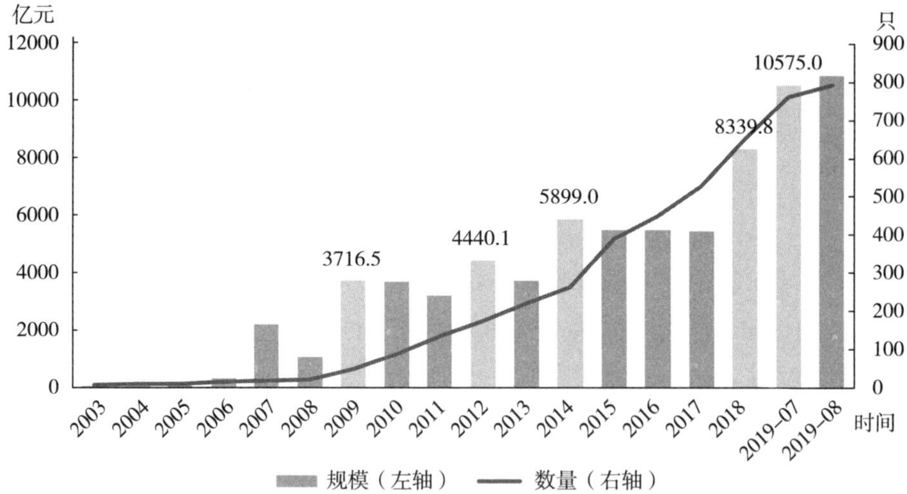

图 7　国内指数型基金产品规模与数量概览

我国第一只指数基金诞生于 2002 年，华安基金发行了上证 180 指数增强基金。2004 年底，华夏基金发行了国内首只 ETF——上证 50ETF。从 2005 年到 2019 年 8 月底，指数型产品数量从 11 只增长到 792 只；市场规模从 226 亿元扩大到 10884 亿元，体现了指数化投资的生命力。以产品数量和市场规模计，指数型产品自 2005 年以来的年复合增长率分别为 35% 和 32%。

与同期美国相比，中国和亚太地区产品数量与规模实现了快速扩容，但是绝对规模水平较美国和欧洲市场仍然存在较大提升空间。无论从市场深度还是

广度来看，国内市场总体处于指数化投资发展的早期阶段。

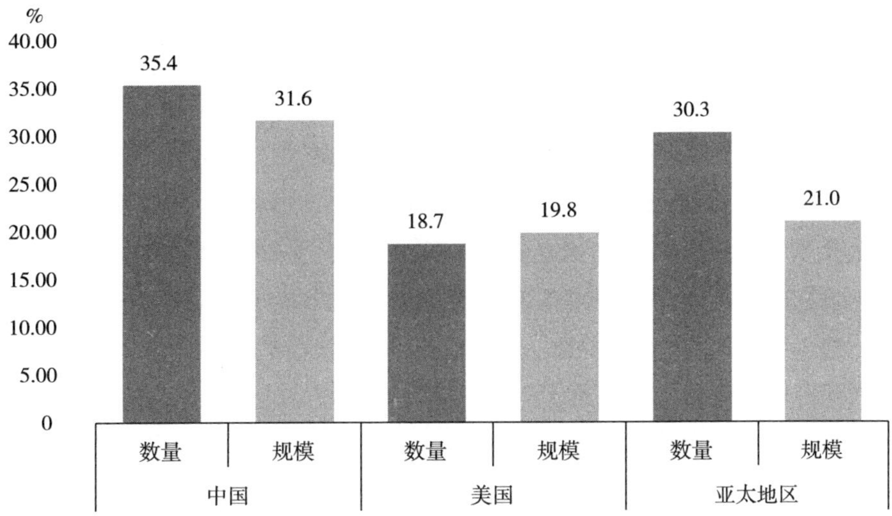

图 8　2005 年以来全球分地区指数型产品年复合增长率

在国内指数化投资发展历程中，共经历了四次主要产品规模扩张时期，如表 2 所示。

表 2　　国内指数化投资规模大幅增长的四个时期

年份	规模(亿元)	备注	主要原因
2009	3717	首次突破3000 亿元	1. 市场宽基指数产品发行，跟踪沪深 300、中证 100、中证 500 三只指数的基金贡献当年 863 亿元发行份额，占全年新发基金份额的 62% 2. 2007—2008 年指数基金明显超越主动管理业绩，引发了市场对指数基金的关注和追捧
2012	4440	首次突破4000 亿元	跨市场宽基 ETF 发行，如华泰柏瑞沪深 300ETF 和嘉实沪深 300ETF 发行份额分别为 329. 69 亿元和 193. 33 亿元，占当年新发基金份额一半以上
2014—2015	5899	首次突破5000 亿元	市场大幅上涨和分级产品快速增长
2018—2019	10884	首次突破1万亿元	1. 央企结构调整、债券指数基金等百亿元级规模的新发产品 2. 机构投资者配置需求 3. 市场处于估值低位，个人投资者对确定性 Beta 的认同

2018—2019 年国内指数化投资规模呈现爆发式增长，主要得益于以下几个方面的原因。

一是央企结构调整 ETF、债券指数基金发行规模大幅增长，涌现出多只百亿元规模级别的新发产品。2019 年上半年新发产品规模创历史高位，已超过 2018 年全年水平。93 只指数型基金合计募集规模超过 2000 亿元，占上半年新募集公募基金产品规模的 43% 左右。为配合国有企业改革，ETF 换购成为解决与盘活国有股权的工具，对换购参与方而言，实现了优化资产结构，平抑个股风险，提高收益风险比等。各类宽基、行业等 ETF 成为机构投资者换购的重要目标，参与主体逐渐多元化，换购成为做大权益型指数型基金的突破点。

二是机构投资者配置需求多样化，境外机构投资者 A 股投资需求增加、养老型基金产品和 FOF 产品发行提升了对指数产品的配置需求，上半年来，股票 ETF 受到各类机构资金的青睐，机构增持超过 1 亿份的 ETF 数量达到 25 只。

2016 年 9 月，证监会正式发布并实施 FOF 指引，国内资管行业掀起了 FOF 热潮，各类资管机构尤其是基金公司纷纷加紧研发 FOF 产品。FOF 基金的核心就是分散投资和资产配置，在风险控制的前提下，追求资产的保值和升值，对底层资产的透明度、基金资产类型、费率和基金规模有较高的要求。

指数型产品是 FOF 的重要配置工具，尤其是 ETF 因其透明度高、跟踪效果好、交易便利、费用低廉以及套利机制等优势，成为构建 FOF 的最佳工具之一。丰富的指数基金产品线是基金公司布局 FOF 产品的重要基础。FOF 的发展将提升 ETF、指数基金的流动性和规模，促进国内指数型产品的增长。

三是 2018 年在主动基金普遍表现惨淡的情况下，市场估值处于相对较低位置时，指数产品具备较强的配置价值，个人投资者在不确定的 Alpha 和确定的 Beta 之间选择了指数产品，成为低迷市场环境下的增长亮点。从历年新发指数型基金产品的情况来看，2018 年和 2019 年上半年募集规模总额大幅超越历史水平。

股票 ETF 受到资金的青睐，规模持续增长。截至 2019 年上半年，在所有指数型基金中，规模超过 100 亿元的产品有 17 只，较 2018 年底增加 3 只。规模最大的产品仍是华夏上证 50ETF，资产净值 492. 59 亿元，较 2018 年末的 457. 90 亿元增长 34. 69 亿元；随后是南方中证 500ETF，资产净值 481. 59 亿元，该基金年内规模较 2018 年底增加 100 多亿元，增势亮眼；排名第三的是华泰柏瑞沪深 300ETF，资产净值 364. 68 亿元。

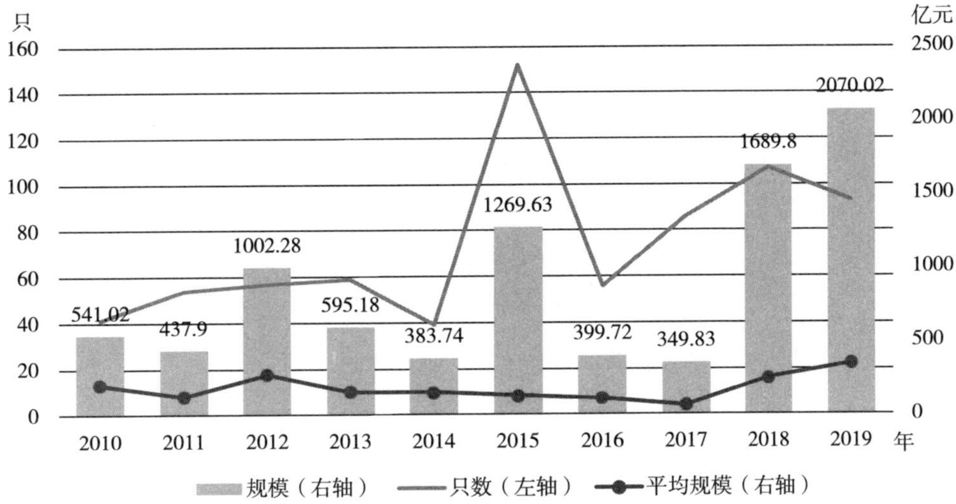

图 9　新发指数型产品历年概览

（二）监管环境向好，完善指数化投资生态

整体来看，近年来，监管环境向好，资管新规、互联互通机制日渐频繁，一系列监管政策不断完善着指数化投资的生态。长期来看，随着市场有效性的提升，凭借主动管理或监管套利获取 Alpha 的难度不断加大，而以 ETF 为代表的指数化投资方式的优势将进一步凸显。

1. 满足资管新规对净值化产品的需求

2018 年以来，《关于规范金融机构资产管理业务的指导意见》（以下简称《资管新规》）、《关于进一步明确规范金融机构资产管理业务指导意见有关事项的通知》（以下简称《通知》）等系列监管政策陆续出台，对资产管理行业及资本市场影响深远。

在《资管新规》《理财新规》等新监管政策推动下，银行理财净值化转型不断深入。指数型基金成为众多银行理财子公司选择净值化产品发展的切入点。银行参与权益市场的大门被进一步打开，理财子公司中长期大类资产配置为指数基金的潜在需求打开空间，也为具备持仓透明、风格清晰、低费率等多重优势的指数产品提供了适宜这一需求的工具。

2. 市场开放不断加深，推动跨境 ETF 发展

境内资本市场开放程度不断加深，互联互通机制等开放政策稳步进行，有利于 A 股市场进一步融入国际市场，推进中国资本市场双向开放，为境内外投资者带来更多的投资机会。自沪深港通推行以来，跨境 ETF 因公开透明、交易

便利成为投资者趋之若鹜的品种，规模业绩双丰收。所谓跨境 ETF，简而言之是投资于境外市场、在沪深交易所上市交易、复制指数进行被动投资的 ETF 基金。与传统基金相比，跨境 ETF 具备投资门槛低、效率高、流动性更好、费率更低等优势，并且 T+0 交易制度的开通使套利也具有了可操作性。相比其他的投资工具，跨境 ETF 以其独特优势成为对外投资的首选。

2019 年 6 月，首批 4 只中方产品和首批 4 只日方产品分别在上海证券交易所和东京证券交易所上市交易，成为中国资本市场对外开放的又一大举措。首批 4 只中日 ETF 合计募集规模为 15.22 亿元，丰富了跨境公募基金产品体系，ETF 成为交易所实现互联互通的重要载体。

3. 参与转融券业务将增厚指数产品长期收益

2019 年 6 月 21 日，证监会发布《公开募集证券投资基金参与转融通证券出借业务指引（试行）》，自公布之日起施行。这标志着公募基金可以参与转融券业务。

转融券业务对于增厚基金产品收益，降低指数型产品跟踪误差具有重要意义。在国内指数化投资快速发展的背景下，公募基金一直期盼可以参与转融券业务。

从现有产品规模测算来看，指数型产品有望成为转融券业务的重要参与力量。指数型产品沉淀大量券源，操作性强；目前，A 股市场基金资产净值 2 亿元及以上的指数型产品（含 ETF 及联接基金）规模约为 8215 亿元，初步估算融券规模上限约 2465 亿元，新增融券规模占比超过 80%。另外，指数型产品股票持仓比例相对较高，参与出借业务的操作性更强。此外，指数型产品参与融券意愿更强。相较于其他产品类型，指数型产品换手率较低，同时转融券业务能够增厚产品收益，对降低跟踪误差，增强产品吸引力都具有重要的意义。

（三）国内指数化投资发展现状

1. 指数型产品在公募基金中占比仍然不高，有很大发展空间

经过十多年的发展，指数型基金正在成为公募基金市场中越来越重要的组成部分。虽然指数型产品规模创历史新高，但是相较主动管理产品在公募基金资产规模中的占比，指数型基金仅占公募基金管理资产规模的 7.9%，相比美国市场近 36% 的份额占比，国内指数化投资还有很大的发展空间。

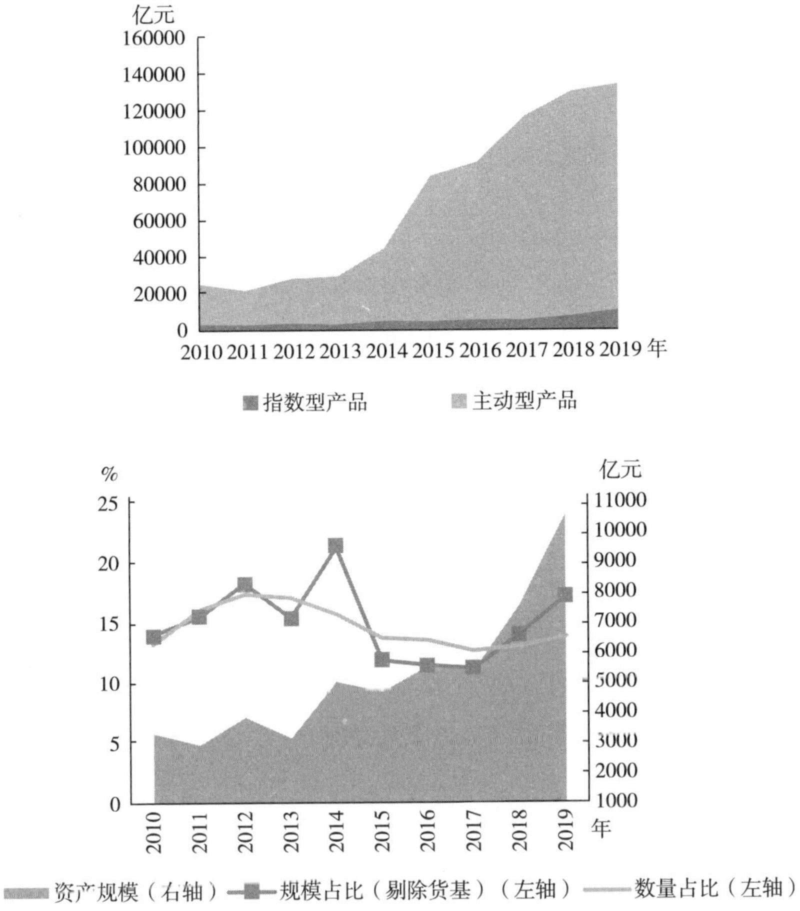

图 10　指数型产品在公募基金中的占比情况

2. 资产类别以股票和债券为主，合计占比超过 96. 3%

指数型产品资产类别覆盖日益丰富，包括股票、债券、商品、QDII 等。但从结构占比来看，仍然以权益为主。权益类指数产品（包括海外市场）的规模约 8500 亿元，占国内指数型产品规模的 78%；债券类指数产品规模约 2000 亿元，占比 18. 3%。其他类别产品整体占比较小。资产类别的结构不均衡在一定程度上制约了指数产品工具属性的发挥，大型机构投资者难以通过现有指数产品进行资产配置、风险分散。

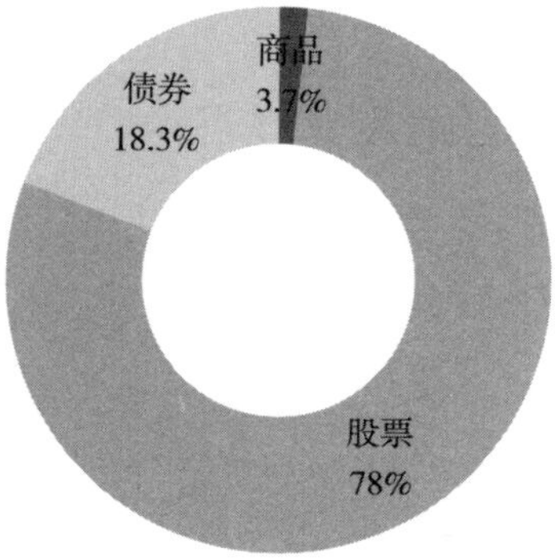

图 11　指数型产品资产类别分布

3. 产品种类日益多样化，核心宽基指数规模较为集中

目前，国内指数产品种类较为多样，涵盖规模、行业、主题、策略等。规模类指数占比超过 68.4%，但整体占比有所降低；主题类指数产品增长较快，成为第二大细分类型，占比为 22.5%，这主要得益于央企结构调整等大型产品发行、证券、军工等细分主题产品规模增长的推动。策略类产品相对缓慢增长，相较全球 SmartBeta 等产品的迅猛增长趋势，国内市场处于发展初期阶段。

值得一提的是，规模类指数产品主要集中在核心宽基指数。截至 2019 年 8 月底，基于上证 50、上证 180、沪深 300 和中证 500 的指数产品数量分别为 22 只、5 只、106 只和 57 只，规模分别为 823.31 亿元、240.70 亿元、2902.02 亿元和 1109.32 亿元，合计规模占全部指数产品的 46.63%。

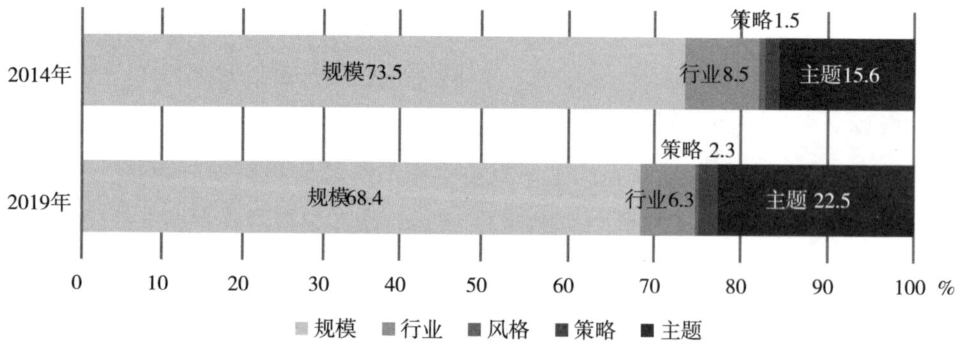

图 12　指数型产品类别分布

4. 基金公司加速指数产品布局，行业集中度提升

与以往相比，基金公司加大了对指数型产品的布局力度。目前，国内指数型产品规模超过 100 亿元以上的基金公司有 20 家，规模占比接近 80%。规模

超过500亿元以上的有6家。

目前，华夏、易方达、南方基金指数型产品规模位居前三位，分别为1462亿元、1011亿元和914亿元，相比2018年底增加238亿元、313亿元和217亿元。其中，华夏基金指数型产品占公司公募产品资产规模净值的近30%，基金公司加速对指数型产品的布局，彰显了基金公司对于指数化投资发展前景的乐观态度，规模的快速扩容将开启指数化投资发展的重要机遇期，多样化的产品布局将继续推动国内指数化投资领域的创新与发展。

三、国内指数化投资发展的前景展望

指数型产品的强劲增长反映了资产管理领域和市场环境的变化，指数化投资的透明化、规则化和低成本等特质日益受到市场的认可，应用场景也不断拓宽。

（一）多样化的指数产品提升了配置灵活性

近年来，指数型产品作为配置工具的价值不断受到市场参与者的认可。指数具有的规则化、透明化、风格稳定、低成本等优势避免了信息不对称和代理问题。越来越多的投资者正在使用指数型产品获得多样化的投资敞口，如行业敞口、风格因子敞口等。

指数化投资的快速发展伴随着指数和产品的创新发展。SmartBeta策略是近年来指数化投资领域发展的重要方向。SmartBeta目标在于增强收益、降低风险与提升分散度，在传统宽基、行业等指数外，提供了更加多样化的获取收益和管理风险的指数工具。

目前，SmartBeta策略在亚洲地区的投资应用不断推进。以ETF为例，根据Brown Brothers Harriman（BBH）与ETF. com合作的一项调查①，97%受访者的投资组合中至少有一只是SmartBeta ETF。

（二）养老金等大型机构的潜在需求为指数化投资提供发展机遇

自2017年9月首批公募FOF获批、2018年4月个人税收递延型商业养老保险试点启动、2018年8月首批公募养老目标基金获批，长期资金入市可期，为指数化投资带来了良好的发展机遇，投资者结构的优化与交易监管制度的进

① 在全球各地调查了300家机构投资者（27%）、财务顾问（67%）和基金经理（12%），其中美国100家，欧洲100家，中国100家。

一步完善将成为支撑指数型基金持续增长的基础。

ETF 为指数型产品中机构投资者持有比例最高的细分类型。作为重要的大类资产配置工具，投资者结构的优化有利于持续推动指数基金的发展。Greenwich Associates 对亚洲机构投资者的调查结果显示，2018 年对 ETF 的平均配置占总资产的比例从 2017 年的 14% 升至 23% 。

ETF 作为一种灵活的工具，帮助投资者迅速实现跨资产类别的战术调整和战略转变。资本市场开放的力度加深，更多的跨境投资措施将稳步推出，ETF 纳入互联互通计划将极大地推动中国此类产品的开发和使用。

资管新规监管细则的落地使整个资产管理行业的生态环境正在迎来改变，加之机构投资者的参与度将大幅提升，对于基金公司主动管理以及净值化运作的专业能力提出了更高的要求，公募产品工具化发展的趋势愈加清晰，具备风格清晰、稳定、低费率等多重优势的指数产品为行业提供了适宜其未来发展的工具。

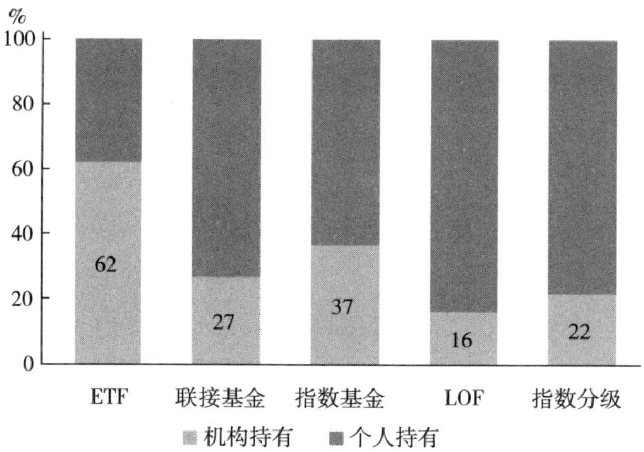

图 13　细分指数型产品类型投资者持有份额相关统计

(三) 金融科技对指数型产品的推动

自 2014 年起，智能化投资工具迎来快速发展，先锋、富达等传统投资管理公司纷纷加入智能投顾的布局。智能投顾根据投资者提供的个人信息来识别投资者的风险容忍程度，运用投资组合理论构建投资组合，并进行节税优化和组合再平衡服务。在海外市场中，以智能投顾为代表的电子化资产管理与交易平台的崛起，正在促进指数化投资产品的强劲增长。指数化投资的标准化、透明度、低成本、易复制等优点，同电子化资产管理与交易平台能够产生较好的协同效应。

在国内，2018 年已有多家机构开始了公募投顾试点资格的准备工作，公募投顾试点开闸在即，为个人投资者提供了基金组合配置服务，有望将散户短期交易性资金逐步转化为长期配置性力量。未来，随着国内在线智能投顾加快发展，对标准化指数投资工具的需求将进一步扩大。

ETF 产品的创新与融合发展

庞亚平*

摘　要：交易所交易基金（Exchange Traded Funds，ETF）是一种既能通过授权销售商（一级市场）申购、赎回，又可以在证券交易所（二级市场）上市交易的开放式组合投资基金。截至目前，全球 ETF 的资产净值总额高达 5.48 万亿美元，国内 ETF 规模接近 6566 亿元，ETF 的投资范围已经覆盖境内股票、债券、商品、货币、境外股票等多元化的资产，产品创新层出不穷，投资交易机制也在不断升级，中国正迎来 ETF 产品发展的大周期。本文对境内外市场 ETF 的发展趋势、原因及经验进行了总结，并从机制创新、理念创新、方法创新，以及场景融合和策略融合等方面提出了相关意见建议。

关键词：ETF　创新发展　融合发展

一、ETF 发展壮大的主要原因

截至 2019 年 8 月，全球 ETF 管理总规模约 5.48 万亿美元，其中美国市场 ETF 管理规模约 3.86 万亿美元，占比近 70%。1993 年，由道富集团发行的追逐标普 500 指数的单位投资信托（SPDR）成为全球首只 ETF 产品。此后，随着法律法规的不断完善，美国市场 ETF 经历了大幅度的创新，最终使 ETF 发展成为 21 世纪金融领域最伟大的创新之一。ETF 的成功也得到其他国家及区域的积极学习借鉴，1999 年中国香港设立了亚洲首只 ETF——盈富基金，该 ETF

* 庞亚平，华夏基金数量投资部总监，ETF 基金经理，CFA。

以恒生指数为投资标的，由道富亚洲管理，这也是在美国本土之外设立的第一只 ETF 产品。2004 年，上海证券交易所上市交易国内首只 ETF——华夏上证 50ETF，此后 ETF 以迅猛的发展趋势在各个国家及区域发展壮大。总的来看，我们认为海外 ETF 能够迅速发展主要来自以下几个方面的原因。

1. 市场有效性提升，主动管理基金跑赢指数的概率不断下降

经典研究表明，在成熟的资本市场中，主动投资基金的长期业绩无法跑赢大盘。早在 1966 年，夏普选取了 1954—1963 年美国 34 只共同基金进行业绩比较，发现若用夏普比率来衡量业绩，这些共同基金的业绩比同期道琼斯工业指数低 0.34%。同样，1968 年詹森选取了美国 115 只共同基金 20 年的收益率，并与同期标准普尔 500 指数进行对比，发现任意一只共同基金的业绩表现相对随机选取的投资组合都没有显著优势。此外，根据晨星数据显示，2014 年只有 20% 的美国共同基金击败了基准，而在 2014 年以前的五年中，只有 21% 的基金经理跑赢了标准普尔 500 指数。主动投资基金业绩难以超越指数的现象造就了近年来海外指数型产品的迅猛发展。

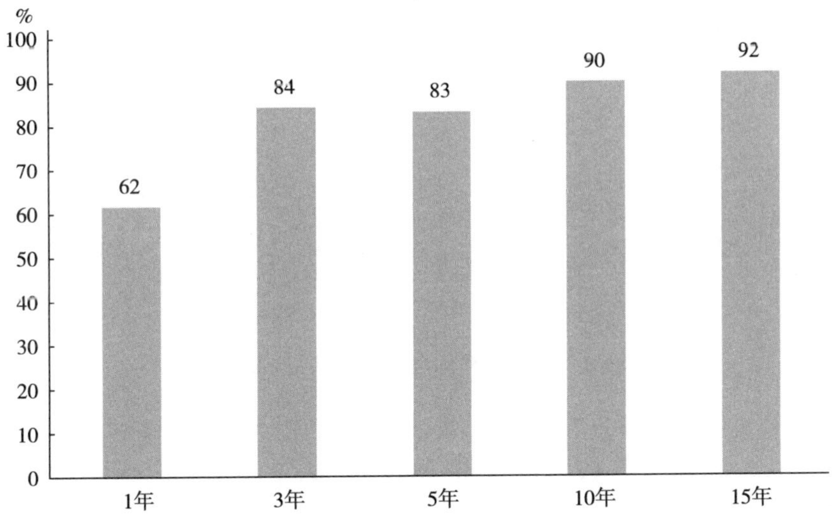

资料来源：标准普尔，截至 2018 年 6 月。

图 1　被动指数跑赢主动管理基金的百分比

在海外市场中，主动管理型基金的长期业绩无法超越指数表现或由多方面因素造成。一方面，主动管理型基金往往交易频率较高，导致换手率较高，因此需要承担更高的交易费用。在一个成熟、有效的市场中，当考虑了交易成本

后，一般的基金经理投资业绩较难超越指数表现。另一方面，市场存在风格漂移。在基金经理的能力范围内捕获 Alpha 的概率较高，而一旦超越了自己的能力范围，基金经理就会产生大量的决策失误，因此大大降低了捕获 Alpha 的能力。从长期来看，这也导致了基金经理的主动管理业绩难以完全超越指数。

2. 在高度有效的市场下，低成本成为关键，ETF 低费带来的复利收益不可忽视，尤其是在全球低投资回报的背景下

根据 ICI 的统计，美国公募基金的费率从 2000 年以后显著下降：主动权益类费率从 1.06% 下降至 0.82%，同期指数基金下降得更快，从 0.27% 下降至 0.09%。权益类指数产品的费率仅为主动管理产品的近 10%，在高度有效的市场下，绝大多数主动管理基金长期无法战胜市场，成本的节约带来了很重要的影响。同时，投资者对低费率基金表现出强烈的偏好，95% 的新进资产都流入费用排序最低的前 20%，进一步削减了资产的加权费率。

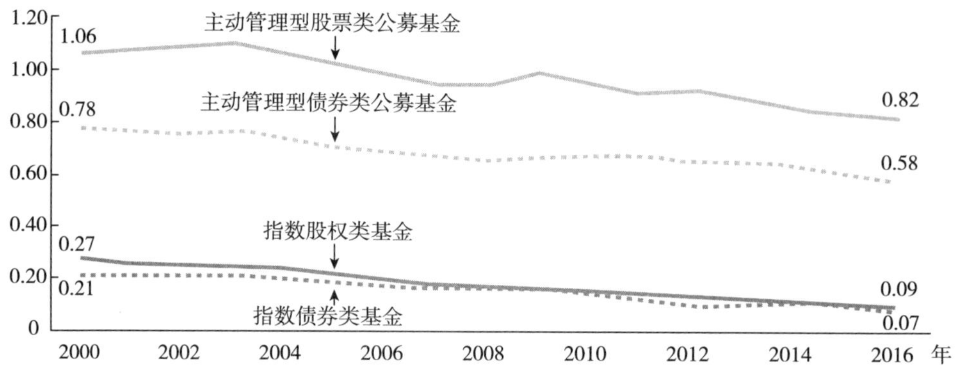

资料来源：ICI，截至 2017 年底。

图 2　美国公募基金管理费率变化趋势

3. 销售模式驱动使投资者更加关注低成本的指数基金和 ETF 产品

佣金经纪模式向收费买方投顾模式的转变对 ETF 规模的增长起到重要作用。在美国，之前的基金销售模式是传统的佣金经济模式，即交易一次，经纪公司按固定费用收取佣金。佣金收入之和 = 交易次数 × 佣金费率。换句话讲，提高佣金收入的方式主要是让客户尽量多的频繁交易，或者基金产品频繁申购赎回，投资者的利益没有得到有效保障，客户黏性不高。现在越来越多的证券公司提出佣金经纪模式向财富管理模式的转变，投资顾问不再从基金管理费或者销售费用中提取佣金，而转向收取咨询费的模式，促使投资顾问将更多低成

本的指数基金与 ETF 推荐给客户，并且为客户保值增值，将客户资产进行分散化投资。

图 3 为 ICI 统计的各类型产品占客户组合的比例，可以看出，随着买方投顾模式的渗透，ETF 在客户投资组合中的占比不断提升。

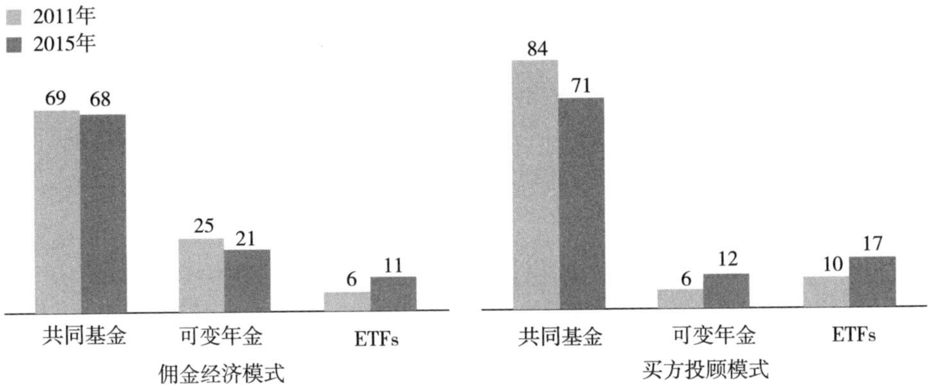

资料来源：ICI，截至 2017 年底。

图 3　佣金经济模式/买方投顾模式

4. 金融业不断追求标准化的趋势增强，使 ETF 更多地被使用

金融业追求标准化趋势是指数化投资迅速崛起的重要推力。近年来，金融业产品发展呈现明显的标准化趋势，标准化可以带来高度透明化、节约管理费用和交易成本，容易大规模复制。而指数化产品固有的透明化、风险分散、易复制等特质正是具有上述典型特征的标准化金融产品。

5. 金融市场不确定性增强，ETF 高流动性可以实现头寸管理

金融市场有效性提高和不确定性加剧进一步提升了市场对指数化的需求。经济和金融的全球化增强弥补了国际间证券市场的有效性差距，同时也加剧了金融市场的不确定性。国际金融危机、欧洲债务危机、美国信用危机以及危机后前所未有的政府干预，都使金融市场的不确定性更加突出。在市场有效性提高、不确定性增强时，最有价值的方法就是采用持续反映所有已知信息、多元化分散风险的投资方式，这正是指数化投资的特质。

二、境外 ETF 市场的最新发展趋势

早期的 ETF 产品以跟踪股票市场宽基指数为主，随后投资标的逐步扩展到主题指数及行业指数，近年来，ETF 成为持续创新的载体，投资标的和投资策

略更加多样化，同时也呈现主动和被动投资相融合的趋势。

1. SmartBeta 引领创新

2005 年 SmartBeta 被首次提出，经过 14 年的发展，SmartBeta 已成为 ETF 产品创新的重要方向。从早期的非市值加权、红利、基本面等逐渐向多因子策略发展。根据晨星统计数据，截至 2017 年 6 月底，全球共有 1320 只 SmartBeta ETF，规模合计 7069 亿元。美国市场在 SmartBeta 产品领域具备巨大优势，其产品数量和规模占全部的 49% 和 88% 。SmartBeta 已经成为美国 ETF 非常重要的类别。

目前，SmartBeta 主要发展方向有三个：

一是多因子策略，随着市场不断完善和产品竞争加剧，因子策略逐渐从单因子策略转向多因子策略。目前，美国市场多因子策略 ETF 达 314 只，资产规模为 2745. 47 亿美元，占 SmartBeta ETF 资产规模的 47. 78% 。传统发行人的创新以及新晋发行人的切入都不约而同地选择了多因子策略为主要布局点。

二是红利策略，目前，美国市场红利策略 ETF 达 109 只，资产规模为 1408. 71 亿美元，占 SmartBeta ETF 资产规模的 24. 5% ，比 2015 年提高了 4. 5% 。其中，规模最大的 10 只红利 ETF 均发行于 2013 年之前，体现了这一细分领域强者恒强的产品特点。近年来，红利策略有了新的探索，主要包括关注红利的成长性和持续性，将红利策略与其他 SmartBeta 因子结合，例如在红利因子基础上增加质量、波动率因子作为筛选或加权依据等。

三是 SmartBeta 债券 ETF，SmartBeta 策略主要集中在股票类资产，但自 2014 年以来，此类策略在债券类产品中有快速发展的趋势。目前，美国市场 SmartBeta 债券 ETF 有 31 只，规模 179. 8 亿美元，数量和规模分别占债券 ETF 的 9. 96% 和 3. 98% 。在加权方式上，主要以基本面、多因子、分层等为主；在选样方法上，以基本面为主。

2. 主动 ETF 成创新突破点

在发展遭遇困境的情况下，传统主动投资开始采用降低费率的做法。其中，一种较为主流的做法就是主动 ETF，即以主动的方式使用被动 ETF。根据 ETFGI 的统计，截至 2016 年 11 月底，全球主动管理 ETFs/ETPs 的数量达到 303 只，总资产突破 420 亿美元。主动 ETF 集中度较高，规模前十名固定收益类产品的总资产占据了全部固定收益类产品的 82% ，规模最大的产品为 PIMCO Enhanced Short Maturity Active ETF，资产规模为 55. 4 亿美元。

早在 2006 年，主动 ETF 就已出现，但是一直发展得不温不火，究其根源在于其高度透明的产品模式和投资绩效的矛盾。在美国市场，SEC 规定主动管理 ETF 必须每日披露持仓信息，基金策略和持仓信息的保密性对投资收益影响很大，这也使管理人在获取 Alpha 收益时难度增加。如果透明度较低，投资者不清楚持仓情况而不敢购买，在一定程度上会阻碍规模扩张。为了促进主动 ETF 发展，2016 年 7 月 SEC 出台了新的规则简化主动 ETF 构建和上市进程，缩短发行和上市时间，节约发行人的时间和成本。新规则极大地提高了主动 ETF 获批上市的可能性，推动了主动 ETF 的发展。

与此同时，非透明主动 ETF（ETMF）带来的产品创新也为主动 ETF 增加了活力。第一只 ETMF：Eaton Vance Stock NextShares（EVSTC）于 2016 年 2 月在纳斯达克上市。ETMF 是把 ETF 和主动基金优点相结合的一种创新产品，即产品不再有跟踪标的，ETF 持有的股票由基金经理选取，但也可以进行实物申赎并在交易所交易。投资者可同时获得主动管理以及 ETF 低成本优势，同时还能够保护基金持仓的机密。与之前的主动管理型 ETF 相比，ETMF 最大的改变在于，不需每日披露持仓信息，而是在每日收市后获得净值，并基于此价格进行交易，从这点看，ETMF 更像是公募基金 2.0。

3. ESG ETF 备受市场关注

根据 US SIF Foundation 数据统计，截至 2016 年末，美国机构投资共管理资金 40.3 万亿美元，其中有 8.1 万亿美元属于 ESG 投资，较 2014 年的 6.57 万亿美元增长 30%。在这些资产中，5.38 万亿美元为单独的账户和为机构投资者服务的非特定工具。目前零售市场规模相对较小，正在快速增长中。此外，ESG 类可投资基金（共同基金、可变动年金、ETF、封闭式基金、另类产品）与其他挂牌上市产品的总规模达到 2.6 万亿美元，占全部 ESG 投资的 32%。这一数字在 2012 年为 1.01 万亿美元，占当时全部 ESG 投资的 30%。

ESG 的投资方式目前主要有三种方式：筛除性投资、主题投资与 ESG 因子整合，其中，PRI1 将 ESG 因子整合（ESG Integration）定义为系统而明确地把 ESG 因子纳入投资分析与决策的过程。从市场情况来看，目前机构的 ESG 因子整合主要有以下四条途径：基本面投资、量化投资、SmartBeta 投资与被动（指数）投资。

4. 产品降费的大趋势

随着低廉的被动投资产品快速增长，美国资管产品的费率整体呈下降趋势。美国投资公司协会 2015 年的数据显示，管理 10000 美元的资产，主动投资基金经理的平均收入为 131 美元，而被动投资的成本就低得多，一些产品甚至低至 3 美元。客户纷纷从主动投资迁往成本更低的被动投资。

自 2003 年以来，共同基金费率在达到高点后开始步入下行区间。虽然 2009 年有过暂时的回升，但整体呈现规模扩张而费率逐渐下降的趋势。随着 ETF 资产规模不断壮大，很多公司相应削减了费用，市场竞争更为激烈，更低的费用成为部分公司吸引投资者的一种有效手段。投资者对低费率基金也表现出强烈的偏好，95% 的新进资产都流入费用排序最低的前 20%，进一步削减了资产加权费率。

ETF 费率下降的原因主要在于：一是技术变革驱动费率下降，计算水平、数据存储和处理能力的改善提升了全产业链的成本效益。二是价格战将转向更广阔的领域。管理人之间的较量可以归结为价格的比拼。三是随着投资顾问模式的崛起，基金管理人发挥其资产配置优势为投资者进行财富管理，收费模式开始向财富管理端转移。此外，借助 ETF 的融券制度，部分管理人可以将 ETF 持有的成分股融券收益纳入公司资产，进一步推动 ETF 管理费的下降。

5. 智能投顾带来新机遇

随着被动投资理念的进一步渗透和金融技术的不断发展，ETF 产品的运作模式层出不穷。2015 年，自动化投资管理咨询模式——Robo Advise，被称做 Digital Advice Market，受到广泛关注，咨询机构预计 2020 年管理总资产可能会达到 4890 亿美元。以 Betterment 公司为例，其 Robo 平台以美国上市的所有 ETF 为投资对象，基于某个过滤和排序算法选择符合标准的高质量产品以达到投资目的，能够帮助投资者从 1000 多只 ETFs 中筛选出覆盖 13 种不同资产类别的 30 只 ETF，并将费用从 64 个基点降低到 20 个基点。大型资产管理公司正在推进该业务模式的发展，Charles Schwab 在 2015 年 3 月已推出该类平台 Intelligent Portfolios；美国的 Wealthfront、Betterment 和 Vanguard 公司、英国的 Nutmeg 和 Swanest、德国的 Vaamo、瑞士的 TrueWealth、意大利的 MoneyFarm 以及法国的 Marie Quantier 等，正在向市场推广各种各样的低成本、自动化咨询业务。当前全球最大的资本管理公司 BlackRock 收购了自动化投资平台 FutureAdvisor。Robo Advise 得到市场参与者广泛追捧的背后，主要是由于当前市场上投资者对投资咨询的需求上升，而过去复杂且昂贵的投资方案并不受投资者青睐。指数化投资的标准化、透明度、低成本、易复制等优点，使指数化投资与智能投顾具有天然的结合基础。从智能投顾的业务模式和链条来看，其数字化建议的底层资产主要为 ETF 产品，因此智能投顾的发展会极大地促进 ETF 的快速发展。

6. 投资标的紧跟科技发展趋势

从近年来新发行的 ETF 产品标的来看，一些新概念和新技术也在影响 ETF 产品的创新和变革。一是主题型 ETF 布局广泛，主要围绕前沿技术和新经济布局。美国市场在规模类指数和行业指数方面已经非常成熟，且竞争较为激烈，从 2018 年的新发产品来看，资产管理人重点在新经济和前沿技术领域的板块布局主题型 ETF 产品。相关热点包括电动汽车、人工智能及机器人、区块链、虚拟现实、线上零售和游戏竞技等领域。二是 NLP 及机器学习等新算法逐步应用于 ETF 投资策略。传统的指数编制更多地依赖企业财务报表等公开信息，对板块及行业进行归类，但是随着企业数据信息的迅速扩展，可获得的信息源也更加广泛，基于语言识别、机器学习等人工智能算法开始应用于指数编制或者策略开发中，并形成了相关策略特色的 ETF 产品。三是资产配置类 ETF 开始兴起，与主动基金的界限越来越模糊。ETF 作为工具类型产品，主要解决投资者的配置和交易需求，但投资 ETF 也需要投资者理解并掌握各种类型 ETF 的交易策略。因此，基于底层资产或者相关 ETF 进行配置或者交易的配置型 ETF 也在慢慢发展，解决投资者的一站式买入诉求，主要的策略类型包括季节轮动策略、因子轮动策略、多资产配置策略等。

三、我国 ETF 产品的发展现状及主要特征

1. 我国 ETF 产品发展历史及现状

相比海外市场，我国 ETF 发展较晚，2004 年第一只 ETF——上证 50ETF 设立，首发规模 54.35 亿元，2005 年 2 月 23 日在上交所上市，ETF 在我国的发展大幕就此揭开。随后两年，第二批 ETF 相继上市，分别为易方达深 100ETF、华安上证 180ETF、华夏中小板 ETF 以及华泰柏瑞上证红利 ETF，覆盖了沪深两市，囊括了大盘以及小盘指数。2007 年 A 股开启牛市，但 ETF 市场却停滞不前，直到 2009 年后，ETF 进入爆发式增长，产品数量激增，三年时间发行了 32 只 ETF 产品，但这一阶段的产品同质化严重，并无创新点，先发优势导致这些产品的规模较小，整个 ETF 市场在基金市场的占比仍微不足道。2012—2013 年，A 股市场开启一波创新大潮，ETF 市场也迎来了大发展。跨市场 ETF、跨境 ETF、债券 ETF、黄金 ETF 等许多创新型产品陆续涌出。同

时，ETF 融资融券、T+0 等交易机制的推出极大丰富了 ETF 的投资策略，ETF 品种在这一时期得到了多元化发展。2014 年底开启的一轮短暂的牛市由于其特殊的“杠杆牛”的特点，带有杠杆的指数基金分级基金大规模增长，ETF 的发行受到影响，从 2015 年下半年到 2016 年上半年一度陷入停滞。但在几轮股灾后，标准化、费用低廉、交易灵活的 ETF 重新得到投资者的关注。从 2016 年第二季度开始，ETF 的发行再次步入正轨。2016 年有 9 只 ETF 产品发行，2017 年有 23 只产品发行，仅次于 2013 年的新发数量。

2018 年是国内 ETF 大发展的一年，当年产品规模和发展速度都实现了历史性的突破。在全年股票市场普遍下跌的背景下，ETF 得到市场的高度关注，除去货币 ETF，全年 ETF 规模增加 1434 亿元，增幅高达 62%，从场内份额来看，全市场非货币 ETF 份额达到了 2419 份，相比年初增长了 160%，整体来看，2018 年不论是 ETF 的发行数量还是资产规模都达到历史之最，国内的指数化投资将迎来新一轮大发展的机会。

截至 2019 年 6 月底，国内 ETF 产品数量共计 217 只，产品规模共计 6566 亿元。从上市地来看，上交所上市的 ETF 规模为 5466 亿元，占全部规模的 83%。从产品类型来看，股票类 ETF 规模最大，为 4489 亿元，占比为 68%，其次为货币 ETF，规模为 1867 亿元，债券 ETF 和商品 ETF 规模均为 104 亿元，占比较小。在股票类 ETF 当中，以上证 50 指数、沪深 300 指数、中证 500 指数为跟踪标的的宽基指数 ETF 占比最高，占股票类 ETF 规模的 70%，其次是主题型 ETF，基金规模为 830 亿元，主题型 ETF 的发展壮大主要得益于近年来国企改革 ETF 的迅速崛起，其中规模最大的是央企结构调整 ETF，行业类、策略类股票 ETF 产品规模相对较小。

2. 我国 ETF 投资者结构分析

从投资者结构来看，我们以上交所上市的 ETF 为例，截至 2018 年底，个人投资者持有沪市 ETF 总规模为 963 亿元，机构投资者持有沪市 ETF 总规模为 3380 亿元。虽然个人投资者整体数量较多，但从体量来看，机构投资者持有规模和个人投资者的比例为 8∶2。从持有份额来看，截至 2018 年底，个人投资者持有沪市 ETF 份额为 312 亿份，机构投资者持有 864 亿份，两者占比分别为 27% 和 73%。因此，不管是从持有体量还是持有规模来看，机构投资者依然是 ETF 的主要参与者。

从不同资产类别的 ETF 来看，债券 ETF 中机构投资者持有规模最高，达到了 95%，其他产品类型 ETF 机构与个人的比例均维持在 25% ~75%。

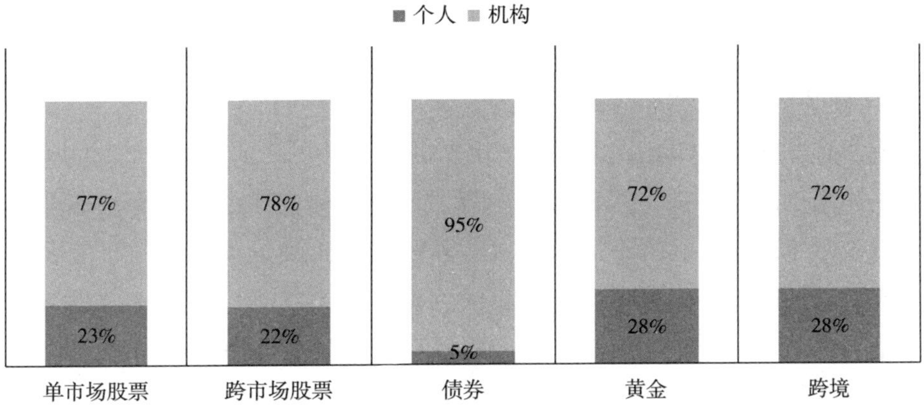

资料来源：《ETF 行业发展报告（2019）》，上海证券交易所。

图 4　2018 年沪市 ETF 投资者持有结构分析

从投资者交易结构来看，2018 年沪市 ETF 个人投资者交易总规模占比 50%，与机构投资者基本持平，其中个人投资者在单市场股票 ETF 的交易规模占 47.7%，在跨市场股票 ETF 的交易规模中占 36.6%，显著低于机构投资者交易量，而在债券 ETF、黄金 ETF 以及跨境 ETF 当中，个人投资者的交易规模分别为 76.8%、58%、68%，显著超过了机构投资者的交易规模。

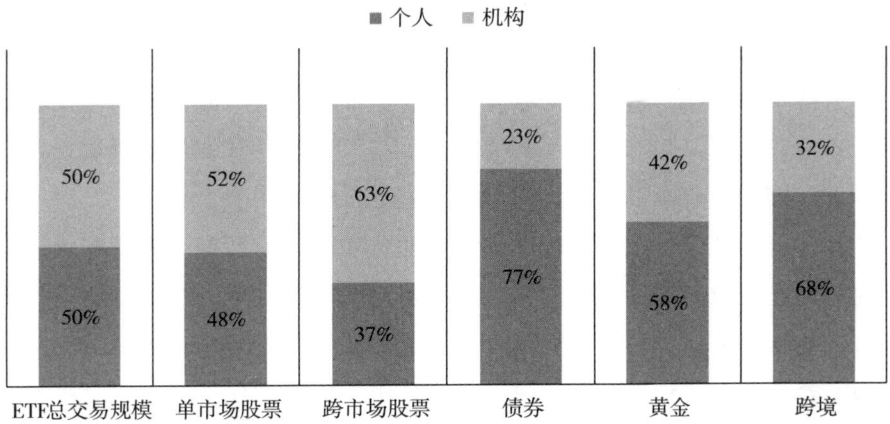

资料来源：《ETF 行业发展报告（2019）》，上海证券交易所。

图 5　2018 年沪市 ETF 投资者交易结构分析

从新增的投资者类型来看，2018 年沪市 ETF 累计新增规模达 931 亿元，其中个人投资者新增 274 亿元，占沪市 ETF 新增规模的 29.4%，机构投资者新增规模达657亿元，占沪市新增规模的70.6%。在机构投资者中，保险账户新增规模最大，其次是基金账户。2018年，保险账户全年累计新增ETF参与规模273亿元，基金账户累计新增规模238亿元，两者合计占新增规模的78%[①]。

3. 我国ETF产品快速发展的原因分析

近年来，国内ETF的快速发展，主要得益于如下三个方面的原因。

一是随着国内A股市场机构投资者占比不断提升，市场定价效率逐步提高，以及近年来监管机构在引导上市公司信息披露及退市制度方面的逐步改善，股票市场的投资交易逐步向理性化、规范化方向发展，市场的整体有效性得到显著提升，此时通过主动投资方法持续获得超越市场平均水平的超额收益难度加大。数据显示，2016—2018年，国内市场主动权益基金、偏股混合型基金以及灵活配置基金的年度业绩中位数相比沪深300指数均没有产生明显的超额收益。因此，指数基金作为标准化且成本较低的投资方法，成为机构投资者以及个人投资者获得市场整体收益的有效途径。

二是ETF成为分散化投资、降维投资的替代产品。近年来，A股市场股票的暴雷事件显著增加，投资者对上市公司的个体风险关注度和影响力更加关心。而ETF本身是跟踪指数的基金产品，在构建指数的过程中通过充分的分散化投资，可以有效降低非系统性风险，减少投资者选股的难度。此外，ETF也是降维投资的工具，目前A股市场股票数量接近3600只，同时港股通可投资标的接近470只，投资者在接近4000只股票中进行选择的难度较大，但是ETF通过对市场不同风格、板块进行切分并形成标准的基金产品，可以大幅度地降低投资者选股难度，同时ETF又具备场内实时交易的特征，使投资者开始更加关注以ETF进行不同板块及风格投资交易的主要替代工具。

三是随着刚性兑付规则打破以及银行理财净值化的转型，资产配置理念逐步崛起。通过有效的投资组合管理，借助多元化的投资标的，可以有效提升投资组合的风险收益比。特别是近年来FOF产品的逐步成熟以及养老金产品的逐步入市，资产配置投资理念更加深入。ETF作为低成本的标准化工具，目前产品数量多、投资标的覆盖类型广，将成为资产配置的核心底层工具产品。

4. 我国ETF产品发展存在的不足

虽然我们的ETF市场发展较为迅速，产品创新趋势较快，但目前国内ETF

① 上海证券交易所，《ETF行业发展报告（2019）》。

的发展还存在一些不足，依然有较大的优化改进空间。

一是 ETF 投资者缺乏应用场景，配置理念有待进一步提升。从目前 ETF 的投资者结构类型来看，大部分投资者投资 ETF 依然以交易策略为主。其核心原因是境内股票市场波动大，投资者长期持有 ETF 产品的夏普比较低，只能从中短期角度寻找投资交易机会。此外，在应用场景方面，ETF 作为底层资产配置工具，可以作为财富管理平台的有效支撑。境外市场 ETF 已经成为智能投顾等投资顾问进行资产配置的优选资产，但国内 ETF 还是以交易策略为主。ETF 产品的组合化管理、投资策略应用方面还处于较为初级阶段，资产配置属性没有充分发挥。

二是国内指数编制方法还有待改进，指数化投资理念还有待进一步普及。参照境外市场，核心股票指数作为经济的晴雨表功能，能够成为分享国家经济增长的工具。目前国内资本市场由于多方面的原因，现有的核心指数对中国经济的代表性并不高，长期持有境内核心股票指数的财富效应相对较低，投资者对指数化投资理念的认同度和接受度相对较低。目前境内股票 ETF 的持有人数量 100 万人左右，相比股票投资者数量，仅占很小的比例。

三是长期资金配置比例较低。被动化投资的核心理念是长期持有，其和养老金等长期资金有着密不可分的关系，一方面养老金的持有周期较长，通过配置低成本的指数可以让投资者分享国家经济增长及特定板块的投资红利，可以提高投资者的持有期收益，另一方面资本市场特别是新经济上市公司，更需要长期股权资金支持才能推动企业价值增长。从境外市场来看，养老金通过持有指数基金配置权益市场实现了多方共赢。但目前国内长期资金入市规模和体量依然较低，且以企业年金为代表的长期资金考核周期依然以短期为主，收益目标以绝对收益为主，这就使长期资金投资权益以交易为主，无法通过长期配置获得企业盈利增长的收益。

四、境内 ETF 发展趋势展望及建议

展望未来，我们对国内资本市场的发展充满信心，ETF 作为资本市场中成熟的产品还将迎来快速的发展，成为居民参与资本市场投资的主要投资品种。对未来 ETF 产品发展趋势，我们认为需要从创新与融合的角度，在学习借鉴海外发展规律的基础上，总结国内的实际情况特征，以投资者需求为导向，构建能够满足投资者理财需求并实现财富管理的产品体系。具体来看，我们提出三

大创新和两大融合的优化建议，分别是机制创新、理念创新、方法创新，以及场景融合和策略融合。

1. 机制创新

ETF 作为一种场内交易工具，未来还需要在运作机制方面不断优化提升，提高投资者参与 ETF 的效率，拓展 ETF 的交易策略，满足投资者的投资交易、配置以及流动性管理等多样性需求。具体来看，我们建议首先在做市商机制方面持续改进，提高做市商参与 ETF 做市的积极性，以此提升 ETF 的场内流动性，其次我们建议进一步拓展 ETF 期权标的，提升投资者参与 ETF 的风险管理机制和多样性投资策略，以此引导更多资金长期配置。

2. 理念创新

优化指数编制方法，在编制过程中全面引入 ESG 机制，引导积极正向的投资理念。国际上 ESG 已经成为一种主流的投资理念，在国内机构化趋势加快、个股信用风险明显提高的背景下，采用 ESG 融合的指数能够满足投资理念变革，具备多重优势。ESG 投资策略主要包括负面筛选、正向筛选、可持续主题、多策略融合等，其中海外市场以负面筛选为主。目前国内指数公司已经编制开发了部分 ESG 主题指数，但更多的是采用正向筛选规则，优选 ESG 表现优异的个股编制指数。但是 ESG 的负面筛选机制同样重要，需要重新审视现有核心指数的编制方法，考虑融入 ESG 负面清单机制，提高指数的代表性和可投资性。

3. 方法创新

ETF 的核心是指数化投资，标的指数的编制不仅是复制市场及投资策略，还需要更好地反映经济表现，体现晴雨表功能。指数编制的核心在于主动定义指数的目标和功能，用数据和规则精确表达，好的指数能够反映相应市场的真实表现。随着市场结构的演变以及新策略新技术的应用，指数编制理念也要与时俱进，成为反映不同特征或者主题的载体。目前指数编制方法需要重新探索和创新，比如引入宏观经济数据、产业结构变迁等外部变量来提升指数对经济的代表性等。

4. 场景融合

拓展指数基金应用场景，使指数投资更接地气，提高客户群体参与度。根据美国基金业协会数据，美国公募基金接近 90% 由个人最终持有，主要是借助养老、教育以及智能投顾等多元化的场景提高指数工具的应用效率。因此，国内需要发挥基金公司和营销渠道的合力，在资产配置、风格判断、产品定位、客户画像等方面进行融合，打造多元化、更贴近客户需求的指数产品应用场景，进一步发挥行业智能投顾、投资顾问以及税收等优势。

5. 策略融合

推动主动与被动投资理念相互融合，通过吸纳成功的投资策略和理念，将其规则化、标准化。在融合新策略方面，通过分析市场风格，从优秀主动策略中提炼有效的规则和逻辑，将成熟的投资框架用指数语言表达，实现 α 的 β 化，构建 SmartBeta 策略。在融合大数据方面，提升超额收益获取能力，不局限于价格数据和财务数据，非财务数据、舆情数据、投资者行为数据等也可深度挖掘，提高指数样本数据的深度和广度；在融合新技术方面，结合 AI、FinTech、新算法算力，提升指数对微观市场变化的刻画及捕捉能力。

行业指数期货服务实体经济发展的作用分析

李自然* 崔文迁** 张晟畅***

摘　要：行业指数期货是境外代表性交易所股指期货的重要品种体系，是对规模指数期货的有益补充，但在境内资本市场还未上市。本文分析了发展行业指数期货对于助力实体经济高质量发展的积极作用，认为发展行业指数期货有利于促进对应行业上市公司的资本形成，推动行业整体发展；有利于资金更有效地聚集到优质企业，促进行业内的优胜劣汰；有利于推动经济发展新动能取代旧动能，实现国民经济的转型升级。为此，建议在调研机构投资者需求的基础上，推动行业指数期货作为股指期货后备品种的研发工作，并选择符合当前我国经济发展与转型方向的行业，探索上市对应行业的指数期货。

关键词：行业指数　股指期货　实体经济

境内股指期货市场自建立以来，通过管理风险来服务实体经济的功能已日益显现，但是已上市的品种全部是规模指数期货，尚未涉及国际上的另一重要品种体系——行业指数期货。目前，芝加哥商业交易所（CME）、欧洲期货交易所（Eurex）等国际领先的期货交易所已形成较为完备的行业指数期货产品体系，印度、中国台湾等地的交易所也推出了符合各自产业发展特点的部分行业指数期货。在境内交易所上市行业指数期货将会对境内现有股指期货品种形

* 李自然，中国金融期货交易所北京金融衍生品研究院首席研究员、研究部负责人。

** 崔文迁，中国金融期货交易所北京金融衍生品研究院高级研究员。

*** 张晟畅，中国金融期货交易所北京金融衍生品研究院高级研究员。

成有益的补充，助力实体经济高质量发展。

一、行业指数期货推动对应行业整体发展

（一）行业指数期货能够促进行业指数 ETF、行业主题资管产品发展，吸引居民储蓄，支持行业内企业发展

1. 规模指数期货衍生品的经验表明，推出股指期货能够推动 ETF 基金快速发展

境内沪深 300、上证 50、中证 500 等规模指数期货的上市推动了相关指数基金，特别是 ETF 基金在数量和规模方面的快速发展。根据万得统计，境内规模指数 ETF 资产净值①近年来总体稳步增长，2012 年同比增长超过 100%，登上千亿元台阶，2018 年更是突破 2000 亿元（见图 1）。分品种来看，境内现有 8 只跟踪沪深 300 指数的 ETF，全部成立于沪深 300 股指期货（IF 品种）上市之后；6 只跟踪上证 50 指数的 ETF 中，4 只成立于上证 50 股指期货（IH 品种）上市之后；11 只跟踪中证 500 指数的 ETF 中，6 只成立于中证 500 股指期货（IC 品种）上市之后。华夏上证 50ETF 作为 ETF 期权标的在竞争中占有较大优势，以净值衡量的基金规模占全部 6 只跟踪上证 50ETF 总规模的近八成②，其资产净值在 IH 品种和 ETF 期权上市后的 2015 年、2017 年和 2018 年分别增长了约 16.6%、30.0% 和 20.2%③。

根据万得统计，境内行业指数 ETF 在 2018 年末的资产净值约为 167 亿元，与规模指数 ETF 相比还有很大发展差距。类比规模指数期货衍生品和规模指数 ETF 的发展经验，行业指数期货未来也可带动行业指数 ETF 取得快速发展。

---

① 境内全部规模指数 ETF 合计的资产净值略小于资产总值、略大于持有股票市值。由于被动跟踪市场指数，所以三个数值差别很小。

② 工银上证 50ETF（510850.SH）成立于 2018 年 12 月，在此之前，华夏上证 50ETF（510050.SH）基金规模占全部 5 只上证 50ETF 总规模的将近百分之百。根据万得数据，按照 2019 年 5 月 23 日的基金净值，华夏上证 50ETF 占全部 6 只跟踪上证 50ETF 总规模的 76.7%，工银上证 50ETF 占总规模的 21.9%。

③ 2016 年，华夏上证 50ETF 资产净值下跌约 2.8%。各年度资产净值依据年报披露的所有者权益。

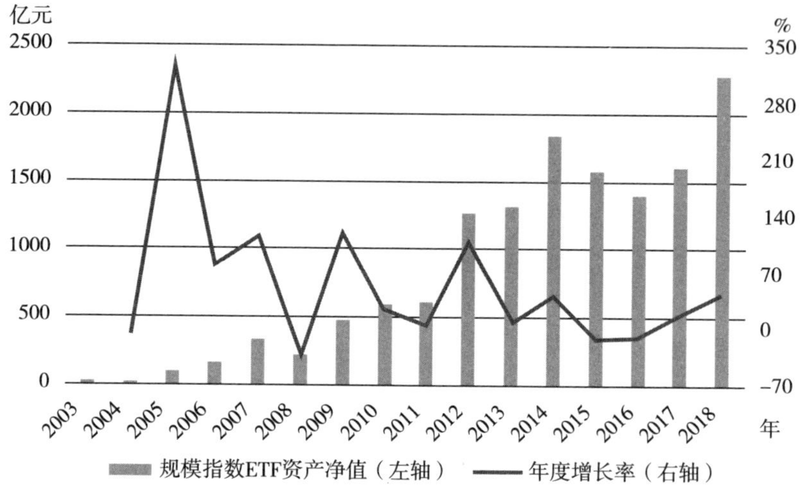

资料来源：万得资讯（Wind 金融终端）。

图 1　规模指数 ETF 资产净值及年度增长率

2. 行业指数期货可以为行业主题类公募基金提供更有效的行业风险管理工具，从而促进其更好发展

虽然行业指数 ETF 在境内基金市场方兴未艾，但是公募基金中的全部行业主题类产品数量众多、持有股票市值巨大。根据 Wind 行业板块主题基金统计结果，2018 年末行业主题类基金持有 A 股市值约为 1.31 万亿元，占全部公募基金持有 A 股市值的比例约为 89.0%。由图 2 可知，自 2003 年以来，行业主题类基金持有 A 股市值总体保持增长并随市场情况有所波动，占全部公募基金持有 A 股市值的比例在各年份都超过了 80%。在持有者结构方面，根据 2018 年年报披露数据，个人投资者持有 Wind 行业板块主题基金资产净值占比约为 69.0%，表明公募基金直接吸纳了大量居民储蓄并转化为对相关行业的投资。

相较于规模指数期货，行业指数期货能够更加有效地管理行业风险，不同行业指数期货、规模指数期货的组合也能够构建出更加丰富多变的投资和交易策略，这些都有利于行业主题类基金提升管理业绩。沪深 300 指数的 10 个一级行业中，不同行业指数与沪深 300 股指期货（IF 品种）的价格相关性差别较大，对于其中相关性较高的行业，如可选消费行业，理论上可以使用 IF 品种管理价格风险；对于相关性较低的行业，如主要消费行业、原材料行业、能源行业等，使用 IF 品种管理价格风险是不适宜的，需要开发相应的行业指数期货，便于投资者进行更精确的风险管理操作。

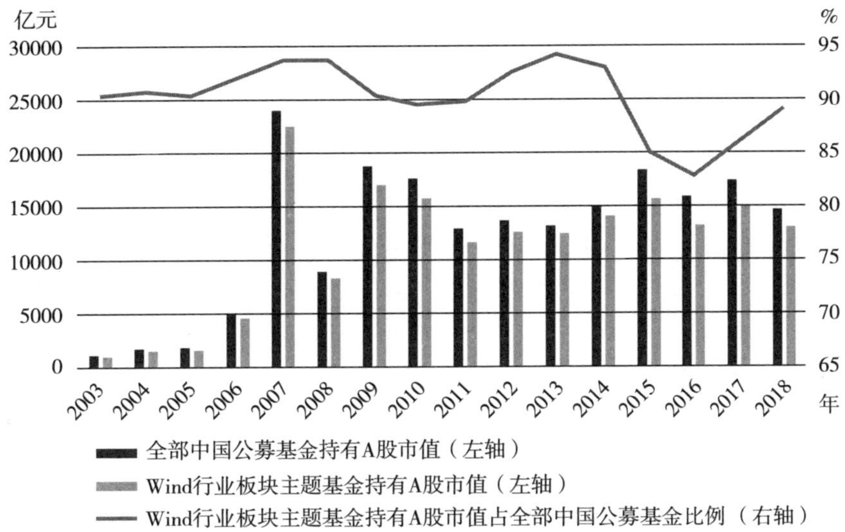

资料来源：万得资讯（Wind 金融终端）。

图 2　Wind 行业板块主题基金持有 A 股市值及其占全部中国公募基金持有 A 股市值的比例

行业指数 ETF 和行业主题类公募基金通过直接购买行业上市公司股票来引导居民储蓄支持企业融资，提升公司治理，从而推动行业发展。因此，行业指数期货对这类基金产品的发展起到了推动作用，也就能够为行业企业的发展作出积极贡献。

（二）行业指数期货能够起到稳定对应现货股票市场的作用，降低现货股票投资风险，吸引更多类型的机构投资者

股票市场投资是对收益和风险的权衡，波动过于剧烈的股票市场会让养老金等投资风格相对保守的机构投资者望而却步。境内发展规模指数期货的经验表明，股指期货能够起到平抑对应现货市场波动的作用。在沪深 300 股指期货推出后，沪深 300 指数的年化波动率、波动幅度、大幅波动天数等均明显下降。类比规模指数期货的发展经验，推出行业指数期货能够降低行业股票的整体市场风险，从而吸引更多类型的机构投资者投资行业内上市公司股票。

（三）行业指数期货能够为进行国别分散化投资的国际机构投资者管理行业风险，便利其投资相关行业的 A 股上市公司

随着 A 股市场对外开放日益深化，跟踪国际行业指数或进行行业主题全球

化投资的境外投资者将不断加大对 A 股相关行业的投资。包括养老金在内的国际机构投资者是全球资本市场的重要参与者，是各国交易所的吸引对象，也是行业指数期货的重要服务对象。从 Eurex 上市两个指数系列下全部超级板块的行业指数期货的经验看，这些产品帮助欧洲以外的国际投资者（主要是美国投资者）更有效地管理了其欧洲股票资产组合风险①。随着我国资本市场对外开放的步伐不断加快，行业指数期货对更好地吸引境外资金进入 A 股市场也将作出积极贡献。

二、行业指数期货促进行业内优胜劣汰

（一）服务一级市场方面，行业指数期货能够通过促进行业内企业的融资成本差异化、活跃定向增发等再融资方式，强化资金向行业内优质企业的聚集

参与一级市场的投资者在使用行业指数期货对冲行业风险之后，同行业企业的个体风险将更加充分地暴露出来，因此同行业内不同企业在股票市场上的融资成本差异将更加清晰地反映个体风险。以定向增发为例，投资者同时面临募投项目的不确定性和股价波动的不确定性，因此通常要求定增价格相对于二级市场价格有一个较高的折扣率，投资者实际上就是以定增折扣率的形式对上市公司的质量进行投票。投资项目更有前景、公司治理更加优秀的企业将获得更低的折扣率和融资成本，在同行业企业里取得更大的融资优势，从而进一步强化行业内的优胜劣汰。

同时，投资者有效运用股指期货，能够适当降低定增项目的二级市场价格风险，起到降低企业融资成本、活跃定向增发市场的作用②。对于以多个同行业项目为基础的定向增发结构化产品，相对规模指数期货而言，使用行业指数期货能够更精确地对冲一揽子现货股票的二级市场风险，进一步促进定向增发市场发展。蓬勃发展的定增市场给了投资者更多挑选行业内优质企业，重新配置资源的机会。

---

① 参考资料：TABB 报告，*Eurex Derivatives Markets – Renewed Growth as Sector Demand Emerges*。

② 根据某私募机构运用股指期货管理定增项目风险的经验，定增项目超额收益从 2010 年的平均 40% 降低到 2016 年的 12% 左右，这意味着伴随着境内股指期货风险管理功能逐步显现，定增企业的融资成本在不断降低。(郑凌云．积极发展金融期货市场 助力民营经济健康成长［J］．衍生品评论，2018（11）．)

（二）服务二级市场方面，行业指数期货能够帮助采用阿尔法策略的投资者更好地规避行业的周期性波动，更好地针对优质企业进行长期投资

不同行业上市公司的业绩会随着宏观经济周期波动，但对于很多龙头企业来说，其核心价值在于行业内领先的技术、品牌、管理团队、社会资源等，这些核心要素将助力企业在长期成为 Tenbagger[①]。二级市场投资者要实现对这些企业的长期跟踪，同时尽量规避周期性行业波动带来的风险，就需要在坚定持有龙头企业股票的同时利用行业指数期货来规避风险。

三、行业指数期货促进国民经济转型升级

经济转型升级是高速增长的新经济在国民经济、股票市值等方面超越增速减缓的旧经济，成为国民经济发展新动力的过程。新经济行业处于生命周期中的上升期，行业发展空间很大；同时行业内竞争激烈，企业个别风险也很大，因此股价波动相对于市场平均水平更加剧烈，对于行业指数期货管理价格风险的需求更加迫切。在沪深300 指数的10 个一级行业当中，无论考察日内价格振幅还是考察期间内的价格波动率，最具有新经济特色的电信行业指数和信息行业指数的价格波动都颇为剧烈。沪深300 股指期货的日内价格振幅和价格波动率都只有上述两个行业指数的一半左右，无法充分对冲这两类行业股票的整体价格风险。

当前我国经济正处于新旧动能转换的关键时期，新兴行业发展是我国经济确立新增长点的关键，新经济也成为资产管理行业密切关注的重要投资方向。根据万得数据，仅统计产品名称中包含新经济的基金就有约 30 个公募产品和约 50 个私募产品。推出针对新经济领域的行业指数股指期货，有助于资产管理行业管理新经济行业风险，有利于资金要素从旧经济流向新经济，促进新经济领域的资本形成、公司治理水平提升和行业内优胜劣汰，推动更多新兴产业和优秀的科技创新企业走向国民经济的中心舞台，从而使资本市场服务新经济崛起和经济转型升级的功能得到充分发挥。

虽然全球范围内成交量最大的 3 个行业指数期货品种均为银行类，但是代

① Tenbagger（十年十倍股或十倍股）是著名的证券投资基金经理彼得·林奇（Peter Lynch）创造的名词，用来形容股票价格可以在相对较短时间内上涨超过10 倍的上市公司。

表科技创新行业的台湾期货交易所“台湾电子期货”和 Eurex 的“Stoxx Europe 600 通信期货”也跻身于全球成交量前十大行业指数期货品种。特别是在台期所，电子期货在2018 年前8 个月的成交量比金融行业期货高出将近一倍，成为行业指数期货这个小类别中的最大品种，在台期所全部股指期货成交量中的占比超过1%，体现了电子行业在引领我国台湾地区经济发展中的核心地位①。

四、总结和建议

当前我国经济已由高速增长阶段转向高质量发展阶段，需要资本市场在优化经济结构、转换增长动力过程中发挥更大作用，而股指期货具有提升资本市场资源配置能力的重要功能。本文从行业整体发展、行业内优胜劣汰、经济发展新旧动能转换三个层次分析了发展行业指数期货对于助力实体经济高质量发展的积极作用。一是行业指数期货能够通过发挥风险管理功能和丰富资产管理机构的交易策略，为相关行业引入类型更加丰富的机构投资者，吸引更多的资金进入对应行业，促进资本形成，推动行业整体发展。二是行业指数期货能够通过促进企业融资成本差异化、活跃定向增发市场、对冲阿尔法策略的行业风险等，助力资金更有效地聚集到优质企业，促进行业内上市公司的优胜劣汰。三是发展新经济领域对应的行业指数期货有助于推动经济发展新动能取代旧动能，实现国民经济的转型升级。

为此，本文提出以下两点建议：一是在调研机构投资者的风险管理和交易需求的基础上，推动行业指数期货作为股指期货后备品种的研发工作，将其作为现有规模指数期货品种的重要补充，两个品种体系共同促进了实体经济更高质量的发展。二是在选择首批标的行业指数时，除了考虑境外交易所期货成交量较大的行业，还应考察符合我国经济发展与转型方向的行业，特别是能够体现经济发展新动能的新经济行业，从而通过股指期货对资源进行有效配置，为经济新旧动能加速转换贡献力量。

① 参考资料：中金所《关于海外市场行业指数期货的发展经验》，根据 FIA 数据统计。其中，台期所金融期货和电子期货2018 年前8 个月分别成交34.5 万手和64.8 万手，占股指期货成交量的0.66%和1.17%。

企业研究

中小企业资本市场服务的多维度有效性研究
——基于湖南省新三板挂牌公司的调查分析

黄院平*　吴奇超**

摘　要：中小企业具有股权集中度高、信息不对称性强等特点，因此在获取资本市场服务时面临较大的约束。本文以湖南省挂牌公司为例，通过统计分析、问卷调查、走访座谈等方法，研究了新三板在提供中小企业融资与并购等资本市场服务过程中发挥的作用。研究表明，新三板通过规范公司治理和公开信息披露，降低了市场的信息不对称性，促进了中小企业的融资发展，对实体经济发展起到了积极的助推作用。同时，2019 年 10 月启动的全面深化改革，可进一步解决中小企业股权融资中面临的不充分、不平衡问题。

关键词：中小企业　资本市场服务　有效性

一、引言

资金是企业运营的血液，是企业创新发展、转型升级的基石。Romer（1990）利用经济增长模型研究证明，企业创新是在追求利润最大化过程中的有意投资，而非企业的偶发行为。但企业创新存在周期长、投入大、风险高的特点，离不开资本市场的资金支持。钟腾和汪昌云（2017）对比股票市场和银

* 黄院平，湖南证监局综合业务处主任科员。
** 吴奇超，湖南证监局机构二处处长。

行在促进企业创新过程中的作用，发现股票市场能够有效缓解外部融资约束，促进高科技企业的创新产出，特别是对创新含量较高的发明专利影响更为显著。从国外经验看，美国、英国、荷兰等国家的先后崛起也验证了资本市场在促进企业发展，以及国家技术进步过程中发挥的作用。在我国经济转型升级、创新发展战略实施不断深入的背景下，中小企业积极谋求发展离不开资本市场的支持。

新三板作为我国资本市场服务中小企业的重要平台，研究挂牌公司如何通过融资、并购重组等促进创新发展具有非常重要的理论与现实意义。截至 2019 年 4 月 30 日，湖南累计在新三板挂牌 270 家公司，摘牌 65 家，仍处于挂牌状态的企业 205 家。在存量挂牌公司中，中小微企业 192 家，占比 93. 66%；民营企业 197 家，占比 96. 10%。有史以来，共有 124 家挂牌公司累计发行股票 188 次，募集资金约 102. 04 亿元，融资金额在全国各辖区排名第 14 位。其中，国有挂牌企业共发行股票 3 次，累计融资 6. 90 亿元；民营挂牌企业共发行股票 185 次，累计融资 95. 15 亿元，民营企业发行股票次数占比高达 98. 40%，股权融资金额占比也达 93. 24%。总体来看，相比沪深交易所市场，无论是挂牌公司数量还是市场融资主体，中小微企业、民营企业在新三板市场发展中均占据主导地位。因此，本文以湖南省挂牌公司为例，通过统计分析、问卷调查、调研座谈等方法，从市场的资源配置、机构投资者与公司治理、并购重组与转型升级、股权质押与企业融资四个维度，研究了资本市场服务中小企业的有效性。

二、资本市场服务中小企业的四个维度

（一）有效市场与资源配置

Healy 等（1992）指出信息决定资金的流向，在投资和资源配置中具有决定性作用。Cassar 和 Holmes（2003）进一步指出，企业的净利润规模、成长性等是有效缓解企业融资约束的重要因素，净利润规模大的企业能够吸引更多的资金注入。雷东辉（2007）研究表明，若企业的基本面信息与资金流向相关性较高，则在一定程度上反映市场的有效性更强。在充分的市场竞争环境中，净利润是衡量一个企业发展状况的核心指标和基本面，也是吸引外部资金的核心指标。为验证主板市场与新三板市场的市场化程度和市场有效性，本文以湖南上市公司和新三板公司近 4 年融资金额和净利润的关联度进行对比分析。

2015—2018 年，挂牌公司累计进行发行股份募集资金 146 家次[①]，共募集资金 91. 45 亿元。如图 1 所示，2015 年挂牌公司股权融资与当期净利润关联度较弱，主要是因为当时资本市场整体比较活跃，股权融资环境较好，而且新三板属于多层次资本市场的新生事物，容易受到资本的追捧，存在一定过热的情况。但随着新三板市场稳步发展，挂牌公司数量迅速增加，投资者选择面更广阔，投资更加理性化，挂牌公司股权融资能力与公司净利润的关联度不断加强，股权融资向净利润高的挂牌公司集中的趋势明显。

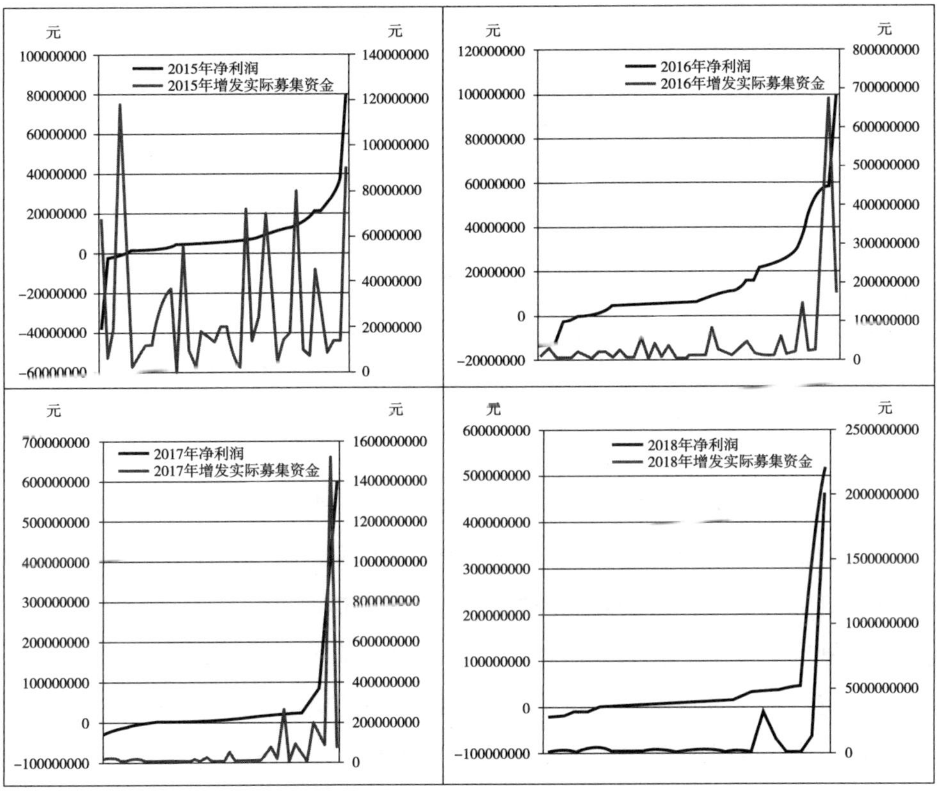

图 1　2015—2018 年湖南辖区挂牌公司净利润与股权融资关系

2015—2018 年，省内上市公司累计进行发行股份募集资金 60 家次[②]，共募集资金 956. 85 亿元（不含首发）。如图 2 所示，上市公司的股权融资金额与当期净利润相关性较弱，每年的相关图均有较大的变化，未表现出明显的趋势和

① 同年一家挂牌公司连续发行 2 次或以上计算为当年 1 次。

② 同年一家上市公司连续发行 2 次或以上计算为当年 1 次。

规律性。

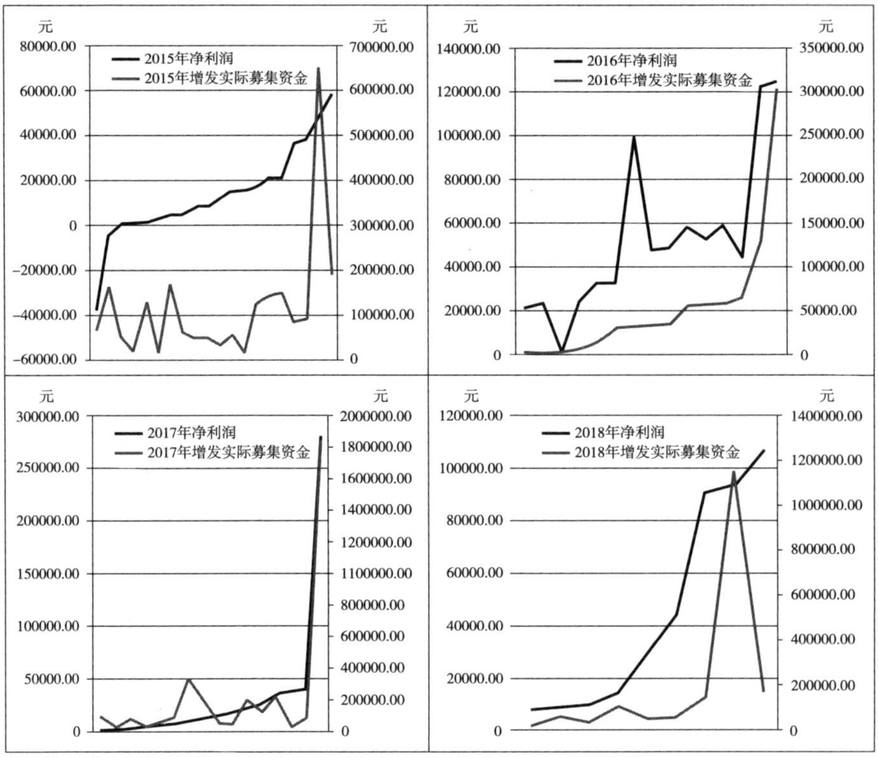

图 2　2015—2018 年湖南辖区上市公司净利润与股权融资关系

对比湖南上市公司，挂牌公司股权融资能力与公司当年净利润的相关性更为显著，且随着新三板市场发展两者之间关联度不断加强。新三板市场挂牌实践准注册制度，以主办券商为核心构建市场化遴选机制，使投资者以企业基本面作为投资参考，真正发挥了市场在资源配置中的决定作用。

但同时中小企业现阶段股权融资仍面临不充分、不平衡的问题。一是实现股权融资的挂牌公司占全部数量比重较低。2014 年至 2019 年 4 月 30 日，省内 270 家挂牌公司中仅 122 家发生股权融资行为，占比 45.18%，超过一半的挂牌公司未在新三板市场进行股权融资，比例较高。二是因新三板市场融资具有小额、快速、按需的特点，因此与沪深交易所相比，新三板股权融资金额较低。2016—2018 年，沪深交易所股权融资金额分别为 20297 亿元、15536 亿元、11378 亿元，同期新三板市场股权融资金额分别为 1390.89 亿元、1336.28 亿元、604.42 亿元，融资金额仅为沪深市场的 6.85%、8.6%、5.31%。湖南省内上市公司 2016—2018 年股权融资累计金额 1060.91 亿元（含 IPO 首发融资），同期挂牌公司股权融资累计金额为 102.04 亿元，仅为上市公司的 9.61%，融资规模小的特点突出。三是挂牌企业外源性融资比例低，表现为原始股东参与挂牌公司股权融资的多，外部机构投资者参与的少。在湖南省挂牌公司实施发行融资的 153 次中，近一半的股权融资没有外部投资者参与；发行对象包含机构投资者的次数为 79 次，不包含机构投资者的次数为 74 次，占比分别为 51.63% 和 48.37%；发行对象包含公司原始股东的次数为 83 次，不包含公司原始股东的次数为 70 次，占比分别为 54.25% 和 45.75%。四是净利润高的挂牌企业股权融资较多，处于成立初期的创新、创业型企业股权融资较少。在新三板市场发展初期，挂牌公司盈利百万元就能发行股票进行融资，自 2016 年开始，股权融资项目不断向净利润在 2000 万元以上的企业集中，表明在现有市场股权融资容量的环境下，净利润较低的创新、创业型企业股权融资空间在不断缩小。

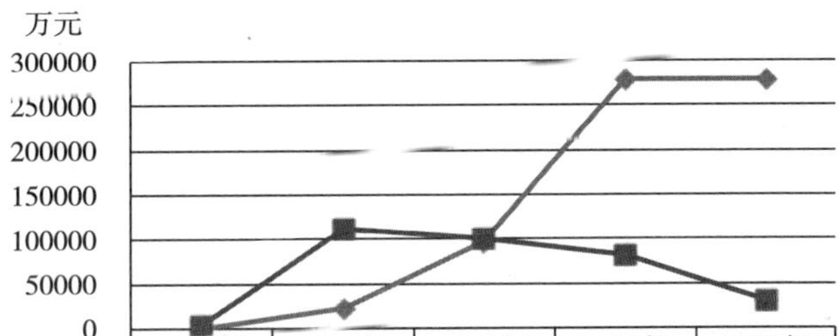

	2014年	2015年	2016年	2017年	2018年
净利2000万元以上融资金额	0	22345	96348	279648	280096
净利2000万元以下融资金额	3560	111654	101510	81798	30080

图 3　湖南省挂牌公司融资与净利润关联分析

（二）机构投资者与公司治理

资本市场的投资是基于信息的决策，完善的公司治理结构是企业规范经营、提高企业信息透明度的重要途径。从广义上讲，公司治理是一系列指导、约束公司管理、运行及决策的基本原理、规章制度、自律机制、主动的承诺以及由一个国家特殊的环境、历史和传统形成的商业习惯；从狭义上讲，公司治理涉及公司的管理层、董事会、股东和其他利益相关者之间的一整套关系，良好的公司治理通过对董事会和经理层提供适当的激励，使其追求符合公司和股东利益的目标并有利于有效监督①。

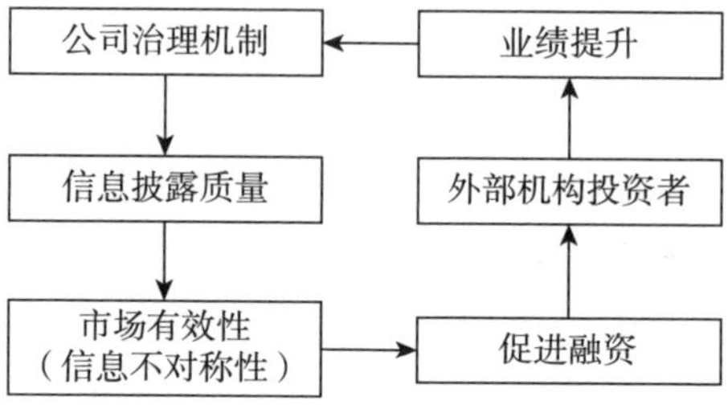

图4　企业公司治理与融资关系

民营中小企业具有股权集中度高、公司治理不健全、信息不对称性强的特点，而进入资本市场成为公众公司，可督促企业建立完善公司治理机制，并形成规范的公司章程和信息披露机制，促进企业的规范发展。Shleifer 和 Vishny（1986）研究发现，中小企业在公司治理中的问题主要为控股股东与非控股股东之间的利益冲突（Type II Agency Problem），而机构投资者的监督是一种缓解委托代理冲突的有效工具。Brickley（1988）也认为机构投资者在公司治理有效性方面能够发挥积极的作用。Daniel 等（1998）指出，机构投资者的进入会形成信息外溢，向市场传导积极的引领信号，从而吸引更多的投资者投资该企业。黎文靖等（2011）研究表明，外部机构投资者的引入能够有效改善公众公司的信息透明度，对大股东侵权行为有显著的抑制作用。同时，李争光等（2014）研究发现，机构投资者不同于个人投资者，其利用专业知识对企业进行价值投资判断，同时，通过行使股东权利，积极参与公司治理，形成对公司控股股东或管理层的有效监督，从而提高公司治理效果。

总体来看，国内外学者研究表明有效的公司治理体系能够降低市场的信息不对称，进而吸引外部投资者，促进企业融资，为企业发展注入活力，同时，外部机构投资者的引入也能反过来监督企业发展，形成良性循环。通过对湖南挂牌公司是否融资、是否受到自律监管措施的对比分析发现，挂牌公司通过股权融资引入投资者对规范大股东及公司治理有一定的积极作用。

截至2019年4月30日，湖南省内总计有41家挂牌公司受到自律监管措施，占挂牌公司的15.18%。其中，7家挂牌公司被证监会采取行政监管措施

① 《OECD 公司治理原则（2004）》，http://www.oecd.org/daf/ca/corporategovernanceprinciples/31557724.pdf.

或行政处罚，公司及个人累计受到自律监管措施150次，受到证监会行政监管措施或行政处罚19次。其中，湖南省内未发生股权融资的挂牌公司中收到自律监管措施的企业有24家，占未融资企业的16.22%，发生股权融资的挂牌公司中受到自律监管措施的企业有17家，占有融资企业的13.93%，较市场整体水平低1.47个百分点，较未融资企业占比低2.73个百分点。通过上述分析，从被采取自律监管措施比例来看，实现股权融资的挂牌公司低于未发生过融资挂牌公司，股权融资行为对挂牌公司规范运作水平提升有一定作用①。

表1　　湖南省内2014年至2019年4月30日受到监管措施情况　　单位：家、%

项目	发生融资的挂牌公司	未发生融资的挂牌公司	挂牌公司数量
受到自律监管措施的挂牌公司	17	24	41
挂牌公司数量	124	146	270
占比情况	13.71	16.44	15.18
自律监管次数	63	87	150

（三）并购重组与转型升级

基于效率理论，经济学领域普遍认为并购重组通过管理、运营、财务等方面的合并，形成协同效应和规模效应，从而促进企业的转型发展。Humphrey和Schmitz（2002）从价值链角度出发，将企业升级分为四种类型：工艺升级、产品升级、功能升级、产业升级，其中，工艺升级可通过重组生产体系实现投入产出比的改变，提高效率；产品升级通过并购重组引入外部先进生产技术，利于企业推出新的产品，并提升产品的科技含量和附加值；功能升级是企业通过并购重组实现从产业链底端的生产转为技术研发，丰厚企业利润；产业升级是企业通过并购重组可以直接从所在的产业跨越到一种新的产业。杨玉坤（2016）以2002—2014年的上市公司并购案例为基础，分析并购重组前后企业的全要素生产率，发现并购重组从技术进步、生产效率、配置效率三个方面提高企业全要素生产率。

湖南省内挂牌公司并购及资产重组活动交易较为活跃，经分析企业主要是通过沿产业链上下游的并购重组加快产业升级与产业结构调整。截至2019年4

① 由于行政监管措施数量较少，且在证监会日常监管中，更倾向对发生过股票发行融资的挂牌公司进行现场检查，因此本文不采用行政监管措施数量进行分析。

月 30 日，湖南累计发生并购 16 起，资产重组 8 起，并购涉及金额 25.78 亿元，资产重组涉及金额 7.29 亿元。进一步通过部分企业的实地调研情况反馈可知，新三板市场通过发挥并购重组功能，促进了部分湖南挂牌公司的规模扩大和技术进步，促进了企业转型升级。

表 2　　2015—2018 年湖南挂牌公司收购重组情况

收购、重组	项目	2015	2016	2017	2018
股份收购	收购金额（万元）	21231	136505	100860	280
	实际支付股份数量（万股）	9658	19493	14515	400
	挂牌公司数量（家）	3	6	3	1
资产重组	资产重组金额（万元）	47305.79	14565	11000	0
	挂牌公司数量（家）	4	2	2	0

（四）股权质押与企业融资

民营企业，尤其是创新型民营企业的创始人团队希望保持对公司的控制权，不希望通过股权融资稀释对企业的控制权，但在企业面临融资需求时，创新型企业通常缺乏固定资产抵押，从银行等渠道获取间接贷款的难度较大。通过挂牌新三板，企业可通过股权质押获取融资，一方面，挂牌新三板帮助企业建立规范的公司治理结构，通过信息披露降低了企业与银行之间的信息不对称性；另一方面，新三板市场为企业股票的流通提供了场所，为企业股票提供了估值，为企业股权质押获取贷款提供了参考。

通过实地走访挂牌公司了解，挂牌前企业普遍需要提供不动产作为抵押才能取得银行贷款，挂牌后部分银行等金融机构为优质新三板公司开展了股权质押贷款，为轻资产模式运营的创新挂牌企业打开了新的融资通道。总体来看，企业通过股权质押获取了发展所需要的资金，又保持了创始人团队对公司的控制权，助推了企业发展。截至 2019 年 4 月底，湖南省挂牌公司总股本 150.85 亿股，做市转让 15.70 亿股，其中，累计质押 14.18 亿股，占总股本的 9.4%，整体占比较低。同时，历年来通过股权质押获取融资的企业数量呈上升趋势，2017 年和 2018 年分别有 32 家和 30 家，高于 2016 年以前水平。

表 3　　2014—2018 年湖南挂牌公司股权质押情况

日期/质押情况	2014	2015	2016	2017	2018
股权质押数量（万股）	2275.53	16617.50	43120.56	46873.53	37627.04
发生股权质押挂牌公司数量（家）	5	10	27	32	30

三、总结

基于有效市场假说、信息不对称等理论，本文以湖南省挂牌公司为例，研究资本市场在服务中小企业方面发挥的积极作用及不足。研究表明，企业通过挂牌建立现代化公司治理结构，降低了市场的信息不对称性，为投资者提供了决策信息；新三板市场通过发挥融资、并购重组等功能，在助推企业发展、转型升级、拓宽融资渠道等方面发挥了积极作用。但同时发现，新三板市场在服务企业融资方面仍存在股权融资不充分、不均衡的问题。主要表现为融资覆盖面窄、融资额度小、外源性融资占比低、融资与净利润关联度高等。

2019 年 10 月，新三板正式启动了系统性、全面性的改革：以加强多层次资本市场的互联互通为主线，形成精选层、创新层和基础层的市场结构，通过转板、发行、交易、投资者适当性等差异化制度安排，提升市场融资功能和定价功能，改善市场流动性，带动企业成长升级，提升挂牌公司质量、规范培育中小企业。考虑到改革的综合效应，预计市场的融资交易功能会进一步提升，新三板市场服务中小企业融资存在的若干问题将得到有效解决。同时，在改革过程中应及时跟踪评估各项服务中小企业的功能发挥，紧紧围绕服务实体经济这一根本目标，不断优化相关功能制度，加强投资者权益保护。

参考文献

[1] 钟腾，汪昌云．金融发展与企业创新产出——基于不同融资模式对比视角 [J]．金融研究，2017，450（12）：127－142.

[2] 雷东辉．信息不对称、权益资本成本与资本市场效率 [D]．成都：西南财经大学，2007.

[3] 黎文靖，李旎，孔东民．机构投资者能够改善公司治理吗？——基于关联交易的经验证据 [C]．第十届中国实证会计国际研讨会，2011.

[4] 李争光，赵西卜，曹丰，卢晓璇．机构投资者异质性与企业绩效——

来自中国上市公司的经验证据［J］. 审计与经济研究，2014，29（5）：77 -87.

［5］杨玉坤．公司并购与全要素生产率变化研究［J］．财经问题研究，2016（11）．

［6］Shleifer，A. and Vishny，R. W. Larger Shareholders and Corporate Control［J］. Journal of Political Economy，1986，94，461 -488.

［7］Cassar G，Holmes S．Capital structure and financing of SMEs：Australian evidence［J］．Accounting & Finance，2003，43（2）：123 -147.

［8］Brickley J A，Lease R C，Smith C．Ownership structure and voting on antitakeover amendments［J］．Journal of Financial Economics，1988，20.

［9］Daniel，K.，Hirshleifer，D.，& Subrahmanyam，A.. Investor psychology and investor security market underand overreactions［J］．Journal of Finance，1998，53，1839 -1886.

［10］Romer，P. M. Endogenous Technological Change［J］. Journal of Political Economy，1990，98，S71 -S102.

［11］Sylla，Richard. FINANCIAL SYSTEMS AND ECONOMIC MODERNIZATION［J］．The Journal of Economic History，2002，62（02）：277 -292.

［12］Healy，P. M.，Palepu，K. G. and Ruback，R. S. Does Corporate Performance Improve after Mergers?［J］. Journal of Financial Economics，1992，31，135 -175.

［13］Humphrey J. and Schmitz H. How does insertion in global value chains affect upgrading in industrial clusters?［J］. Reg. Studies 36，2002，1017 -1027.

域外经验

中小企业小额发行注册豁免的境外经验及借鉴

方杰[*]　全敏[**]　孟香楠[***]

摘　要：中小企业由于成立时间短、企业规模小、抗风险能力差、财务管理不健全等，在发展过程中往往会面临融资困难的问题，而银行等传统金融机构在为中小企业贷款时通常秉持更加谨慎和保守的态度，需要进一步拓展直接融资渠道。新三板启动全面深化改革后，以中小企业为主的挂牌公司的融资环境将有所改善，为进一步优化中小企业公开发行的相关制度，本文对境外主要证券市场的公开发行与上市条件进行了对比研究，并着重介绍了美国小额发行注册豁免制度及相关的监管安排。最后，本文建议参照美国小额发行的豁免制度，以融资额为界限简化小额发行的审核流程，并通过限制投资额度的方式实施投资者适当性管理，进一步优化中小企业融资环境。

关键词：中小企业　公开发行　小额发行注册豁免

一、境外主要证券市场特点及经验

中小企业尚处于成长期，规模普遍较小，经营稳定性较低，市场风险大，

* 方杰，民生证券投资银行事业部副总裁、董事总经理。
** 全敏，民生证券做市部投资经理。
*** 孟香楠，民生证券做市部投资经理。

过高的上市门槛虽能保证上市公司质量，却容易将大量有发展潜力的企业拒之门外，而门槛过低将降低上市公司质量，打击投资者信心。因此，一个合适的发行和上市条件应该是既能体现企业的真实价值，又能严防企业投机，既保证上市公司质量，又对投资者充满吸引力。美国、日本、德国、中国香港、中国台湾等有较成熟完善的资本市场体系的国家和地区，均设有定位服务于中小企业的公开发行市场。

境外主要证券市场股票公开发行均采用注册制，进行形式审查，上市条件规定了公司进入市场的最低门槛，公开发行审核与上市审核相分离；国内证券市场股票公开发行审核与上市审核一体化，采用核准制，对股票公开发行审核标准严格。关于股票公开发行和上市的条件，境外强调上市条件，国内强调发行条件，即境外是以上市标准审核为主、发行审核为辅，国内是以公开发行标准审核为主、上市审核为辅。

（一）主要证券市场股票公开发行制度

1. 美国证券市场

美国实行股票公开发行审核与上市审核相分离的模式①，股票的公开发行审核由美国证券交易委员会（SEC）和各州政府的证券监管机构进行，上市审核由各证券交易场所进行。一旦股票经过发行审核，就具有转让和交易的权利，至于选择在全国性还是地区性证券交易场所交易，则是企业和市场双方协商的结果。美国联邦和各州的法律对于股票发行审核要求严格。

除有法律明文规定可以豁免如私募发行、小额发行等外，一般都必须根据法律的规定予以注册登记。SEC 公司融资部对向 SEC 申报文件的真实性、准确性、完整性和及时性进行形式上的审查，确保投资者可以获得足够的信息，从而作出合理的投资决策。发行人的发展前景、盈利能力、发行数量与发行价格等实质性问题则均不作为审查内容。

2. 日本证券市场

日本也实行股票公开发行审核与上市审核相分离的模式，股票的公开发行审核由财务省进行，上市审核由证券交易所进行，采用实质审查模式。

日本股票公开发行注册制的主要特点是监管机构的审核强调公开原则和形式审查原则，监管机构要求发行人依照法律、法规的规定，真实、准确、完整

① 详见《1933 年证券法》。

地提供一切与发行有关的资料，对股票的投资价值不做判断。日本《证券交易法》以美国《证券法》为蓝本，其股票公开发行审核制度与美国相近。

3. 德国证券市场

德国的股票公开发行审核针对不同性质的股票分别采取不同的审核制度。

对于公开发行股票但没有申请在证券交易所上市的公司（拟在自由市场和柜台交易市场交易股票的公司），采取注册制的方式，由联邦证券交易监管局进行审核，审查发行说明书的内容是否完整地披露了法定应当披露的信息①。

对于公开发行股票并申请在证券交易所上市的公司（在标准市场、调控市场和新市场上市的公司），采取核准制的方式，由证券交易所对发行公司进行实质性审查。发行说明书等发行必备文件都由企业直接提交给证券交易所，由证券交易所对其同时进行股票发行和上市的核准，无须再经过联邦证券交易监管局的审查②。

4. 中国香港证券市场

在发行审核方面，公开发行股票的审核受到香港《公司条例》所规定的公司注册程序的规定。任何香港公司，都必须依照《公司条例》规定的程序，向公司注册处呈交必需文件申请注册。对于首次公开发行股票并准备申请在联交所上市的发行人，由香港证监会授权，联交所负责审核，并向香港证监会“双重存档”。

对于私人公司来说，其全部注册程序都由公司注册处完成，但对于公众公司来说，需要其他部门的配合。公众公司包括上市公众公司和非上市公众公司。其中，非上市公众公司在申请注册时，其招股章程及要约广告需要获得香港证监会企业融资部的审核；而上市的公众公司在申请注册时，其招股章程则需要获得联交所的批准，并向香港证监会进行“双重存档”，此后再向公司注册处申请公司注册。香港并不存在场外市场，因此香港的上市公众公司都在香港联交所上市。公司通过香港联交所的审核后，再向公司注册处登记注册。

5. 中国台湾证券市场

2006 年 1 月 11 日，台湾公布了修订后的《证券交易法》，台湾股票公开发行审核已由核准制全面过渡到注册制。

---

① 详见德国《交易所法》。
② 详见德国《证券发行说明书法》。

股票上市须由公司向台湾证券交易所提出申请，交易所对公司做实质审查，交易所审查通过上市申请之后，必须向台湾证期会呈送上市契约以获得股票上市的官方核准。

6. 主要证券市场股票公开发行制度小结

目前美国、日本、德国、中国香港、中国台湾等主要国家和地区证券市场的股票公开发行与上市审核制度归纳如表 1 所示。

表 1　　主要市场股票公开发行与上市审核制度

国家和地区	公开发行与上市	审核机构	审核制度、原则
美国	公开发行	SEC、各州政府的证券监管机构	注册制
	上市	证券交易所	形式审查
日本	公开发行	财务省	注册制
	上市	证券交易所	实质审查
德国	公开发行不上市	联邦证券交易监管局	注册制
	公开发行后上市	证券交易所	核准制
	上市	证券交易所	实质审查
中国香港	公开发行不上市	香港证监会	注册制
	公开发行后上市	联交所	注册制
	上市	联交所（香港证监会有否决权）	形式审查
中国台湾	公开发行	证期会	注册制
	上市	证券交易所（证期会有核准权）	实质审查

对美国、日本、德国、中国香港、中国台湾等主要国家和地区证券市场的股票公开发行与上市审核制度进行比较，可以得出以下四点启示。

第一，成熟市场的国家和地区大多数都实行股票公开发行审核权与上市审核权相分离的制度。股票公开发行审核权归属于政府证券监管机构，而上市审核权归属于证券交易所。这种制度安排既考虑到政府对股票公开发行行为的监管，保护公众投资者利益，又充分地实现上市行为市场化，发行人可以选择公司股票在证券交易所上市交易或在场外市场交易。在股票公开发行与上市审核一体化分离后，场外市场会应运而生，多层次的市场体系才具备发展的条件。比如在美国市场，公开发行证券的发行人，若其证券在美国场外柜台交易市场（OTCBB）或粉单市场（Pink OTC Markets）挂牌，则需要说明其并非上市，而仅是在场外市场报价转让，以免误导投资者。

第二，在股票发行审核方面，成熟市场往往都采用注册制，只进行形式上的审核。注册制不仅能够提高发行审核的效率、实现审核的公平，而且可以消除市场进入壁垒、达到市场均衡的目的。从世界范围来看，只有一些新兴市场会采取股票公开发行核准制，比如20世纪60—80年代的中国台湾。以美国市场为例，在注册程序中，发行人的发展前景、盈利能力、发行数量与发行价格等实质性问题均不作为审查内容。注册生效后，发行人与承销商可着手进行股票销售活动。

第三，各主要市场的股票上市审核权均由证券交易所按照其规定的上市标准行使，实现了上市市场化。为了防止证券交易所从自身利益出发而滥用上市审核权，有些市场仍然由主管机构保留否决权，有权暂停、否决已核准的上市申请，以确保证券交易所是在证监会的监管下审核股票上市申请，如中国香港。

第四，至于上市审核采用实质审核还是形式审核，要根据证券市场的成熟程度和交易所所在地区的法制传统来决定。大陆法系国家和地区的上市审核普遍采用实质审查模式，而英美法系的国家和地区往往采用形式审查的上市审核制度。比如，美国在发行审核和上市审核方面均采用形式审查模式，而日本和中国台湾在上市审核方面采用实质审查模式。

（二）主要证券市场股票上市条件

1. 美国证券市场

美国证券市场由全国性证券市场和区域性证券市场两部分构成。其中，全国性的证券市场主要包括纽约证券交易所（NYSE）、全美证券交易所（AMEX）、纳斯达克市场（NASDAQ）和场外柜台交易市场（OTCBB）。纳斯达克市场根据企业分属不同的上市条件和发展阶段在市场内部进一步分为三层：一是纳斯达克全球精选市场，二是纳斯达克全球市场，三是纳斯达克资本市场。

表2　　美国纳斯达克上市财务及流动性标准①

<table>
<tr><td>市场</td><td colspan="4">上市标准</td></tr>
<tr><td rowspan="2">全球精选市场</td><td>标准1
（1）上市规则：5315（e）、5315（f）（3）（A）
（2）最近三个会计年度税前利润总额不低于1100万美元且近两个会计年度均不低于220万美元，同时每个会计年度不得为负
（3）申购价：不低于4美元</td><td>标准2
（1）上市规则:5315(e)、5315(f)（3）（B）
（2）最近三个会计年度现金流量总额不低于2750万美元，同时每个会计年度不得为负
（3）最近12个月平均市值不低于5.5亿美元
（4）最近一个会计年度营收不低于1.1亿美元
（5）申购价：不低于4美元</td><td>标准3
（1）上市规则：5315（e）、5315（f）（3）（C）
（2）最近12个月平均市值不低于8.5亿美元
（3）最近一个会计年度营收不低于0.9亿美元
（4）申购价：不低于4美元</td><td>标准4
（1）上市规则：5315（e）、5315（f）（3）（D）
（2）总市值不低于1.6亿美元
（3）总资产不低于8000万美元
（4）所有者权益不低于5500万美元
（5）申购价：不低于4美元</td></tr>
<tr><td colspan="4">流动性标准
对于首次公开发行或拆分上市公司来说，需满足以下几点
（1）持非受限股份且数量在100股以上的股东人数不低于450人或总股东人数不低于2200人
（2）非受限公众持有股份数量不低于125万股
（3）非受限公众持有股份市值不低于4500万美元</td></tr>
<tr><td>全球市场</td><td>标准1
（1）上市规则：5405（a）、5405（b）（1）
（2）最近一个会计年度或最近三个会计年度中的两个会计年度税前利润总额不低于100万美元
（3）股东权益不低于1500万美元
（4）公众流通股市值不低于800万美元
（5）做市商不低于3个
（6）申购价：不低于4美元</td><td>标准2
（1）上市规则：5405（a）、5405（b）（2）
（2）所有者权益不低于3000万美元
（3）公众流通股市值不低于1800万美元
（4）做市商不低于3个
（5）公司持续经营两年
（6）申购价：不低于4美元</td><td>标准3
（1）上市规则：5405（a）、5405（b）（3）
（2）市值不低于7500万美元
（3）公众流通股市值不低于2000万美元
（4）做市商不低于4个
（5）申购价：不低于4美元</td><td>标准4
（1）上市规则：5405（a）、5405（b）（4）
（2）最近一个会计年度或最近三个会计年度中的两个会计年度总资产不低于7500万美元且总收入不低于7500万美元
（3）公众流动股市值不低于2000万美元
（4）做市商不低于4个
（5）申购价：不低于4美元</td></tr>
</table>

① 详见纳斯达克股票规则（*Equity Rules*），https：//listingcenter. nasdaq. com/assets/rulebook/nasdaq/rules/ Equity_ Rules _ Legacy. pdf.

续表

市场	上市标准		
资本市场	股权标准： （1）上市规则：5505（a）、5505（b）（1） （2）所有者权益不低于500万美元 （3）公众流通股市值不低于1500万美元 （4）公司持续经营2年 （5）申购价不低于4美元或收盘价不低于3美元 （6）做市商不低于3个	市值标准： （1）上市规则：5505（a）、5505（b）（2） （2）所有者权益不低于400万美元 （3）公众流通股市值不低于1500万美元 （4）总市值不低于5000万美元 （5）申购价不低于4美元或收盘价不低于2美元 （6）做市商不低于3个	净收入标准： （1）上市规则：5505（a）、5505（b）（3） （2）所有者权益不低于400万美元 （3）公众流通市值不低于500万美元 （4）最近一个会计年度或最近三个会计年度中的两个会计年度净收入不低于75万美元 （5）申购价不低于4美元或收盘价不低于3美元 （6）做市商不低于3个

从美国纳斯达克上市标准来看，全球精选市场共有四套初次上市标准，门槛最高，主要吸引大盘蓝筹和其他两个层级中发展起来的企业；全球市场共有四套初次上市标准，上市门槛介于三个层次之间，吸引中等规模企业；资本市场共有三套初次上市标准，在三个层次中上市门槛最低，主要吸引规模小、风险较高的中小型企业。

2. 日本证券市场

目前，日本已形成了由东京证券交易所构成的主板市场、地区性交易所市场（二板市场）、场外交易市场在内的较为完善的证券交易体系。东京证券交易所的主板又分为市场一部和市场二部、Mothers 板。市场一部代表东交所的主板市场，面向在全球范围内开展业务的大型企业，股票交易非常活跃，相当于国内的主板；市场二部是面向已经具备一定知名度和业务基础的中型企业的市场，相当于国内的中小板；Mothers 板主要面向高增长的新兴企业，相当于国内的创业板。日本的二板市场是由大阪、名古屋等其他 7 家交易所构成地区性证券交易中心，主要交易那些尚不具备条件到东京交易所上市交易的证券，其中值得一提的是大阪的 JASDAQ 市场，是亚洲最大的创业板市场。场外交易市场中交易的企业是处在发展阶段的中小型企业。日本中小企业挂牌或上市的市场有市场二部、Mothers、JASDAQ，上市标准如表 3 所示。

表 3　　日本中小企业挂牌或上市标准①

标准	市场二部	Mothers	JASDAQ
股东人数	800 人以上	200 人以上	200 人以上
流通股数量	4000 单位以上	2000 单位以上	—
流通股总市值	10 亿日元以上（1000 万美元以上）	5 亿日元以上（500 万美元以上）	5 亿日元以上（500 万美元以上）
流通股比例	30% 以上	25% 以上	—
公开发行	—	500 交易单位以上	10%，或 1000 交易单位以上
总市值	20 亿日元以上	10 亿日元以上（1000 万美元以上）	—
持续经营年数	3 年以上	1 年以上	—
净资产	10 亿日元以上	—	Standard 市场：2 亿日元以上（200 万美元以上）Growth 市场：不为负
利润总额或市值	扣非后利润：过去两年总额5 亿日元以上；总市值：500 亿日元以上；营收总额：100 亿日元以上	—	—

3. 中国香港证券市场

中国香港证券市场是由主板和创业板构成的两层资本市场，其中主板主要为较大型、基础较好且有盈利记录的公司服务，创业板主要面向高增长的中小企业，不设盈利要求。2018 年 4 月 30 日，香港发布了修订后的主板上市规则②：允许尚未有盈利/收入的生物科技公司、同股不同权的新兴及创新行业公司来港上市；新设便利的第二上市渠道，以方便接纳更多的中国境内及海外上市公司来港上市（第二上市地）。此外，港交所提升上市门槛，重新定位创业板，希望创业板能吸引更多优质的中小型公司。

① 详见《日本交易所证券上市规则》，https：//www. jpx. co. jp/english/rules – participants/rules/regulations/ tvdivq0000001vyt – att/securities_ listing_ regs（1 – 826）_ 20180601. pdf.

② 详见香港交易所《关于〈上市规则〉的修订 第一百一十九次修订》。

表 4　　香港创业板上市标准①

盈利测试	经营业务有现金流入，前两年的营业收入合计不低于 3000 万港元
市值	预期上市时市值不低于 1.5 亿港元
设立年限	24 个月的持续运营记录，基建或天然资源公司在特殊情况下除外
业务	一般须有 24 个月的活跃业务和主营业务；必须从事单一业务，但允许有围绕该单一业务的周边业务活动；如经营活跃业务的为发行人附属公司，则发行人应控制该公司的董事会组成且持有该公司不低于 50% 的股份
公开市场条件	公众持股市值不低于 4500 万港元 公众持股比例不得低于 25% （发行市值超过 100 亿港元的，可以酌情将公众持股比例调整至 15% ~25%）

4. 中国台湾证券市场

中国台湾的证券交易市场体系包括四个层级。第一个层级是公司制的台湾证券交易所，该市场所采取的是竞价制度和电子交易模式，只能在场内市场进行交易；第二个层级是财团法人制的证券柜台买卖中心（上柜股票市场），该市场形成了以竞价制度为主、做市商为辅的交易模式；第三个层级是兴柜股票市场，该市场由柜台买卖中心进行代管，只有一种交易方式，即以自营商的营业处议价买卖或采用经纪商的成交方式；第四个层级就是盘商市场，这是最低层级的交易市场，即非公开的私人股权交易市场。

纵观全球，服务中小企业的台湾地区的柜台买卖市场、兴柜股票交易市场，是比较成功的，特别是兴柜市场在发行与交易制度上，针对散户市场所采取的加强流动性与价格发现功能的设计，值得借鉴。

① 详见香港交易所《GEM 上市规则》。

表 5　　中国台湾柜台买卖市场及兴柜挂牌标准①

<table>
<tr><th>标准</th><th>柜台买卖中心（上柜股票市场）</th><th>兴柜股票市场</th></tr>
<tr><td>公司规模</td><td>实收资本额 5000 万元新台币以上
外国企业母公司权益总额 1 亿元新台币以上</td><td rowspan="9">（1）有 2 家券商推荐，须指定一家为主办券商，其余为协办券商
（2）股东应转让 3% 的股份（且不低于 50 万股）给推荐券商
（3）没有对申请进入的公司规模、设立年限、盈利能力、股份流通等方面作出具体规定</td></tr>
<tr><td>设立年限</td><td>两个完整的会计年度</td></tr>
<tr><td>盈利能力</td><td>（1）最近一年税前净利润不低于 400 万元新台币
（2）税前净利润占总股本比率需满足以下两个条件
A 最近一年度：4%，无累计亏损
B 最近两年度：均达到 3%。平均达 3%，最近一年度较前一年度为佳</td></tr>
<tr><td>净值、营业收入及营业活动现金流量标准</td><td>净值达 6 亿元新台币以上且不低于股本三分之二
最近一个会计年度主营业务收入达 20 亿元新台币以上，且较前一个会计年度增长
最近一个会计年度营业活动现金流量为净流入</td></tr>
<tr><td>持有 1000 股至 50000 股股东人数</td><td>300 人以上</td></tr>
<tr><td>集中托管</td><td>董事、监察人及 10% 以上大股东应将挂牌时所持全部股份提交至结算公司保管</td></tr>
<tr><td>推荐证券交易商</td><td>两家以上推荐券商</td></tr>
<tr><td>股权分散</td><td>法人外持股超 50% 的股东人数不少于 300 人，占总发行股份总额 20% 以上或超过 1000 万股</td></tr>
<tr><td>辅导期限</td><td>不需辅导期，但须于兴柜交易满 6 个月，外国企业以券商辅导 6 个月</td></tr>
</table>

二、小额发行注册豁免制度及监管安排

（一）全球资本市场成功经验——小额发行注册豁免制度

一家企业要在交易所（如纽交所、纳斯达克）上市，但考虑到许多中小企业的融资规模较小，为避免过高的监管成本影响中小企业融资，SEC 为中小企业公开发行提供传统 IPO 的替代路径，即小额发行注册豁免制度，对数额较小

① 详见台湾证券柜台买卖中心，https://www.tpex.org.tw/web/regular_emerging/apply_way/standard/standard.php? l = zh - tw.

的证券发行行为免予注册或核准，其具有证券发行周期短、发行费用低、信息披露较少、发行失败风险较小、节省监管资源等特点，贴合中小企业的融资需求。

美国是小额发行注册豁免制度的先行者，在《1933 年证券法》立法之初就已存在。在 2012 年《创业企业促进法案》（以下简称《JOBS 法案》）通过之前，美国已经形成体系较为完备的小额发行注册豁免制度体系。主要包括两类：一类是 Regulation A（A 条例）之下的简式注册制度，另一类是 Regulation D（D 条例）中 Rule 504（规则 504）、Rule 505（规则 505）之下的限制性发行制度，其中规则 505 于 2017 年 3 月被废除[①]。为降低融资成本、便利中小企业融资、化解中小企业的 IPO 危机、促进经济增长，美国国会于 2012 年 4 月通过了《JOBS 法案》。该法案放宽了对中小企业 IPO 融资过程及后续信息披露方面的监管，对证券私募发行豁免、小额发行豁免规则进行修改，新设众筹发行注册豁免制度，堪称是美国《证券法》史上具有里程碑意义的变革。

1.《JOBS 法案》通过之前的小额发行注册豁免制度

（1）基本情况

经过国会以及 SEC 多年来的努力，至 2012 年《JOBS 法案》通过之前，小额发行注册豁免制度已发展为以 A 条例等为主干的制度体系。小额发行行为涉及风险范围及程度相对可控，对其豁免注册或核准要求并不会引发系统性风险。

表 6　《JOBS 法案》通过之前美国小额发行注册豁免规则构成要素对照

项目	A 条例	规则 504
发行人	非报告公司、空壳公司、投资公司、"坏孩子"公司[②]等	非报告公司、投资公司、空壳公司等
发行限额（每 12 个月）	500 万美元	100 万美元
发行方式	向 SEC 提交发行说明书后进行公开招揽	禁止公开招揽，仅在满足 504 规则（b）（1）时允许公开招揽
发行对象人数	无限制	无限制
发行对象资格	无限制	无限制

① A 条例是 1936 年美国证监会在《1933 年证券法》的授权下制定的小额发行豁免条例，1982 年又针对私募发行和小额发行豁免情形颁布 D 条例。

② 详见美国 SEC 规则 262。

续表

项目	A 条例	规则 504
信息披露要求	向投资者提供发售函	不需要
转售限制	无	有，受限证券
SEC 通知义务	事前提交表格 1-A，并得到认可	事后提交表格 D
是否豁免州法注册义务	不豁免	不豁免

（2）A 条例的适用情况

A 条例允许发行人在年度发行总额不超过 500 万美元的范围内向社会公众公开发行证券。在发行程序方面，虽然 A 条例之下的证券发行不要求发行人进行注册，但仍然要求发行人在证券销售行为开始前至少 20 日提前向 SEC 提交一份发行声明且得到 SEC 的认可，并经历发行声明提交前、认可前、认可后三个阶段，类似注册，所以有时被称为简式注册或者迷你注册。由于小额发行的数量少，影响范围有限，发行人和投资者往往局限于某一特定的区域内，没有必要动员全国性监管资源。例如，在美国小额发行通常置于州证券机构的监管之下，仅一般性接受联邦反欺诈法和民事责任条款的制约。相对而言，公开发行和私募发行的监管通常是在全国性层面上进行的。

虽然 A 条例看上去极具吸引力，依据 A 条例的证券发行与依据其他《证券法》豁免事项或者直接经登记的证券发行相比，数量却极少。数据显示，1981—1988 年，SEC 披露每年只有 140 份关于 A 条例的材料递交，1989—1992 年，总共只有 177 份材料，而 1995—2004 年，只有 78 份材料递交给 SEC，平均每年不到 8 份。根据美国政府问责局发布的《影响小额发行趋势的因素报告》中的数据，向 SEC 递交材料的小额发行从 1997 年开始就呈现递减的趋势，2008—2011 年满足条件的小额发行只有 18 个，其中 2008 年 8 个，2009 年 3 个，2010 年 6 个，到了 2011 年仅有 1 个，而在 2010 年和 2011 年符合条件的 506 规则下的 D 条例私募发行却分别有 7517 个和 8194 个，可见二者的差距。主要原因是：

第一，不豁免州《证券法》（《蓝天法》，Blue Sky Laws）上的注册义务。依 A 条例发行的证券虽然豁免联邦《证券法》上的注册义务，但并不豁免州《证券法》上的注册义务，发行人还需在发行证券的州逐一履行注册程序，由此增加了时间成本与经济负担。且不少州《证券法》上的注册程序是实质审查，审查者可能会因对普通投资者产生过大风险而拒绝某项证券发行，有时甚至拒绝整个行业的证券发行，比如生物技术行业就曾因自设立之日起三年至五年内难以盈利而被州证券监管机关拒之门外。

第二，审核程序的时间成本过高。据 SEC 统计，2012—2014 年，一份 A 条例之下的发行声明从提交到生效的平均时间超过 300 天，造成迟延的原因是发行人进行纸质文件准备、SEC 职员审查文件、发行人回复 SEC 职员提问等环节花费了大量时间和成本。

第三，替代方式尤其是私募豁免的优越性。SEC 根据《1933 年证券法》授权，于 1982 年颁布实施了 D 条例，其规则 506 则专指私募发行的豁免。在《JOBS 法案》出台之前，相比 A 条例最多融资 500 万美元，或是依据 504 规则最多融资 100 万美元，或是依据 505 规则最多融资 500 万美元，中小企业更倾向于选择依据 506 规则进行没有上限且不受州法监管的融资。

（3）规则 504 的适用情况

D 条例下的规则 504 是针对每 12 个月发行总额不超过 100 万美元的证券发行的豁免安排，其对投资者数量及资格无限制，但除特定情形外，不得进行一般性招揽与宣传，所发行的证券为受限证券。在发行程序方面，D 条例下的小额发行不需要事先通知 SEC，只需在销售行为完成后 15 日内提交一份销售通知（提交表格 D）即可。

SEC 一度试图在规则 504 的小额发行中取消对公开劝诱的禁止。规则 504 是条例 D 下规定的小额豁免，豁免 100 万美元以下的发行融资。规则 504 在 1982 年发布时，是禁止公开劝诱的，在该豁免下发行的证券也是限制证券，禁止转售。在 1992 年，SEC 修改了规则，取消了规则 504 下的公开劝诱禁止和转售限制。但在 1999 年，SEC 再次修改规则，回到 1992 年之前，仍然禁止公开劝诱和转售，宣告取消公开劝诱禁止的尝试失败。SEC 宣称回归老路是因为在改革期间发生了大量的小额发行欺诈。

与 A 条例类似，使用规则 504 豁免规则发行的情况同样不乐观，2008 年 9 月 15 日至 2010 年 10 月 18 日的发行行为共 1196 次，适用率仅 4.4%。在 100 美元以下 D 条例的发行行为中，规则 504 的使用率仅占 14.3%。州《证券法》上的注册义务是导致规则 504 被边缘化的主要原因。

2.《JOBS 法案》通过之后的小额发行注册豁免制度

(1) 基本情况

2000 年以后，美国公开市场挂牌数量骤减，存量公司同样面临退市、兼并收购等变动，上市公司总数从 20 世纪 90 年代初的 8000 余家下降至 2013 年的 4000 余家，这促成了 2012 年 4 月奥巴马总统签署《创业企业融资促进法案》(《JOBS 法案》)①。A⁺条例规定，在满足资格审定、信息披露和报告要求的情况下，初创企业和中小企业可在 12 个月内通过公开劝诱的形式进行最多不超过 5000 万美元的融资，并且以 2000 万美元为界限对融资进行一二类区分，在州层面上直接豁免对二类发行的审核。在过去，企业要融资 5000 万美元，或是通过 IPO，或是通过对特定合格投资者（Accredited Investor，财富净值 100 万美元以上或近两年收入超过 20 万美元的个人、资产超过 500 万美元的机构投资者）私募，而 A⁺条例相当于允许企业面向公众进行简式公开发行（简式注册）。

表 7　《JOBS 法案》通过后美国最新小额发行注册豁免规则（含建议规则）对照

项目	A⁺条例一类（Tier 1）	A⁺条例二类（Tier 2）	规则 504（建议规则）
发行人	非报告公司、空壳公司、投资公司、“坏孩子”公司等	非报告公司、空壳公司、投资公司、“坏孩子”公司等	非报告公司、投资公司、空壳公司等
发行限额（每 12 个月）	2000 万美元	5000 万美元	500 万美元
发行方式	公开	公开	禁止公开招揽，在仅出售给合格投资者或已在州《证券法》下注册时允许公开招揽
发行对象人数	无	无	无限制
发行对象资格	无	无限制，但对非合格投资者有投资限额要求	无限制
信息披露要求	发行说明书	发行说明书与持续信息披露	相关州《证券法》的要求
转售限制	无	无	有限制
SEC 通知义务	事前提交表格 1-A	事前提交表格 1-A	事后提交表格 D
是否豁免州法注册义务	不豁免	豁免	不豁免

① 《JOBS 法案》在第 4 章关于小企业融资的内容中对 A 条例进行了修订，即 A⁺条例。

（2）A⁺条例适用情况

A⁺条例将一类的发行限额提高到2000万美元，将二类的发行限额设定为5000万美元，大大提高了A⁺条例的适用性。此外，双层制的优点是为发行人在信息披露及其他要求方面提供更多的选择权，由发行人自行选择适用何种层次发行制度，更富有灵活性。在A⁺条例二类发行中豁免州法注册义务。其具体路径是在修订后的A⁺条例中，SEC将二类发行中的合格投资者和虽是非合格投资者但遵守投资数额限制的人界定为合格购买者。豁免二类发行的州《证券法》注册要求并不必然导致证券欺诈横行，修订后的A⁺条例虽然规定了二类发行的联邦优先权，但州监管机关保留了获取发行资料、对发行行为进行调查、提起反欺诈诉讼的权利，依然可以打击证券欺诈行为。

从实施效果看，在《JOBS法案》执行后，每个具有成长性的新兴公司年平均合规和信息披露费用将比改革前降低40%～50%，这还不包括公司时间和人力成本。与原A条例少人问津的尴尬境况相比，尽管A⁺条例的范围有限，但是2017年10月至2018年3月，利用该规则募集到的资金总额已经超过了6亿美元。美国法A⁺条例之下的简式注册制度是一个成型范例。

（二）小额发行注册豁免制度的监管安排

小额发行充分体现了追求保护投资者利益和促进融资便利相均衡的现代证券监管理念。注册或核准豁免，但并非不监管，只是监管的方式是从注册制或核准制下以信息披露为主的监管模式，向审查发行主体、控制发行额度、强化信息披露、限定发行方式等豁免资格的方向转变。发行额度越大，发行方式越趋向于公开，监管的程度就越严，如美国A条例发行方式最自由，但又有简式注册的监管模式；如果发行额度受限，影响范围自然受限，因此监管也将适度放开，如规则504。小额发行注册豁免制度从以下三方面构建了股票发行风险防范机制。

第一，A⁺条例对发行人资格做要求。如发行人不得为“坏孩子”公司（不值得发行条款）。如发行人或其前身或任何关联发行人，在过去五年之内呈报了登记文件，但被SEC拒绝；或是下令禁止发行，或是在过去五年中受到SEC的其他处分；或是在过去五年中被判犯了有关证券的罪行，法庭命令该发行人永远或暂时不得进行证券交易，则发行人不能豁免。

第二，A⁺条例对非合格投资者投资于二类发行的投资数额加以限制。A⁺

条例要求，对于自然人或非自然人而言，投资限额均不超过年收入或资产净值中较大者的 10%，而发行人如果选择在全国性证券交易所发售证券，则无此限制。这一条也突出了对投资者的保护，避免了豁免州《证券法》上的实质审查程序可能导致投资者受到欺诈行为的伤害。

第三，A$^+$条例还强化了信息披露要求。在发行信息披露方面，要求一类和二类的发行人提交前两个会计年度的资产负债表及相关财务报告。二类发行人必须每年进行一次审计，在发行公告中必须纳入经审计的财务报告，审计准则可在 GAAS 或 PCAOB 中选择其一；而一类产品，虽然监管要求不高，但是其募资限额却大幅下降，仅为 2000 万美元。在持续信息披露方面，PCAOB 审计准则要求二类发行人以电子方式向 SEC 提交年度、半年度以及临时事件报告。信息披露制度辅以信息披露法律责任，还能对证券欺诈行为形成有效威慑。A$^+$条例还针对一类发行与二类发行实行差异化披露策略，鉴于二类发行中发行限额更高、豁免州法证券注册义务等特征，对其有更严厉的信息披露要求。

除了以上三个方面措施，美国发达的事后诉讼制度，在小额发行等交易豁免制度中也发挥着关键作用，在很大程度上替代补充了事先监管，确保证券市场行为可控和内生秩序的实现，小额发行在享受注册豁免的同时，《证券法》上反欺诈、民事责任等规定仍然适用。

表 8　美国后《JOBS 法案》时代小额发行注册豁免制度变革（含建议规则）分解

制度调整	A$^+$条例 一类	A$^+$条例 二类	504 规则 （建议规则）	定性
投资限额（提高）	A	A	A	促进性措施
发行信息披露（强化）	B	B	—	保护性措施
持续信息披露（新增）	—	B	—	保护性措施
失格制度（强化）	B	B	B	保护性措施
“试水”程序（强化）	A	A	—	促进性措施
州法豁免（新增）	—	A	—	促进性措施
投资限额（新增）	—	B	—	促进性措施
总计	促进性变革(A)：2 保护性变革(B)：2	促进性变革(A)：3 保护性变革(B)：4	促进性变革(A)：1 保护性变革(B)：1	

注：A 表示存在促进性变革；B 表示存在保护性变革；—表示未进行变革。

三、总结与启示

科技创新行业以中小企业居多，中小企业处于生命周期中相对早期的发展阶段，产业链条不完整，市场份额不够高，技术研发投入风险大，获得资金较为困难。新三板作为我国第三个全国性证券交易场所，以服务创新、创业、成长型中小企业为使命，是支持中小企业借力资本市场的重要平台。

从新三板挂牌公司的财务状况来看，目前已经有近千家企业发展到了一定阶段，满足境内外主要证券市场的上市条件，具备公开发行的基础。最新公布的新三板深化改革征求意见方案也已明确指出要在基础层、创新层之上设立精选层，从市值、财务指标、股权分散度、规范性等各方面设置不同的准入标准体系，并允许其向不特定合格投资者公开发行。这一制度安排既能满足优质企业大额高效的融资需求，也能在保护投资者的基础上降低投融资对接的成本。但同时，新三板还有大量挂牌公司尚处于快速发展阶段，一方面企业本身难以承受公开发行的成本，另一方面这部分企业相对而言盈利能力还未凸显，风险较高，难以获得投资者的认可，尚不具备公开发行的条件。对这部分企业而言，建议充分发挥新三板原有的小额、快速、灵活的融资方式，并参照美国小额发行的豁免制度，进一步简化小额发行的审核流程，降低公司的时间成本。

一是以融资额为界限进行不同的制度安排。通过融资额进行划分，可对融资范围和影响范围有限的企业设置相对较低的审核流程和信息披露要求，既能满足公司的不同融资需求，也可以将有限的监管力量集中于涉及金额高、公众性强的企业。

二是以限制投资额度进行投资者适当性管理。美国虽然允许适用 A^+ 条例的企业对所有投资者进行公开发行，但是对于融资额度较高的二类发行企业，通过限制非合格投资者的投资额度，将可能给其带来的损失限制在一定范围内，是对国内过度依赖于准入门槛的投资者适当性管理的一个有效补充。

三是强化事后监管。简化小额发行审核流程势必要将监管重心从事前转移到事中、事后监管，需要不断通过加强信息披露和完善法律制度体系来保护中小投资者的合法权益，维护证券市场的公平、正义，而美国强有力的事后诉讼机制正是其打击证券欺诈的有效手段。

境外多层次资本市场结构研究

——以美国、英国和日本为例

诸海滨*

摘　要：境外多层次资本市场经过长期的发展，形成了结构相对完善、层级有序衔接的有机体系，在市场层次结构、投资者结构、产品结构、中介机构的竞争结构、制度结构等方面都具有一定的现实借鉴意义。基于此，本文从结构研究的视角分析了美国、英国以及日本三个多层次资本市场体系的表现形式和内部机理。结论表明，美国市场具有因时制宜的上市标准和顺畅灵活的退市制度，行业结构和投资者结构的匹配更为合理，中介机构的竞争力更具有差异化；英国市场除具有相对完善的层次结构外，产品结构更为丰富；日本的层级结构的分化趋势较为明显，转板制度更为明确及通畅。

关键词：资本市场　层次结构　投资者结构　产品结构

一、引言

多层次资本市场建设是一个动态的议题，市场内部的要素结构会随着国际经济形势的转变、经济发展阶段的变迁、投资者偏好的变化而演变。相关研究也表明，资本市场的结构性是一个复杂且含义丰富的概念。具体来看，资本市场的结构性可以依据主客体进行划分。其中，主体结构包括企业、投资者等市

* 诸海滨，安信证券研究中心总经理助理。

场参与主体的结构，客体结构是针对金融产品的集合。同时，资本市场的结构也可以视做其要素之间的构成、分布和组织，既包括市场的层次划分、制度结构等，也涵盖了金融产品及其风险收益结构。

与境内外资本市场的发展对比来看，境外市场的层次结构构建得更早，也相对更加丰富。因此，在建设完善我国多层次资本市场的过程中，需要我们深度把握和借鉴境外资本市场结构的表现特征和内部机制，从而进一步提升我国多层次资本市场服务实体经济的能力。本文针对美国、英国和日本，围绕其特点，分别就内部层级、制度、行业、产品、投资者、中介机构的竞争等方面，各有侧重，研究分析了上述三个多层次资本市场的结构。

二、美国多层次资本市场结构研究

（一）美国资本市场的层级结构和制度结构

纳斯达克目前分为纳斯达克资本市场（1971 年成立）、纳斯达克全球市场（1982 年成立）和纳斯达克全球精选市场（2006 年成立）三个层次。纳斯达克资本市场是目前上市标准要求最低的市场，主要吸引小型企业上市，其上市标准经历了由资产指标组成的单一标准阶段到形成了资产标准、市值标准和净利润标准的多元化阶段再到以股东权益为基础的标准多元化阶段。

表 1　　纳斯达克资本市场标准演变

阶段	标准（满足之一即可）
第一阶段： 1971—1997 年	标准 1：总资产 + 股本及资本公积（总资产由 1975 年的 100 万美元上调到 1997 年的 400 万美元，股本及资本公积由 50 万美元上调到 200 万美元）
第二阶段： 1997—2007 年	标准 1：净有形资产（或股东权益 500 万美元）+ 经营年限（1 年） 标准 2：市值（5000 万美元） 标准 3：净利润 + 经营年限（1997 年纳斯达克提出公司近 1 年或近三年中有两年的净利润达到 75 万美元，同时有 1 年经营历史）
第三阶段： 2007 年至今	标准 1：股东权益 + 经营年限（股东权益 500 万美元，经营历史 2 年） 标准 2：股东权益 + 市值（市值达到 5000 万美元，同时股东权益达到 400 万美元） 标准 3：股东权益 + 净利润（或者净利润达到 75 万美元，同时股东权益达到 400 万美元）

资料来源：化定奇．纳斯达克市场内部分层与上市标准演变分析及启示［J］．证券市场导报，2015（3）：4－11.

纳斯达克全球市场是纳斯达克中间层次市场，主要是吸引中型企业上市，其上市标准也经历了由资产指标构成的单一标准到以资产为基础，辅以净利润、经营年限的双标准到最终新增市值和总资产+收入标准。

表2　　纳斯达克全球市场标准演变

阶段	标准
第一阶段：1982—1985年	标准1：净有形资产（200万美元）+股本及资本公积（100万美元）
第二阶段：1985—1997年	标准1：净有形资产（或股东权益）+利润 标准2：净有形资产（或股东权益）+经营年限
第三阶段：1997年至今	标准1：股东权益+经营年限（股东权益3000万美元，经营历史2年） 标准2：股东权益+净利润（股东权益1500万美元，税前利润100万美元） 标准3：市值（7500万美元） 标准4：总资产+总收入（总资产7500万美元和总收入7500万美元）

资料来源：化定奇．纳斯达克市场内部分层与上市标准演变分析及启示［J］．证券市场导报，2015（3）：4-11.

纳斯达克全球精选市场在2006年成立，成立时采取了纽交所当时的上市标准，但是门槛略高于纽交所，在后续的多次标准修订中都采取了比纽交所门槛略高的上市标准。

表3　　纳斯达克全球精选市场标准演变

阶段	标准（满足之一）
第一阶段：2006年	标准一：税前营业收入：前三年合计超过1100万美元，同时近两年每年超过220万美元，同时前三年中每年均有营业收入
	标准二（同时满足以下三条）：（1）现金流量，前三年合计超过2750万美元，同时每年均有营业收入；（2）市值，前12个月平均市值超过55000万美元；（3）收入，上年度收入超过11000万美元
	标准三（同时满足以下两条）：（1）市值，前12个月平均市值超过85000万美元；（2）收入，上年度收入超过9000万美元
第二阶段：2010年	新增标准四（同时满足以下三条）：（1）市值16000万美元；（2）总资产8000万美元；（3）股东权益5500万美元

资料来源：化定奇．纳斯达克市场内部分层与上市标准演变分析及启示［J］．证券市场导报，2015（3）：4-11.

从最能代表美国市场的纳斯达克资本市场和全球市场的上市标准演变历史

来看，均经历了由早期单一标准到多元化标准的阶段，且在现阶段中皆形成了以净资产（股东权益）为基础的多元化标准，综合考虑了经营年限、净利润、收入和市值的多个维度。此外，NASDAQ 市场的上市条件还具有因时制宜的特点，会根据经济发展阶段的变化不断进行动态调整，从而拓展了服务覆盖范围，有效提升了直接融资规模。

在过去 5 年，美股有 1427 家公司退市。分析美股退市公司的主要特点，业绩亏损或为主要原因，美股退市 1427 家公司中 759 家亏损，占比 53%，亏损额集中在 0～5000 万美元，共 659 家[①]。2014 年至今，美股共有 1489 家公司亏损次数在 3 次以上，而在亏损 3 次以上的公司中，73% 的数量最终退市。以美股的经验来看，如果公司长期亏损且质地一般，是不能被市场长期容纳的，最终会被淘汰。这是市场的力量，只要退市机制健全，市场自身的优胜劣汰会筛选出真正优质的好公司。

（二）美国资本市场的行业结构和投资者结构

从行业结构来看，标普 500 指数中权重最大的分别为信息技术、可选消费、医疗保健等高技术企业。从投资者结构来看，美股的机构投资者占比达到 57%。在投资风格方面，可以发现美股投资者偏爱龙头股，科技和消费的龙头股有明显的估值溢价，而 A 股的龙头股估值相对行业优势并不明显。

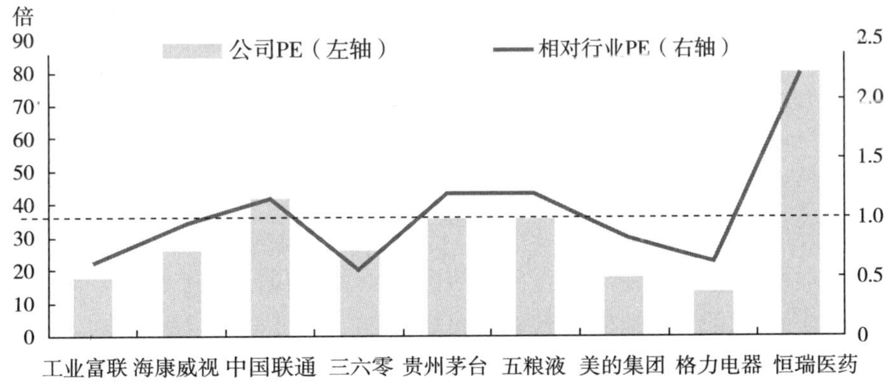

① 数据来源：Wind。

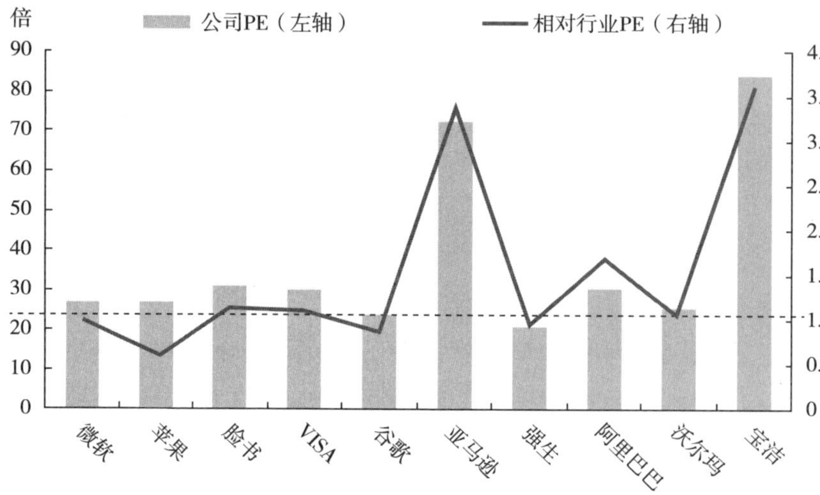

图1　A股以及美股科技、消费龙头股相对行业估值[①]

（三）美国资本市场中介机构的竞争结构

通过对美国多层次资本市场的研究可以看到，头部的投行经历较长的发展历程，收入和业务结构历经波折和变化，从而形成了差异化的竞争优势。以高盛为例，高盛成立于1869年，是全世界历史最悠久以及规模最大的投行之一，总部设在纽约并在伦敦、东京、香港设有分部，在全球23个国家拥有41个办事处。根据2018年年报数据，高盛以投资借贷业务专长，收入占比达42%，而做市业务、投行业务、投资管理业务占比分别为20%、17%、14%[②]。

摩根士丹利作为全球领先的大型投资银行，在传统的机构证券业务中占据优势。其机构证券业务包括投资银行业务、销售与交易等，面向公司、政府及金融机构等极高净值客户。根据其2018年年报数据，摩根士丹利主要以投资借贷业务和资产管理业务为主[③]。

嘉信理财是一家总部设在旧金山的金融服务公司，成立于1971年，是美国个人金融服务市场的领导者，主要提供投资、财富管理、银行和交易业务。其建立初期是一家小型的传统证券经纪商。20世纪80年代后，公司将业务范围拓展至共同基金以及其他多样化的金融产品。20世纪90年代中期，互联网开始普及化，嘉信理财抓住机遇，率先推出了基于互联网的网上经纪服务系

① 资料来源：Wind。
② 资料来源：Wind，Form 10－K 2018年年度报告（高盛集团）。
③ 资料来源：Wind，Form 10－K 2018年年度报告（摩根士丹利）。

统，迅速成为美国最大的在线证券交易商。主要以利息收入（占比57%）、资产管理收入（32%）为主要支柱①。

此外，美国的做市商与我们固有观念可能不同，并不是规模最大的券商成为最大的做市机构。美国最著名的做市商骑士资本前身 Roundtable Parterners, LLC. 成立于 1995 年，2000 年更名为骑士交易集团（Knight Trading Group, Inc.），后 2005 年又更名为骑士资本集团（Knight Capital Group, Inc.）。总部位于新泽西州泽西市，平均每天在美股执行 380 万次交易，共有 952 个员工，平均每个员工创造营业收入 152.77 万美元。同一时间持有上万只证券，并为其提供持续的双向报价，且构建市场中性的价差交易策略对做市商的人才、技术、定价风控能力要求较高。2010 年，骑士资本在 NYSE 和 NYSE Euronext 巴黎同时上市，代码 KCG。根据骑士资本 2016 年年报，全年总收入 14.54 亿美元，税前利润 3.96 亿美元，税前毛利率为 27.24%②。做市商提供流动性获取的交易返佣是做市商收入的重要来源，其做市业务收入中 18% 来自提供流动性获得的交易返佣。骑士资本是美国最大的做市商，也是全球最大的交易公司，做市商业务是其最主要的利润来源，其做市的证券交易量位列 NYSE、NASDAQ、ADRs、OTC Link、OTCBB 和 ETF 的交易量之首。2011 年，骑士资本在纽约证券交易所的交易量占交易所全年交易量的 16.7%，在 NASDAQ 的交易量占全年交易量的 17.2%。

三、英国多层次资本市场结构研究

（一）英国资本市场的层级结构和制度结构

伦敦证券交易所主要有四大主要市场：主板市场、另类投资市场 AIM、专业证券市场 PSM 以及专业基金市场 SFM。除此之外，伦交所另外开设了 Admission To Trading Only 子市场 ATT。主板市场建立于 1698 年。目前，已有来自约 60 个国家的超过 1700 家公司在这里上市和交易，其中，主板市场又细分为 4 个子市场，其中高级市场、标准市场和高增长市场是三个互不重合的子市场，高科技市场则是伦敦高级别子市场和标准级别子市场的子集。

① 资料来源：Wind，Form 10－K 2018 年年度报告（嘉信理财）。
② 资料来源：Wind，Form 10－K 2016 年年度报告（骑士资本）。

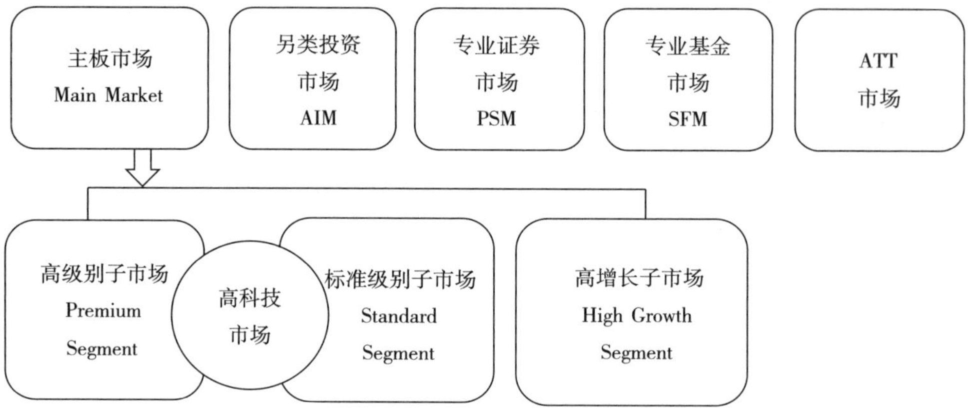

图 2　伦交所市场分层结构[①]

伦交所多层次市场改革的逻辑主要有四条：（1）顺应国家经济和产业的升级发展的趋势。交易所股票市场内部分层与国家经济发展战略息息相关。伦交所 1999 年 11 月设立的 techMARK 科技板块，就是为满足创新技术企业的独特要求而开辟的。两年后又推出了医药科技企业板块（techMARK mediscience），聚焦于进行药品研发和制造的创新型企业或与健康产业有关的企业。此外，科技板企业还分别被纳入三个 FTSE techMARK 指数，以提升企业透明度和声誉，增强股票流动性和其与同类企业的可比性。（2）符合金融监管环境的变化。从监管的角度来看，伦交所的市场分层主要有两类：一是受欧盟金融市场工具指令（MiFID）监管的市场，即通常所说的受监管市场（Regulated Market），包括主板市场和 SFM 市场；二是仅受伦交所监管的市场，即通常所说的交易所市场（Exchange Market），包括 AIM、PSM 和 ATT Only 市场。（3）适应不同性质和发展阶段企业的融资需求。伦交所的主板市场一直以来定位于为寻求进一步发展的大型、成熟公司提供融资。它拥有良好的声誉和全球认可的监管及公司治理标准，可以为企业获得来自全球资本的良好机会。然而随着企业融资需求越来越多样化，很多公司不能达到主板上市的标准。为了提高企业上市效率，1995 年伦交所推出 AIM 市场，该市场作为伦交所的创业板市场，主要定位于满足小型的、新兴的和成长型企业的 IPO 和后续持续融资需求。该市场对上市企业的最小资本规模、经营历史记录和最低流通规模等都没有硬性规定。且自 2014 年 4 月起，伦交所对 AIM 市场中符合一定条件的上市公司给予税收优惠。

① 资料来源：《伦交所多层次市场体系改革研究》。

(4) 满足不同投资目标和风险承受能力的投资者的投资需求。伦交所的SFM市场就是为以专业化的机构为目标投资者的基金而设立的市场。

(二) 英国资本市场的产品、行业及投资者结构

英国1995年的金融法案推出了VCT这一投资品种。它为那些高净值个人投资者进行较大数额的投资提供了一种税收上十分优惠的投资渠道，并主要投资于成长中的小企业，谋求较高的资本收益。目前，英国的VCT资产规模已超过10亿英镑。就其性质而言，VCT应属投资信托的一种。首先，它本身是一个公司，一个专门投资小企业的公司。其次，它在伦敦股票交易所上市交易，投资者可以随时在市场上交易转让VCT，而不是从管理人那里赎回。根据其投资目标的不同，VCT主要可分为三类：

一是创业板VCT（AIM VCT），主要投资在英国创业板市场（Alternative Investment Market，AIM）上交易的公司。AIM是一个专门为小公司上市交易的市场。通过AIM的交易定价机制，可以为了解和判断有关投资的业绩和流动性特征提供一个方便而客观的依据。在过去的两年里，英国的AIM发展十分迅速，一定程度上得益于VCT发展的推动。

二是高科技VCT，主要投资还没有在交易所或AIM上市交易的高技术公司，但为了降低风险，也会有部分资金投资在AIM上市的高技术公司。比起投资于AIM的VCT而言，高科技VCT高风险、高收益的特征更加突出。

三是一般VCT，投资包括在AIM上市的公司以及未上市的公司，但通常采取较为稳健的策略，投资的公司大多已经或接近盈利。

目前，上述三类VCT的资产规模分别占VCT总资产的比例为20%、20%和60%。通常，当一个VCT成立后，其管理人最多可以有三年的时间来建仓，选择合适的投资对象。在此期间，VCT可以把资金投向国债或企业债券，甚至以现金的形式持有。但在不超过三年的时间里，VCT必须将至少70%的资产用于符合一定条件的所谓风险投资，包括用于提供五年期以上的贷款、投入在创业板上市的公司，或未上市的公司等。而另外30%的资产可以投资于政府债券、金边债券或蓝筹股等。VCT投入某一个风险项目（公司）的资金不能超过其总资产的15%。当其投资的公司实现了在伦敦股票交易所上市，VCT仍最多可继续将它作为一项风险资产持有五年。

例如，伦交所AIM板块的一家公司Omega Diagnostics集团公共有限公司（代码：ODX LN Equity）背后的前20大股东中有多个AIM VCT信托，且持股

时间较长，例如第五大股东 OCTOPUS AIM VCT，在 2009 年第四季度进入该公司，一直持有至今。

通过研究发现，英国的 AIM VCT 采取组合式投资，具有重仓新兴产业，且可以持有已摘牌企业的特点。仍然以上述信托 OCTOPUS AIM VCT PLC 为例，从 2009 年至今，该只信托的回报达到 150%，最高时回报达 200%。从资产配置来看，VCT 持有 68% 的股票资产，另有 32% 为现金或其他。从主要行业分布来看，OCTOPUS AIM VCT PLC 持仓最多的为软件（14%），其次为商业服务、计算机、保健产品、金融、制药等。值得注意的是，在该信托的持仓中，持有的邦力国际软件（代码 BDI LN）已摘牌，但该 VCT 仍然可以持有它。

从行业结构来看，富时 100 指数的行业结构同 A 股有相似之处，不过市值占比最大的行业为能源和可选消费，金融股位居第三。从投资者结构来看，伦交所以海外投资者为主，海外投资者占比达 54%，信托基金（封闭式 + 开放式）合计占比达 12%，个人投资者仅占 12%。

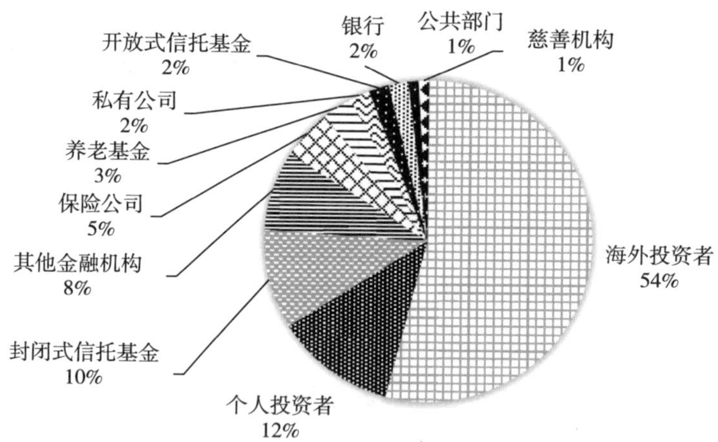

图 3　伦交所投资者结构（市值占比）[①]

四、日本多层次资本市场结构研究

（一）日本资本市场的层级结构

当前日本和我国的多层次资本市场结构较为相似。其中，日本的主板市场为东京证券交易所市场一部，上市公司主要包括全球范围在内的大型企业；市

① 资料来源：Office for National Statistics.

场二部相当于我国的中小板、创业板市场；JASDAQ 市场相当于我国的新三板市场。在 JASDAQ 市场中又有分层，其可分为 JASDAQ Standard 市场和 JASDAQ Growth 市场。其中，Standard 市场为具有一定规模和利润的企业服务，Growth 市场为成长型、技术、商业模式独特但盈利较弱的公司服务，与新三板市场的基础层较为类似。

在市场化运行机制下，日本资本市场板块内部的分化成为趋势。以日本的二板市场和 JASDAQ 为例，在定位方面，日本东交所的市场二部承担了为部分中小企业服务的职能，一直以来分担了 JASDAQ 市场的吸引力。日本国内二板市场竞争加剧，日本吸收新兴企业上市的证券交易市场共有 3 个，可以分为 JASDAQ、东京证券交易所 1999 年 11 月成立的高增长新兴股票市场 MOTHERS 版（Market of the High - growth and Emerging Stocks）和美国纳斯达克同日本网络投资银行软件银行合资组建的日本纳斯达克市场，这几个雷同市场间的竞争加剧，直到 2010 年 10 月定位才清晰，大阪证券交易所将其运营的创业板市场和 JASDAQ 市场进行整合成立了新 JASDAQ 市场。新 JASDAQ 分为 Standard（有一定盈利能力和净资产的企业）和 Growth（有成长潜力的企业）两个板块，根据日本交易所集团网站数据，Standard 板块共有 690 家公司，而 Growth 板块仅有 37 家公司。可以看到，代表盈利能力稳定公司的 Standard 板块指数自创立以来表现较好，波动也较小；而代表成长型企业的 Growth 板块指数在 2013 年前后波动较大。

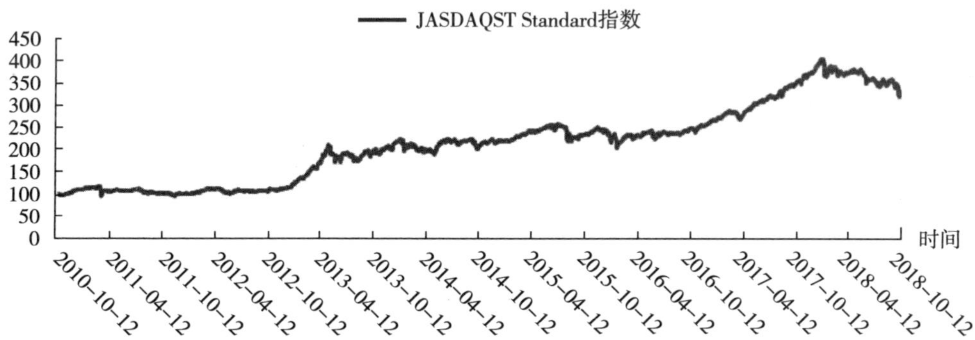

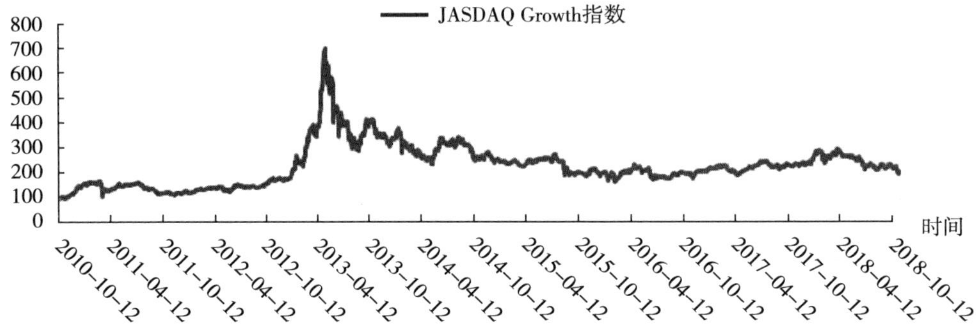

图4　JASDAQ Standard 和 Growth 指数走势[①]

（二）日本资本市场的转板制度结构

在日本多层次资本市场体系中，转板制度较为重要，其转板制度允许低层次资本市场和高层次市场相互流动。但是几乎没有公司从高层次市场转板至低层次市场，虽然在制度设计上允许主板市场的公司向 JASDAQ 转板，说明了日本对 JASDAQ 独立交易所市场地位的认可，但是鲜有公司从主板转至 JASDAQ。

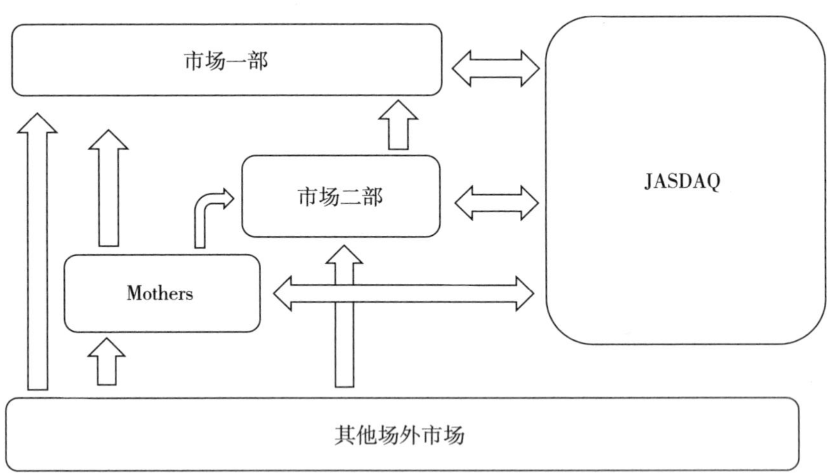

图5　日本多层次资本市场间转板示意图[②]

JASDAQ 的转板制度非常明确，对转板至市场一部或市场二部的企业主要侧重财务指标，包括利润、净资产、总市值、销售额、股本数量等，以及审计

① 资料来源：Bloomberg.

② 资料来源：Japan Exchange Group.

意见和内部控制的要求。

表 4　　JASDAQ 到主板转板标准

	从 JASDAQ 转板到市场二部	从 JASDAQ 转板到市场一部
股东人数	800 人以上	2200 人以上
流通股		
a. 流通股数量	4000 股以上	20000 股以上
b. 流通股总市值	10 亿日元以上（约 6000 万元人民币）	
c. 流通股数量	30% 以上	35% 以上
交易量	—	
总市值	20 亿日元以上（约 1.2 亿元人民币）	250 亿日元以上（约 15 亿元人民币）
持续经营年数	已设置董事会，且持续经营年数 3 年以上	
净资产总额	10 亿日元以上（各单独项目的净资产不能为负值，约人民币 6000 万元）	
利润总额或总市值	满足 a 或 b a. 最近两年的利润总额达 5 亿日元（约 3000 万元人民币）以上 b. 最近一年的销售额达 100 亿日元（约 6 亿元人民币）以上，并且总市值超过 500 亿日元（约 30 亿元人民币）	
虚假陈述或否定意见等	a. 近两年的有价证券报告书中均无虚假陈述 b. 近两年每一个业务年度（不包括最近一个业务年度）的审计意见为无保留意见或带强调事项的保留意见 c. 最近一个业务年度的审计意见为无保留意见 d.（a）、（b）都不满足（a）最近一个业务年度的内控报告书中有对评估结果持保留意见的陈述。（b）最近一个业务年度的内部管理审计报告书中有无法发表意见的陈述	

资料来源：Japan Exchange Group.

根据东京证券交易所集团的数据，自 2013 年至今，从 JASDAQ 转板的公司个数达到 190 家，其中 43 家转至市场一部，147 家转至市场二部。2015 年达到近五年 JASDAQ 转板的高峰，之后转板速度减缓。JASDAQ 市场虽然获得了独立交易所的地位认可，但是转板依然活跃，也从侧面反映出 JASDAQ 市场的吸引力不足。

五、总结

本文分析了美国、英国以及日本三个多层次资本市场体系的主要结构特征，研究结论表明境外资本市场总体具有动态且较为清晰的层次结构：一方面，动态变化以适应宏观经济与金融监管环境的改变；另一方面，适应了不同发展阶段企业的融资需求，满足了具有不同投资目标和风险承受能力的投资者的投资需求。

在制度结构方面，境外多元的上市制度、畅通的退市制度以及灵活的转板制度，保证了市场优胜劣汰的功能实现，有利于提高上市公司质量。当前，把好入口、畅通多渠道出口、加强市场间的有机联系是我国全面深化资本市场改革的重要内容，需在持续跟踪境外市场变化情况的基础上，不断评估和优化我国资本市场的各项制度。

在行业结构和投资者结构方面，境外市场尤其是美国资本市场，其行业结构基本与国家经济和产业的升级发展趋势相匹配，这就意味着资本市场支持服务实体经济的作用得到了更好的发挥。同时，其投资者结构更为理性化，集中了更多以价值投资为导向的机构投资者，有利于市场的稳定和发展。我国资本市场应继续加大对新兴产业的支持，改善行业结构；同时积极引入多元化的投资者，尤其是各类长期资金。

在产品结构方面，英国市场的风险投资信托（VCT）允许在二级市场进行交易转让；AIM VCT 采取组合式投资，重仓新兴产业，允许持有摘牌企业，有效平衡了风险收益比，提高了标的资产的流动性。我国资本市场，特别是新三板现存的产品期限一般在 3 ~ 5 年，与创新型、创业型、成长型中小企业的长期资金需求难以匹配。英国市场的相关经验可为上述问题的解决提供一些思路。

在中介机构的竞争结构方面，美国市场的头部券商经历了较长的发展历程，收入和业务结构历经调整和变化，从而形成了各自差异化的竞争优势。相对于我国券商同质化的竞争格局，差异化竞争优势直接丰富了券商收入来源，优化了券商收入结构，从而对券商责任义务的落实起到激励效果。随着我国多层次资本市场体系的不断完善，券商应当依托自身的业务特色，立足不同的市场板块，通过差异化的服务定位，促进中介市场形成协同互补、良性竞争的新局面。

CBOE 做市商制度研究

夏泽安*

摘　要：CBOE 是世界上成交量最大的期权交易所之一，同时也是最早在场内期权市场中实行做市商制度的交易所。CBOE 做市商制度经过数十年的发展，已经形成了分工明确、高效完善的做市商体系。在做市商类型上，主要有普通做市商、指定主要做市商和领先做市商三种类型。在做市品种确定上，做市商可以自行选择做市品种，交易所也可根据需要指定做市商为一个或多个期权品种做市。在做市义务上，做市商须在负责做市的期权品种缺乏连续报价，买、卖订单失衡或不同合约价格关系出现短暂扭曲等情况时，按照交易所规定的最大价差和最小报单数量要求提供连续报价。在做市商权利上，做市商可根据做市需要申请调整持仓额度，并享有交易手续费优惠。稳定、高效的做市商制度为 CBOE 发展壮大发挥了重要作用，其许多特点值得国内交易所借鉴。

关键词：CBOE　做市商　义务　权利

CBOE 的做市商主要有普通做市商（Market Maker，MM）、指定主要做市商（Designated Primary Market Maker，DPM）和领先做市商（Lead Market Maker，LMM）三种类型。CBOE 对不同类型做市商的权利和义务做了详细的规定，具体如下。

---

* 夏泽安，中国金融期货交易所交易部经理，西南财经大学金融学博士。

一、普通做市商

普通做市商是 CBOE 最基础的一类做市商，个人或机构交易许可持有者（Trading Permit Holder[①]，TPH）都可以申请成为普通做市商，为大厅交易或电子交易提供报价。CBOE 对普通做市商的规则适用于所有其他类型的做市商。

（一）普通做市商的申请

TPH 申请成为普通做市商，需向 CBOE 的 TPH 管理部门提交申请表格，并通过 CBOE 组织的考试。CBOE 根据相关要求对 TPH 的普通做市商申请进行审查，然后作出批准或不批准的决定。

TPH 申请成为做市商[②]后，需提交为其提供结算服务的结算 TPH 的担保书（Letter of Guarantee）方能开展做市交易。如果做市商通过多个结算 TPH 结算，需要提供每一个结算 TPH 的担保书。担保书的条款由 CBOE 规定，要求结算 TPH 明确对做市商的所有交易行为提供财务担保。在 CBOE 收到书面撤销申请并完成批准前，担保书将持续有效。

（二）做市品种的确定

做市商可以自行选择对不同交易时段的一个或多个期权品种进行做市。CBOE 也可以根据需要，指定做市商为一个或多个期权品种做市。CBOE 对做市商做市品种的指定主要考虑以下四个因素：一是做市商的意愿，二是维持并促进做市商间的竞争，三是做市商的财务状况，四是对交易系统容量的影响。

做市商在确定做市品种后，获得在做市品种上提供电子报价（Electronical Quote）的权利。做市商可以在事前通知 CBOE 后更改做市品种，但不可以在为某一期权品种做市的同时，成为该期权品种及相关期权品种的经纪商。

CBOE 上市的期权品种多达数千个，合约系列数量更是惊人。为了鼓励做市商之间的竞争，使众多做市商能够为所有合约提供流动性，CBOE 通过做市信用（Appointment Credit）对做市商的做市品种进行管理。它根据期权品种交易量将其划分为不同类别，为每个类别设定了一个做市信用成本（Appointment Cost），规定做市商所有做市品种的做市信用成本加总不能超过其 TPH 所对应分数（每个 Trading Permit 对应做市信用 1 分，TPH 可能拥有多个 Trading Per-

---

① 对 TPH 的介绍见附录 1。

② 若一项规定适用于所有类型的做市商，则在叙述时不标注做市商类型。

mit）。

期权品种交易量越大，做市信用成本越高，反之越低，引导做市商为流动性不好的期权品种提供做市服务。CBOE 根据期权品种最新的交易活跃情况，每季度调整一次做市信用成本，并对市场予以公布。在指定类别调整生效前的 10 个交易日，做市商必须调整做市的品种或增加 Trading Permit 的数量以满足做市信用成本的约束。具体的期权品种分类和做市信用成本如表 1 所示。

其中，AA 类是固定的产品类别，A* 至 F* 由除了 AA 类别外的所有期权品种按照成交量排序组成。通过表 1 可以看出，不活跃产品的指定成本非常低，如成交量排名 1000 之外的 F* 类产品，做市成本只有 0.001，但是一些活跃品种的指定成本非常高，如 S&P500 指数期权合约的指定成本为 1。

表 1　　　　期权品种的做市信用成本

类别	期权品种	做市信用成本
AA	• Options on the CBOE Volatility Index（VIX）	0.5
	• Options on the iShares Russell 2000 Index Fund（IWM）	0.25
	• Options on the NASDAQ 100 Index（NDX）	0.5
	• Options on the S&P 100（OEX）	0.4
	• Options on Standard & Poor's Depositary Receipts（SPY）	0.25
	• Options on the Russell 2000 Index（RUT）	0.25
	• Options on the S&P 100（XEO）	0.1
	• Morgan Stanley Retail Index Options（MVR）	0.25
	• Options on the iPath S&P 500 VIX Short－Term Futures Index ETN（VXX）	0.1
	• P. M. Settled options on the Standard & Poor's 500（SPXPM）	1
	Options on the Standard & Poor's 500（SPX）	1
A*	Hybrid Classes 1 － 60	0.1
B*	Hybrid Classes 61 － 120	0.05
C*	Hybrid Classes 121 － 345	0.04
D*	Hybrid Classes 346 － 570	0.02
E*	Hybrid Classes 571 － 999	0.01
F*	All Remaining Hybrid Classes	0.001

做市商也可以请求为非做市期权品种提供电子报价，但前提是为该期权品种提供电子报价的 TPH 数量不超过 50 个。若超过 50 个，那做市商进入等候名单，依请求时间早晚为序，排队等待。此外，在每个季度，做市商在做市期权

品种上的交易量占所有期权品种交易量至少为75%。

（三）普通做市商的义务

CBOE要求做市商努力维护公平、有序的市场环境。对于负责做市的期权品种，做市商须在市场缺乏连续报价，买、卖订单失衡或不同合约价格关系出现短暂扭曲等情况时，按照交易所规定的最大价差和最小报单数量要求提供连续报价。

普通做市商的具体做市义务取决于其在做市期权品种成交量中电子报价成交的比例，以及期权品种挂牌上市的时间。在任何一个季度的常规交易时段（Regular Trading Hours）里，如果该比例小于等于20%或期权品种挂牌上市时间尚不足90天，普通做市商没有连续电子报价（Continuous Electronic Quotes）义务①，仅需对大厅经纪商的询价提供满足最大价差和最小报单量要求的双边报价。

如果该比例大于20%且期权品种挂牌上市时间超过90天，那么从下一个季度开始，普通做市商需对其做市期权品种中剩余期限小于9个月的60%合约序列提供连续的电子报价。当做市期权品种的标的证券处于涨停、跌停价格时，豁免普通做市商在该期权品种的报价义务。

无论在做市期权品种成交量中电子报价成交的比例是否大于20%，普通做市商若进行电子报价的最大价差和最小报单量都须满足CBOE的规定。不同期权品种的报价要求各不相同，由CBOE的具体规定，其中同一期权品种的价差要求还会因期权价格的不同而不同（见附录2）。

（四）普通做市商的权利

做市商的权利主要包括持仓额度调整和交易手续费优惠两个方面。

1. 持仓额度调整

CBOE依据期权品种标的证券最近6个月的交易量和流通数量情况，将期权品种的持仓额度分为25000手、50000手、75000手、200000手和250000手5个档次。做市商因做市业务开展需要，可以向CBOE申请增加持仓额度，其具体政策如下：

---

① 如果做市商每个交易日为其做市期权品种提供双边电子报价（Electronic Two－sided Quotes）时间占比达到90%，即认为提供了连续电子报价。尽管连续电子报价相关考核指标按月考核，但做市商必须每个交易日的电子报价时间占比都达到90%。

（1）申请增加持仓额度的目的须为维持公平、有序的期权市场秩序；

（2）只有在做市商负责做市期权品种持仓量已经达到持仓额度的 90%（个股期权）或 80%（股指期权或债券期权）且主动申请后，才会为其增加持仓额度；

（3）持仓额度增加在 CBOE 通知做市商后即刻生效，CBOE 有权撤销已批准的持仓额度增加申请；

（4）持仓额度增加的幅度和有效期采用一事一议原则决定，通常，持仓额度增加的有效期是至最近到期的合约结束，也可能会延长至更长的时间。

做市商申请增加持仓额度的所需材料和具体流程如下：

（1）将陈述在已有持仓额度基础上增加持仓额度原因的书面申请提交至市场监管部（Department of Market Regulation，DMR）；

（2）CBOE 决定是否批准持仓额度增加申请，评审依据包括但不限于以下因素：做市商现有持仓、交易情况、其他 TPH 对申请者的评价；

（3）为确保 CBOE 当天决定是否批准做市商增加持仓额度的申请，申请须在下午 1 点前提交至市场监管部，为提高效率，CBOE 可能会非正式地收集信息，以判断增加做市商的持仓额度对于维持市场深度和流动性是否必要；

（4）市场监管部员工会在申请提交后的下一天，将增加持仓额度申请的批准结果告知提交申请的做市商和其结算公司；

（5）通常，在审核做市商的第一次增加持仓额度申请时，交易所不需要申请者到场，如果申请被拒绝而申请者希望再次提交申请，那申请者需与市场监管部员工预约面谈；

（6）CBOE 可能会事后重新评估、撤销或调整已经批准的增加持仓额度申请，在此种情况下，如果申请者希望再次提交申请，那需与市场监管部员工预约面谈。

在买、卖订单不平衡，持仓量即将超过持仓额度等紧急情况下，做市商可以联系市场监管部申请立即增加持仓额度。CBOE 将紧急评估市场情况，决定是否批准该申请。

CBOE 会公开目前已经批准的增加持仓额度申请列表，公开信息包括但不限于申请者的名称、期权品种、增加的持仓额度、有效期。

2. 手续费优惠

做市商的交易手续费优惠形式主要包括更低的交易手续费和流动性提供者

浮动（Liquidity Provider Sliding Scale）计划等激励措施。CBOE 通过监管通知（Regulatory Circulars）发布不同类型投资者的交易手续费标准和对做市商的激励措施。监管通知对全市场可见。

对于某些期权品种，做市商无须满足任何附加要求，即可享受较其他类型投资者更低的交易手续费。如对于 VIX 期权或波动率指数期权，做市商的交易手续费为 5 美分/手或 23 美分/手（取决于期权合约价格），而经纪商（Broker – dealer）的交易手续费统一为 40 美分/手。

流动性提供者浮动计划要求做市商在完成做市义务，且交易量达到一定标准后方可享受相应的交易手续费折扣。如对于非 A 类[①]期权品种，经纪商的交易手续费为 47 美分/手或 75 美分/手，而流动性提供者浮动计划规定的交易手续费标准如表 2 所示。其中，交易量占比为期权品种某一做市商的交易量与该期权品种所有做市商交易量的比值。

表 2　　非 A 类期权品种流动性提供者浮动计划

交易量层级	交易量占比阈值	交易手续费标准（美元/手）
1	0 ~ 0.05%	0.23
2	0.05% ~ 0.80%	0.17
3	0.80% ~ 1.50%	0.10
4	1.50% ~ 2.25%	0.05
5	>2.25%	0.03

表 3　　非 A 类期权品种流动性提供者浮动计划调整　　单位：美元

被动交易量占比层级	被动交易量占比阈值	被动交易手续费返还		主动交易手续费加收	
		Penny Classes	Non – Penny Classes	Penny Classes	Non – Penny Classes
1	0 ~ 50%	0	0	0.05	0.10
2	50% ~ 60%	0	0	0.04	0.07
3	60% ~ 75%	0.01	0	0.03	0.05
4	75% ~ 90%	0.02	0	0	0.04
5	>90%	0.03	0	0	0.05

对于非 A 类期权品种，CBOE 还会根据做市商的主动、被动成交情况，在

① 此处 A 类期权包括 OEX、XEO、RUT、RLG、RLV、RUI、AWDE、FTEM、FXTM、UKXM、SPX（Includes SPXw）、VIX，波动率指数以及二元期权。

流动性提供者浮动计划的基础上返还或加收交易手续费，其规定如表 3 所示。其中，被动交易是指报单时间先于交易对手方报单时间的交易，主动交易反之。被动交易量占比为期权品种某一做市商被动交易量与其总交易量的比值。

除前述激励措施外，CBOE 还会根据市场情况需要，在某些期权品种上设定其他形式的交易手续费激励措施。如对于 Global Trading Hour 交易时段的 VIX 期权，若每月有 n 个领先做市商完成做市义务且满足一定条件，则 CBOE 会设置一个总额为 $n\times15000$ 美元的交易手续费返还池，由这 n 个领先做市商依据各自交易量比例分享返还的交易手续费。类似的激励措施也在 SPX 期权上实行。

二、指定主要做市商

指定主要做市商是 CBOE 非常重要的一类做市商。CBOE 对其的资格要求更高，赋予的权利和义务也更多。每一个期权品种最多只有一个指定主要做市商。

（一）指定主要做市商的申请

TPH 向 CBOE 申请成为指定主要做市商，需要提交相关的申请表格。只有机构 TPH 才能申请成为指定主要做市商。CBOE 根据以下因素选择合适的指定主要做市商：

（1）资本充足率。

（2）业务运营能力。

（3）交易经历。

（4）申请机构开展做市业务人员的数量和经验。

（5）申请机构、关联人以及业务代表人的监管记录和遵守交易规则的记录等。

（6）申请机构促进 CBOE 成交量提升的意愿和能力。

（7）申请机构日常交易表现。

指定主要做市商在财务方面须持续满足以下要求：指定主要做市商账户下净流通权益（Net Liquidating Equity）不少于 10 万美元，或交易所要求的其他数目；净资本满足交易所法 15c3－1 条（*Exchange Act Rule* 15c3－1）规定的要求。如果指定主要做市商是期权结算公司成员，还须满足期权结算公司对于其资本充足率的要求。

如果 TPH 申请终止指定主要做市商资格或者被限制交易，CBOE 有权采取以下临时措施：（1）要求现有的指定主要做市商承担相关的做市义务，直到新的指定主要做市商确定；（2）将相关的做市义务分配给一个临时的指定主要做市商。

（二）指定主要做市商的义务

指定主要做市商的义务主要包括报价义务和维持市场秩序两大类。

CBOE 规定指定主要做市商须遵守对于普通做市商的所有要求，并为做市的期权品种提供连续电子报价。具体要求如下：

（1）合约覆盖率。为 99% 的到期时间小于 9 个月的期权合约系列提供连续报价；或者为 100% 到期时间小于 9 个月的期权系列提供连续报价（每个合约系列免除一对看涨、看跌期权合约的报价义务）。

（2）最大价差和最小报单量。连续电子报价必须满足交易所规定的最大价差、最小报单量要求。

（3）报价公式。必须确定自动更新报价的公式。

（4）开盘集合竞价。须保证所有期权合约正常开盘，如有必要须在开盘集合竞价期间报价。

在报价义务之外，指定主要做市商还须在交易过程中履行以下义务：

（1）处理分配给指定主要做市商的交易纠纷。

（2）维持交易所的竞争力，努力提升做市期权品种的流动性。具体措施包括协助交易所进行市场宣传、会员沟通和投资者教育。

（3）及时告知交易所财务状况等方面发生的重大变化。

（4）监督指定主要做市商的相关人员遵守规则。

（5）以适当的方式隔离指定主要做市商业务与其他业务。

（6）持续满足交易所的各项规定。

（三）指定主要做市商的权利

指定主要做市商除享有持仓额度调整和手续费优惠等权利外，在获得订单流方面也有一定优势。CBOE 对所有公众客户指令执行完毕后，对指定主要做市商分配剩余的最优报价订单。具体如下：

当存在 1 个做市商提供最优报价时，指定主要做市商可以获得 50% 的最优报价订单；当存在 2 个做市商提供最优报价时，指定主要做市商可以获得 40% 的最优报价订单；当存在 3 个及以上做市商提供最优报价时，指定主要做市商可以获得 30% 的最优报价订单。

当做市期权品种的标的证券处于涨停、跌停价格时，豁免指定主要做市商在该期权品种的报价义务。如果指定主要做市商选择继续提供满足要求的报价，仍然能够获得相关的权利。

（四）指定主要做市商的评价、资格转让和资格终止

1. 指定主要做市商的评价

CBOE 可能随时评估指定主要做市商的运营情况和表现，每年至少评估一次。评估的内容包括但不限于：指定主要做市商的义务履行情况，包括交易所规定的具体报价义务履行情况和为促进所做市期权品种市场份额所做的努力。交易所在评估指定主要做市商运营情况和表现时，指定做市商须应按交易所要求提供相关信息。

2. 资格转让

指定主要做市商拟出售、转让或转移所有者权益（Ownership Interest），或在资本结构、投票权、盈利分配上发生任何改变，需提前 30 天书面告知 CBOE。任何涉及指定主要做市商资格转让的交易，除非受让者具有指定主要做市商资格且得到交易所的事先批准，否则不能发生。CBOE 对涉及指定主要做市商资格转让交易的事项有明确的认定标准，且对该类交易的申请和批准流程有详细规定。

3. 资格终止

在以下情况下，CBOE 可能会终止、限制已经批准的指定主要做市商资格，或对其附加条件：

（1）财务、运营或人员情况发生实质性变化。

（2）未能履行指定主要做市商义务。

（3）不再满足某一期权品种或所有期权品种指定主要做市商资格条件。

在 CBOE 采取措施终止、限制已经批准的指定主要做市商资格或对其附加条件前，会提前通知并给予指定主要做市商申诉机会。但当 CBOE 认定其财务、运营和人员情况发生足以采取措施的实质性变化或不再满足财务要求时，可立即对指定主要做市商采取措施而不事先通知。

三、领先做市商和优先做市商

（一）领先做市商

如果某一期权品种没有指定主要做市商，CBOE 可以指定一个或者多个普通做市商为领先做市商，参与改善大厅交易或者电子交易[①]。CBOE 根据普通做市商的资本充足情况、期权交易经历、遵守交易所规则表现以及履行领先做市商义务能力等方面的信息来选择领先做市商。

领先做市商的作用主要是补充合约到期月的流动性，因此其资格有效期限较短，通常为从合约到期月第一个交易日开始至合约到期日结束。CBOE 会评估和考察领先做市商的做市表现。若领先做市商不能履行做市义务，则有可能被取消领先做市商资格。若领先做市商因故被取消领先做市商资格，交易所将指定 1 个或多个临时领先做市商，直到做市合约到期。

领先做市商的报价义务和获得不同比例最优报价订单的权利与指定主要做市商相同。此外，也需要努力提升交易所的竞争力，及时告知交易所财务状况等方面发生的重大变化，但没有处理交易纠纷的义务。

（二）优先做市商

在某些期权品种上，CBOE 允许 TPH 在传递订单流时，指定一个做市商为该订单的优先做市商（Preferred Market Maker，PMM）。CBOE 规定任何类型的做市商——普通做市商、指定主要做市商、领先做市商，均可以向交易所申请成为优先做市商。

优先做市商的报价义务与指定主要做市商相同，在获得不同比例最优报价订单的权利上，比指定主要做市商略高。如果优先做市商提供连续报价满足要求，根据市场存在最优报价做市商的数量，优先做市商享有获得不同比例最优报价订单的权利。当存在一个做市商提供最优报价时，优先做市商可以获得 50% 的最优报价；当存在两个及以上做市商提供最优报价时，优先做市商可以获得 40% 的最优报价。

优先做市商以优先做市商身份享有获得不同比例最优报价订单的权利后，不能以其他类型（如指定主要做市商、领先做市商等）做市商身份重复享受该

---

① CBOE 规定所有期权品种都须有一个指定主要做市商或领先做市商，除非该期权品种有 4 个或以上普通做市商提供连续电子报价且回应询价比例不低于 80%。

项权利。

四、结论与启示

CBOE 作为最早在场内期权市场实行做市商制度的期权交易所，在实践和理论探索过程中不断积累经验，改进和优化做市商管理体系。运行稳定、高效的做市商制度为 CBOE 发展壮大发挥了重要作用。尽管国内外期权市场在交易制度、市场结构和发展所处阶段等方面差异明显，但 CBOE 做市商制度中的许多特点仍值得我们借鉴。

（一）层次分明的做市商类型

对于国内场内期权市场而言，做市商是一项复杂的创新业务。在市场发展初期，采取简洁的管理方式，能够较好地发挥做市商的作用，同时也有利于业务平稳起步和做市商机构的培育。在做市商制度稳步推出后，可以充分借鉴 CBOE 对做市商的管理经验，加强对做市商的分类管理，并赋予做市商更多的职能。

（二）灵活的做市品种确定方式

CBOE 通过做市信用，对做市商的做市品种进行管理的方式，赋予了做市商在做市品种选择上的充分灵活性，能够引导做市商随着市场情况变化自发调整，为流动性不好的期权品种提供更多的做市服务，避免做市商和交易系统负荷过重。这对引导做市商参与做市有很好的借鉴意义，特别是国内衍生品市场上市较多期权品种后，合理确定、分配做市品种将十分重要。

（三）详细、透明的规则制度

CBOE 挂牌的期权品种众多，做市商相关业务规定繁杂，而且为适应市场情况的变化，CBOE 还会对做市商相关管理规定进行频繁的调整和修订。CBOE 在每次规则修订前，通过监管通知，将交由美国证券交易委员会审批的规则修订报告向全市场公开，详细说明规则拟修订的内容、原因和法律依据，并在美国证券交易委员会批准后及时向全市场发布修订后的规则。这些措施有助于让市场更好地知晓、理解做市商管理规定及其变化，提前做好相关准备，确保规则修订后顺利实施。

附录1 TPH简介

交易许可（Trading Permit，TP）是指由交易所颁发，授予持有者或其代理人无须通过经纪商（Broker-dealer）服务即可接入交易所设施，参与交易所挂牌上市产品交易的执照。TP类似于境内期货交易所的交易席位。交易所可颁发不同类型的TP，允许持有者交易一种或多种交易所上市产品，使用一种或多种交易功能，或在不同的交易时段交易。

交易许可持有者（Trading Permit Holder，TPH）是指持有TP的任何个人、法人、合伙企业、有限责任公司或其他实体，类似境内期货交易所的会员。如果TPH是个人，那称其为个人TPH（Individual Trading Permit Holder）；如果不是个人，那称其为机构TPH（TPH Organization）。每个个人TPH或机构TPH的代理人最多可以申请10个或20%的某一类型的TP。

拥有期权结算公司（Option Clearing Corporation，OCC）成员资格的TPH称为结算TPH（Clearing Trading Permit Holder），类似境内期货交易所的结算会员。

一、TPH的资格条件

（1）个人年龄大于21周岁；机构为法人、合伙企业或有限责任公司。

（2）按交易所法第15章规定，注册为经纪商和经销商。

（3）满足交易所规则和章程中规定的TPH资格要求。

二、申请材料

TPH申请者需提交的材料主要包括：

（1）机构TPH申请者需提交营业执照、公司章程，或注册文件、合伙协议等文件。

（2）若交易所要求，机构TPH申请者需提交任何与公司注册、治理、资本结构、所有权相关的文件。

（3）承诺遵守交易所规则及各种通知、决议的承诺函。

（4）交易所要求的其他文件。

三、申请流程

（1）申请者提交申请表格和相关文件。

（2）申请者缴纳申请费用，个人 3000 美元，机构 5000 美元。

（3）申请者完成交易所 TPH 定向培训项目，并通过 TPH 资格考试。

（4）交易所审核申请者的申请材料，并查阅申请者的犯罪记录及近一年的自律监管处罚记录。

（5）交易所在收到申请后，90 天内决定是否批准申请者的申请，并书面告知申请结果。

对于未能通过资格考试的申请者，交易所会直接拒绝其申请。对于净资产小于 25000 美元（个人）或 50000 美元（机构），或财务困难无法偿付合法债务的申请者，交易所也可能会拒绝他们的申请。

附录2　价差与报单量

自2016年4月7日起，电子报价和大厅喊价的买卖价差要求如下。

电子报价（含开盘集合竞价）最大价差

单位：美元

买价	最大价差（除MXEA、MXEF、FXTM、UKXM外）	MXEA、MXEF	FXTM、UKXM
0～100.00	10.00	30.00	150.00
100.01～200.00	16.00	48.00	150.00
>200.00	24.00	72.00	150.00

大厅喊价最大价差

买价	最大价差	
	A组	B组
0～1.99	0.50	1.00
2.00～5.00	0.80	1.60
5.01～10.00	1.00	2.00
10.01～20.00	2.00	4.00
20.01～50.00	3.00	6.00
50.01～100.00	5.00	10.00
100.01～200.00	8.00	16.00
>200.00	12.00	24.00

A组：除B组外的所有期权品种。

B组：NDX、RUT、SPX、SPXPM、ICPT、PCLN、UltraShorts、UltraLongs、Direxion3x and Direxionshares3x、MXEA、MXEF、FXTM、UKXM，或其他到期期限大于或等于9个月的期权。

最小报单量：所有报价的买单、卖单最小手数都为1。

附录3 MM、DPM和LMM报价义务汇总

	MM①	DPM	LMM
开盘集合竞价	无开盘集合竞价报价义务	须保证所有期权合约正常开盘，如有必要需自己报价	同 DPM
报价价差（包括开盘集合竞价、大厅喊价和电子报价）	需满足最大报价价差要求，见附录2	同 MM	同 MM
连续报价合约覆盖率	为60%的到期时间小于9个月的合约序列提供连续报价	为99%或100%（每个合约系列免除一对看涨、看跌期权合约的报价义务）的到期时间小于9个月的期权合约系列提供连续报价	同 DPM
大厅回应询价	需回应所有口头询价	对于大厅 DPM，同 MM	同 MM
报单量（电子报价）	需满足最小报单量要求，见附录2	同 MM	同 MM

① 仅针对负有连续报价义务的普通做市商，即在做市期权品种成交量中电子报价成交的比例大于20%的普通做市商。

行业研究

新三板挂牌公司分行业信息披露指引研究

全国股转公司分行业信息披露指引研究小组*

摘　要：分行业的信息披露是提高挂牌公司信息披露质量，强化信息披露针对性和有效性的重要途径。为充分满足投资者的信息需求，引导挂牌公司向市场披露反映其经营状况、竞争优势、发展潜力、业务风险等信息，便于投资者作出价值判断和投资决策，本文从投资者需求角度出发，分析化工行业、教育行业、农林牧渔业、影视行业四个行业的产业链和运营模式、核心竞争优势、监管政策、风险要素，并结合日常审核和监管经验，提出分行业的信息披露要点。

关键词：信息披露　化工　教育　农林牧渔　影视

以信息披露为中心是新三板的重要监管理念，随着挂牌公司数量的增加，统一的信息披露规则逐渐无法引导公司充分展现其个性化的投资价值、风险特征，不能充分满足投资者对不同行业公司关键业务信息的需求。自 2016 年起，全国股转公司开始选取部分符合国家产业政策、发展前景较好、经营模式较为明确、具有鲜明特色的行业，围绕经营性信息提出差异化的披露要求，着力提高信息披露质量、降低信息搜集成本、提升投融资对接效率，进一步解决信息不对称问题。前期，全国股转公司已经发布了软件和信息技术服务、医药制

---

* 分行业信息披露指引研究小组成员来自全国股转公司挂牌审查部及公司监管部，成员名单：王志岗、马莹、郭静、盛子轩、田雨卉、严啸、满艳凤、闫阳、刘唱、李晨曦、马翔、马千里、郭子闻、宋晓麒、陶超仁、高龙泉、刘艳玲、曹悦、周曦。

造、专业技术服务、环境治理、专业技术服务、计算机、通信和其他电子设备制造、零售、互联网和相关服务 13 个行业的信息披露指引。

根据《全国股转系统分行业信息披露业务指引制订工作规划》确定的工作原则、工作思路和进度安排，全国股转公司于 2019 年初启动了化工、教育、农林牧渔、影视四个行业信息披露指引的制定工作。四个行业均具有较为鲜明的特色，化工行业产业链较长、周期性强、资本密集，对资源和能源依赖度较高，环保和安全生产监管严格；教育行业属于知识密集型行业，师资力量、知识产权、网点建设、线上业务拓展能力是其核心驱动要素；影视行业受行业政策影响较大且受到严格的市场监管，业务资质、著作权、作品质量、演职人员等对公司的竞争力和成长性存在重要影响；农林牧渔行业周期波动大、扶持政策多、财务规范难度大，对自然生态资源的要求较高，经营业绩易受季节、自然灾害、农产品价格波动等风险的影响。

在化工、教育、影视、农林牧渔四个行业信息披露指引的制定过程中，全国股转公司一方面总结审核和监管经验，整理目前信息披露制度中的不足，汇集重点关注的信息要点；另一方面对代表性的公司、投资机构、主办券商开展调研，查阅专业书籍、行业研究报告、政策法规等，全面了解相关行业的业务流程、关键资源要素、重要财务指标、监管体系等。在此基础上，全国股转公司撰写了四篇行业研究报告，作为日常信息披露监管的参考。

第一篇　化工行业

一、化工行业产业链及盈利模式简介

化工行业为工农业生产提供重要的原料保障，与人民群众衣、食、住、行密切相关，并在芯片制造、锂电池生产、航空航天等新一代高端制造业中发挥关键作用。化工行业主要包括石油炼化、基础化学原料、橡胶和塑料制品、合成纤维、专用化学产品、肥料、农药、日用化学产品等细分行业。

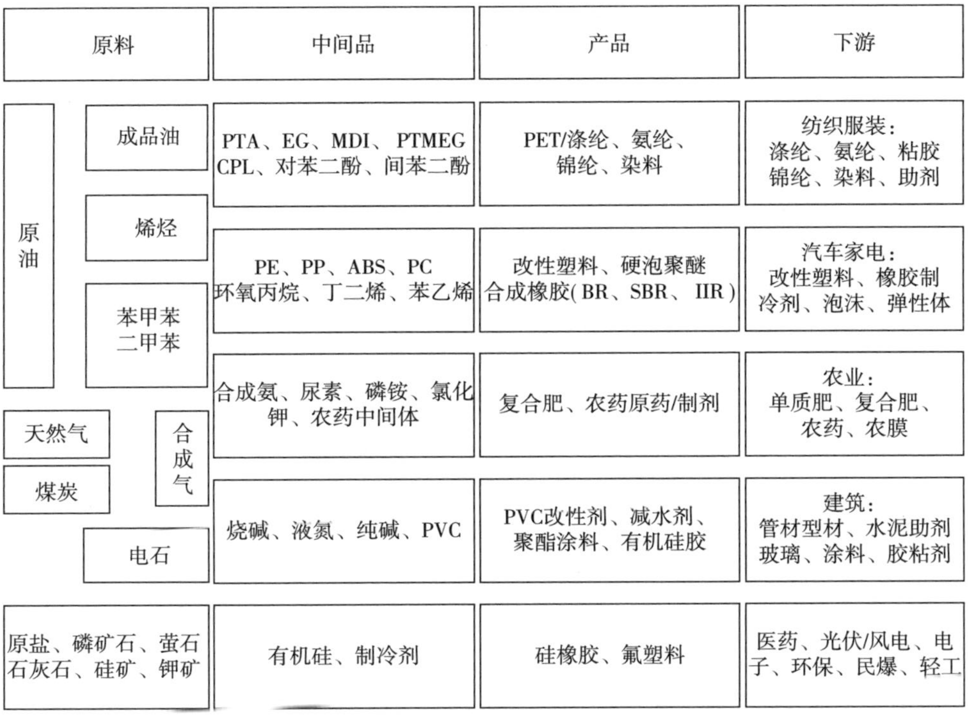

资料来源：国金证券研究所。

图 1　化工行业全产业链

化工行业的生产链条较长、细分行业众多、产品应用领域广，具有鲜明的产业链信息传递效应以及产业链间的价值创造和价值增值效应[①]，利润主要来自产业链下游。依据相关研究机构对化工行业的分类，并结合证监会《上市公司行业分类》及《挂牌公司管理型行业分类指引》[②]，本文按照产业链上下游及原材料来源将化工行业大致划分为以下行业：石油化工行业，主要以石油和天然气为原料[③]，生产成品油及为化工行业提供基础原材料；基础化工行业，以石化产品、原盐、矿石等为原材料，生产通用化学品，为下游多种化工行业

① 上海卓代企业管理咨询有限公司．国际化工巨头发展历程对中国化工大企业的启示［J］．化工管理，2016（19）．

② 根据中国证监会《上市公司行业分类》（2012 年修订）和新三板《挂牌公司管理型行业分类指引》，化工行业主要包括石油加工、炼焦及核燃料加工业、化学原料及化学制品制造业、化学纤维制造业和橡胶与塑料制品业四个细分行业。

③ 以煤炭为原材料的煤化工行业与石油化工行业的产业链位置、产品用途、生产经营方式、原材料特点等方面非常类似，本文以石油化工行业为例进行了研究分析。

提供原材料；精细化工行业，产品为精细化学品和专用化学品，直接用于工农生产特定领域和人民群众衣食住行方面的消费。

化工作为产品生产加工销售型行业，一般有四种盈利模式：一是高利润低销量模式。常见于精细化工领域，因壁垒高筑而具有较好的盈利水平，但因所属市场细分而难以形成大市场规模。二是高利润高销量模式。相关企业在通用性较强的产品领域具有难以替代的竞争优势甚至处于垄断地位，仅少数化工产品具有接近于此的特质，例如万华的聚氨酯（MDI）。三是低利润高销量模式。常见于基础化工领域的大宗化工产品，充分的供应与多元化的原料生产路径限制了其利润水平。四是低利润低销量模式。该类行业进入壁垒较低且其产品具有较强的替代性，一般而言企业会逐步退出这一类行业。

二、化工行业特征及关键竞争要素分析

从生产函数的角度，经济增长主要取决于生产要素（自然资源、劳动力以及资本）、产业结构、技术、制度四个方面①。对于化工行业而言，不同的化工企业由于其所处的产业链位置不同，相关要素对其影响力也不同。

（一）石油化工

石油化工产业是以石油和天然气为原料，生产发动机用的燃料和润滑材料及各种烯烃、芳烃产品的工业部门，其中烯烃等是下游有机合成工业的重要原料或中间体。

1. 影响石油化工企业竞争力的关键要素

石油化工企业盈利的本源为炼化价差和综合非原料加工成本的差（简称炼化本源模型，A－B模型）。其中，A：炼化价差的本源是产成品价格（比如汽柴煤等成品油，烯烃、芳烃等化工品）和原料成本（比如原油、天然气等化石原料）的差，与原料和产成品市场的供需有关。B：综合非原料成本是燃料成本、加工费、折旧摊销、财务成本、管理费用、税费和环境治理费用等所有费用的总和②。因此，生产装置复杂度、工艺路线、规模大小、地理位置、税收政策、环保要求等因素均会对石化企业盈利能力产生影响。

---

① 林毅夫．解读中国经济［M］．北京：北京大学出版社，2012.

② 信达证券石化团队．油价新常态下，炼化一体未来前景的最深度剖析［EB/OL］．［2019－05－29］．http：//www. sohu. com/a/224206206_ 117959.

第一，地理位置。地理位置影响的主要是原料运输成本和产品发货成本。靠近港口、码头，甚至拥有自备码头的炼厂在交通运输上更有优势；离油品消费需求旺盛地区较近的石化企业出货成本也会更低。

第二，资本实力。石油化工行业投资规模较大，生产装置专业程度高、价格昂贵，需要大量资本投入。日常生产中需耗用大量能源和原材料，并需定期进行生产装置的更新升级，需要大量的流动资金和信贷支持。

第三，炼化一体化生产模式。由于规模较大，炼厂在优化利用许多中间产品和物流方面具有较大的灵活性，热蒸汽、污水处理等工程可以共用，炼化一体化可以整合企业资源，延长产业链、提高产品收益，提高生产效率①。

第四，设备可靠性。鉴于运营炼厂的固定成本相对较高，减少计划外停机是影响炼厂效益的重要因素。

第五，品牌优势。在润滑油细分行业，由于产品直接面向终端消费者，品牌是企业的核心竞争力之一。在我国，美孚、壳牌、嘉实多等跨国石油巨头凭借品牌优势及对车企的制约，占据了车用润滑油高端市场78%的份额、80%的利润②。

2. 石油化工企业的风险表现

第一，石油价格与供给的不确定性。我国是世界上最大的石油进口国，主要来自俄罗斯、伊朗等国家，且不掌握国际原油定价权。受地缘政治、外贸政策甚至海洋运输的影响，原油供给端的不确定性较大，供应的稳定性和价格波动对企业的生产带来极大的不确定性。

第二，环保治理投入较大。石油化工是污染程度较大、危险系数较高的行业，各国对炼化行业的环保要求逐渐提高，人民群众对新建石油化工项目极为敏感，污染严重的企业或者环保措施不健全的企业面临较大关停风险。

第三，受税收政策和价格政策影响较大。国家的税收征缴/减免政策会对炼化企业的经营方向和盈利能力产生直接的影响。目前，我国对汽油和柴油征收成品油消费税，对航空煤油暂时免征，鼓励有能力的企业新增航煤装置，合理调整产品结构。另外，国家发展和改革委员会对成品油价格制定了形成机

① 于国良，谢晋文．炼油视角看禁售燃油车——炼油行业转型升级警钟敲响［J］．中国石油和化工经济分析，2017（12）．

② 深圳市中研普华管理咨询有限公司，2014—2018年润滑油行业市场深度分析与发展策略研究报告。

制，价格调整机制的科学性、合理性、时效性对炼油厂的盈利具有较大影响。

（二）基础化工

基础化工制造业根据化学结构和生产工艺复杂程度大致可分为三类：化学原料制造、合成材料制造和肥料制造。从整体上看，基础化工同类产品的生产技术和性能标准差异不大，具有产品同质化、进入壁垒较低、规模经济决定成本、重资产、竞争较充分、周期性强的特点。

1. 影响基础化工企业竞争力的关键要素

基础化工行业投资价值重在周期和行业以及企业内生竞争力。在充分竞争的环境下，成本控制是低利润高销量化工企业的核心竞争力。成本优势可以让化工企业获得更高的边际利润，提升新进入者的壁垒。成本优势与规模、一体化的生产模式、区位优势、管理优势、经验积累及专有技术等相关。

第一，规模优势。化工行业具有明显的规模经济效益，随着生产规模的不断扩大，产品的单位成本、物耗、能耗持续下降，行业竞争优势增强。

第二，一体化的生产模式。其通过延长企业业务产业链，让化工行业变成强者恒强的行业，同时降低对单一产品的依赖，抵御周期波动。例如，涤纶龙头企业桐昆股份向上游扩张，形成了 PTA①—聚酯—纺丝—加弹一条龙的生产、销售格局，一方面，增强企业的综合实力；另一方面，公司 PTA 原料采购于全资子公司，运距短、成本低且供应稳定，成本优势显著。

第三，区位要素。处于产业链前端的基础化工行业对石化原料供应、矿物资源、能源、水资源的依赖非常显著，基于地理位置及资源禀赋构筑的原材料和产品运输成本优势较大，而且难以被撼动。如盐湖股份的钾肥生产主要依托察尔汗盐湖的钾盐资源，根据盐湖股份年报等公开信息，其氯化钾探明储量达5.4 亿吨，占全国已探明资源储量的 50% 以上，资源优势导致 10 余年来其氯化钾业务毛利率长期维持在 60% ~80% 的较高水平。

第四，生产成本和管理成本的控制能力。基础化工企业多数比拼的是生产和管理成本的控制能力，生产管理效率优秀的公司在行业景气度变化时，能保持超出行业平均水平的盈利能力。降低生产成本需要依靠更领先的工艺路线、设备来减少物料和能源单耗，降低管理成本则需要依靠公司综合管理能力减少在销售、管理、财务等方面的支出。

① 精对苯二甲酸，广泛用于化学纤维、轻工、电子等领域。

第五，技术研发。化工企业通过技术、工艺甚至产品创新，能够掌握完整产业链或发展出新的解决方案，从而降低物耗能耗、提高生产效率和产品质量，保证公司的长期发展。

2. 基础化工企业的风险表现

第一，宏观经济波动风险。基础化工涉及国民经济的方方面面，经济增长的周期性波动直接影响下游企业和消费者对化工产品的需求以及销售价格，进而影响企业的盈利能力。化工行业的周期性取决于国家宏观经济景气度，化工景气指标与房地产投资、汽车产量等指标呈明显正相关性。

第二，原材料价格波动风险。基础化工行业的上游为石油、煤炭、天然气等化石原料加工或炼化行业，受化石原料价格波动频繁的影响，其相应产品的价格也不稳定，进而对基础化工企业成本产生较大影响。

第三，受监管政策影响较大。化工产品生产过程往往对生态环境造成污染，近年来我国环保标准不断提高，使行业集中度逐步提升，最终导致拥有较高的环保处理技术实力和环保投入资金实力的龙头企业获益。此外，农化行业还受到农业补贴政策的影响。此外，安全生产政策、节能减排政策、淘汰落后产能政策、外贸政策等同样对化工企业运营环境产生较大影响。

第四，部分行业受季节性因素影响较大。受农业生产规律制约，化肥产品存在较明显的季节性，其中每年 2 至 5 月、9 月至 11 月为化肥产品的销售旺季，其余时间为淡季。

（三）精细化工

精细化工产品，一般是指具有特定的应用功能、技术密集、产品附加值较高的化工产品。精细化工行业的需求结构复杂而分散，子行业众多，从农药、涂料、医药、食品添加剂、日化用品，到航空航天、汽车、新材料、新能源等高新技术领域的专用化学品。精细化工产品的主要特点：行业的增长速度和增长空间往往能够超越行业周期波动；产品差异度较高；具有较高的进入壁垒，技术更新较快，要求不断进行新产品的技术开发和应用技术的研究，且重视技术服务；资产相对较轻；毛利率较高。

1. 影响精细化工企业竞争力的关键要素

当前精细化工产品的国内外需求正处于或即将进入增长期，而且不少领域正处于承接全球产业向中国转移的黄金时段；从行业竞争格局来看，竞争优势主要取决于产品的技术壁垒，包括工艺路线的掌握、产业链长度、产品群复杂度等①；从企业层面来看，核心竞争力是技术创新能力及其带来的优势。

第一，技术创新水平。技术能力主要体现在新产品的开发能力、先进工艺路线的掌握、工艺路线持续改良能力三个方面，能够为企业带来独特的产品、提高产品质量、降低生产成本以及提升新产品储备的丰富程度。

第二，管理、技术团队及激励机制。优秀敬业的管理和技术团队并配套良好的激励和约束机制，能让企业不断引领产品和技术的更新换代。以高分子材料抗老化助剂行业的领先者利安隆为例，公司通过高级管理人员及核心业务骨干间接持有公司股份的方式（持股比例高达44.66%），激励技术和管理团队提升公司经营业绩，保持了团队的稳定性，为公司持续发展提供了有力保障。

第三，在研项目情况。在研项目决定了精细化工企业能否成为潜在的突破性企业，填补技术和行业空白。中国精细化工领域有很多的中小企业在自己的细分领域做到领先，为了寻求进一步发展正在研发新的产品，而这些产品市场往往是被国外企业占据，附加值较高。这类企业未来具有很大的潜在爆发力。

第四，产品质量控制能力。精细化工行业的很多产品应用于航空航天、半导体、微电子、生物工程等高精尖领域，例如，电子技术与化工材料相结合的湿电子化学品，相关性能参数标准非常严格，强大的质量控制能力可以降低废品率，保证产品性能稳定，赢得客户信赖，增强企业竞争力。

第五，销售渠道和品牌塑造。该要素对日用化学品企业的影响十分明显。日化企业渠道主要分为线上线下两大类，销售渠道越畅通，消费者与产品接触的概率就越高，越容易实现销售，高中低端日化用品企业都极其重视营销渠道的建设，以上海家化为例，公司具有八大渠道，线下包括经销商、大型连锁零售商、化妆品专营店、百货、海外、线上为电商、特殊渠道等。

2. 精细化工企业的风险表现

第一，环保与安全生产风险。精细化工行业同样面临环保与安全生产方面的问题，项目新建、扩建及日常经营容易受到国家环保、安全生产政策和执法标准的影响。

第二，产品质量风险。近年来，与消费者身体健康密切相关的日化产品、食品添加剂的产品质量受到社会大众、新闻媒体的重点关注。消费者对产品质

---

① 郑方镳，刘曦．掘金新兴领域，迎接战略成长——中国精细化工行业投资路线［Z］．兴业证券2010年新兴领域精细化工专题研讨会，2010-09-15.

量的关注和选择最终会影响公司生产的销量，进而对行业的竞争格局产生影响。

第三，客户变动风险。在专用化学制品领域，产品差异化较大、专用性较强，下游生产商为了保证生产的连贯与稳定，一旦合作不会经常更换供应商，因此专用化学品企业一般有着较好的客户黏性，拥有客户资源的多寡以及稳定性决定了企业在行业中的竞争地位。例如，江阴化学拥有京东方、中芯国际、士兰微、长电科技等优质大客户，在国内湿电子化学品行业逐渐形成领先优势，有望发展成行业龙头。

(四) 小结

通过对化工行业特征及竞争优势资源要素和风险要素的分析，发现成本控制、技术研发、自然资源（区位、原材料）、资本投入（规模化、一体化）、环保政策、品牌与渠道是能对化工行业盈利能力和竞争优势产生重大影响的主要因素。石油化工、基础化工、精细化工三个细分行业所处产业链位置的不同，与原材料和最终用户的距离不同，导致三个细分行业的周期性特点逐渐减弱、细分行业内部产品的差异化逐渐增强，因此各要素对三个细分行业企业竞争力的影响程度有所不同。首先，成本、环保要素对三个细分行业企业的影响程度基本相同；其次，随着产品差异化的增大及距离最终用户越来越近，技术研发、品牌与销售渠道要素对石油化工、基础化工、精细化工企业竞争力的影响逐渐递增；最后，自然资源、资本投入能力对石油化工、基础化工、精细化工企业竞争力的影响逐渐递减。

三、化工行业监管体系与政策

(一) 行业监管体系

我国化工行业宏观管理职能由国家发展和改革委员会承担，具体管理工作由工信部原材料工业司负责；质量技术监督管理部门负责多个化工行业的生产经营许可监管。此外，化工行业企业在生产经营中还受到应急管理部门（安全生产和危险化学品监管）、生态环境保护管理部门、公安部门（剧毒化学品购买使用）等的监管。

在行政监管体系之外，化工行业也通过各类协会实施自律管理，主要负责组织行业发展研讨，向主管部门提供行业发展建议等工作。化工各子行业一般均有行业协会，其中中国石油和化学工业联合会是全国性、综合性的社会中介组织，下设专业协会 52 个，基本覆盖了化工行业的各个领域。

（二）重要的行业监管政策

第一，行业准入。《产业转移指导目录》（2018 年本）、《产业结构调整指导目录》（2011 年本，2013 年修订）对不同地区、不同产品、不同规模、不同工艺的化工项目进行禁止、限制或鼓励。《中华人民共和国工业产品生产许可证管理条例》规定，危险类化学品、化肥、耐火材料等化工产品生产实施实行生产许可证制度，企业需办理许可后方可进行生产经营。

第二，安全生产。《中华人民共和国安全生产法》《安全生产许可证条例》《危险化学品安全管理条例》《危险化学品生产企业安全生产许可证实施办法》《危险化学品安全使用许可证实施办法》《危险化学品登记管理办法》等法律法规对涉及危险化学品使用、生产、销售、存储及废弃物处理的监管进行了规定。

第三，环境保护。《中华人民共和国环境保护法》《中华人民共和国固体废弃物污染环境防治法》《中华人民共和国水污染防治法》《中华人民共和国环境影响评价法》《建筑项目环境保护管理条例》《建设项目竣工环境保护验收管理办法》等构成了我国环境保护方面的法规体系，对化工行业项目建设、污染物排放与治理、环保设施配置等实施全方位规制。此外，国务院及地方环境保护行政主管部门制定了一系列的环境质量标准、污染物排放标准、环境监测标准等，对企业的污染物排放设定了标准。

（三）IPO 审核要求及上市后的信息披露要求

经统计整理 2016—2018 年发审委对 64 家化工行业公司 IPO 申请提出的 221 个问题，按照出现的频次，发审委关注的与化工行业特征相关的问题主要集中在环境保护、危险化学品安全生产、生产经营许可资质、原材料价格波动、产品质量、宏观经济环境及下游需求分析七个方面。

上海证券交易所 2017 年颁布《上市公司行业信息披露指引第十八号——化工》，要求公司结合自身所在细分板块的特点，披露行业整体和公司个体的产能和开工情况、生产和销售模式、环保和安全生产等重要信息；同时，结合化工企业的生产流程特点，要求公司对能耗和原材料的变动情况等进行细化披露，帮助投资者准确理解判断行业特性和经营状况以及公司的业务特点和业绩主要的影响因素①。

四、总结与启示

结合中小化工公司在产业链中的分布及各类资源要素的影响，我们认为应重点关注化工行业以下信息。

第一，重大风险方面，分析产业政策、宏观经济波动、原材料价格或供给对公司生产经营的影响并揭示相应风险和应对措施。第二，竞争优势分析方面，结合所属行业在产业链中的具体位置、行业壁垒、竞争格局等分析公司关键资源要素的优势和影响。第三，研发创新方面，披露创新机制、技术工艺、专利与配方、在研项目、研发人才储备和激励措施等，相关专利、技术、配方的来源和在生产中的具体应用情况。第四，生产方面，公司原材料、能源的采购及自给率，单位产值的能耗和物耗指标，产能、开工率、产量情况，产品用途及在行业产业链中的分布情况。第五，成本控制方面，公司应披露为控制、降低成本和费用采取的措施，成本的构成要素和成本控制能力，毛利率、期间费用率与同行业公司的对比。第六，设备运行的稳定性方面，公司应披露核心设备的大修、升级改造的频率及所需要的时间、资金等，报告期内设备的停产、检修、改造情况，说明非正常停产及其对公司经营成果的影响。第七，运营合规性方面，充分披露公司对环境保护、安全生产方面法律法规的遵守、执行或受处罚情况，并披露报告期内环保投入金额、安全生产费计提和使用情况。第八，在建项目方面，重资产特征会导致化工企业的产能投放具有滞后性②，公司除应披露在建项目的基本情况外，还应结合投产后市场需求的变化分析新建项目的产能利用率。第九，特殊细分行业方面，日用化学品公司应披露主要产品的品牌情况、销售渠道、品牌宣传推广措施与费用，以及各品牌系列产品的市场占有率情况；农药、化肥行业应披露季节因素和农业补贴政策及税收优惠政策对公司生产经营的影响。

---

① 上海证券交易所．关于第十四号至第二十号上市公司行业信息披露指引的起草说明［EB/OL］．［2019-06-10］．http：//www.sse.com.cn/aboutus/mediacenter/hotandd/c/c_20161202_4209903.shtml.

② 兴业证券化工研究团队．化工行业2019年度策略［EB/OL］．［2019-07-09］．http：//www.sohu.com/a/278264269_619384.

第二篇　教育行业

一、教育行业发展概况

《国家中长期教育改革和发展规划纲要（2010—2020 年）》指出：百年大计，教育为本，教育是民族振兴、社会进步的基石，是提高国民素质、促进人的全面发展的根本途径，强国必先强教。因此，教育具备鲜明的国家和民族属性。

（一）教育行业发展现状

从 20 世纪 90 年代至今，教育行业经历了国际教育期、K12 辅导期、素质教育期三次改革发展浪潮，市场日益丰富，正在向各细分市场进一步下沉。教育行业作为朝阳行业，正处于比拼内功和规模的时代。

自 2012 年起，每年国家教育财政性经费支出占国内生产总值保持在 4% 以上，预计 2019 年中国教育市场的总规模将超过 10 万亿元①，占当年 GDP 的 10% 左右。我国教育行业发展主要受政策导向、潜在客户需求、家长消费能力及支付意愿、产业升级、城镇化进程等因素影响。

（二）教育行业发展趋势

1. 在线教育促进教育信息化提速

随着云计算、大数据、人工智能等新技术的发展，在线教育进入快速发展阶段。学生、老师作为在线教育的主要用户，在平台、工具上基于内容产生交互，从而达到资源配置精准对接的目的。早期的在线教育主要集中在一对一、在线小班和在线大班等纯在线模式，但随着线上体验效果不佳及线上流量红利消失等问题的出现，在线教育商业模式逐渐改革创新，目前以双师课堂②为代表的线上线下结合模式受到市场的青睐，如 K12 培训机构新东方在线、学而思、VIPKID、猿辅导等在线教育蓬勃发展。

---

① 中国统计年鉴，农村居民家庭文化娱乐服务消费支出、城镇居民家庭文化娱乐服务支出、全社会教育固定资产投资、财政性教育经费四项合计数。

② 双师课堂的“双师”指的是一位顶级牛师加一位助教老师，上课模式为顶级牛师通过 1∶1 线上实时讲课，助教老师在课堂上进行一对一答疑、针对性辅导、查漏补缺、巩固练习等课堂服务，学生通过答题器参与课堂问答。

2. 二孩政策及新生代父母认知助推学前教育

随着2015年底国家宣布二孩政策全面放开及国民生活水平的大幅提升，2016年出生总人口达1780万，为2000年以来的巅峰，未来几年新生婴儿数量呈现稳步上升趋势，学前教育市场发展将蓬勃发展；另外，随着家长的认知提升，他们对学前儿童的投入、关注以及需求更加重视，这些因素都将使学前教育市场的消费升级在即。

3. 留学热潮推动国际学校发展

近年中国留学人数呈现快速增长趋势，根据《2017 中国留学白皮书》的调研结果，2017年出国留学群体中就读本科及以下学段的学生占总体人数的36%，已成为出国留学的主力军之一。根据新东方的数据调研，2017年在K12留学群体中就读于国际学校的约占27%。未来本科留学有望成为出国留学的发展主力。在低龄化发展趋势下，国际学校能够填补低龄阶段国际教育的需求，并为本科出国的学生提供最佳学习途径。

4. 培训终端需求旺盛

培训终端需求旺盛促进了细分行业发展。如在入学考试培训方面，考研培训在2018年报考人数达290万，增速创近10年新高；成人自考培训2017年市场规模达466亿元，未来5年在线自考培训市场复合增长率达58%①，促进了相关培训机构的大规模扩张。在职业证书资格培训领域，随着教师资格证成为必备上岗证②后，2018年参考人数达650万，同比增长110%，促进教师培训企业业绩大幅增长，如新三板挂牌公司山香教育2018年的收入增长近30%。

二、教育行业产业链及商业模式简介

（一）教育行业产业链简介

我国教育行业经过数十年的发展，已经形成研发、服务、用户的产业链结构。

上游阶段主要为研发，包括教学课程内容研发、教材出版、教师培训和教

① 黄莞，田鹏．职教培训专题报告：2018年职教培训回顾：享受政策红利，聚焦头部企业“产业链延伸+跨赛道”机会［EB/OL］．［2019－07－09］．http：//data. eastmoney. com/report/20190116/hy, APPJ4jhlQ9gVIndustry. html.

② 2018年8月，国务院办公厅下发的《关于规范校外培训机构发展的意见》，要求从事语文、数学、英语及物理、化学、生物等学科知识培训的教师应具有相应的教师资格。

育装备等核心竞争要素的研发生产。中游阶段主要为服务环节，也是教育行业的重点，常见的服务媒介主要包括学校、培训网点和在线平台。下游用户根据需求的不同主要包括学历教育人群、非学历教育人群、机构用户等。整个教育行业产业链较短（见图2），供给侧为各项产品或服务提供商，需求端直接传导至客户，教育作为消费服务的特点非常明显。

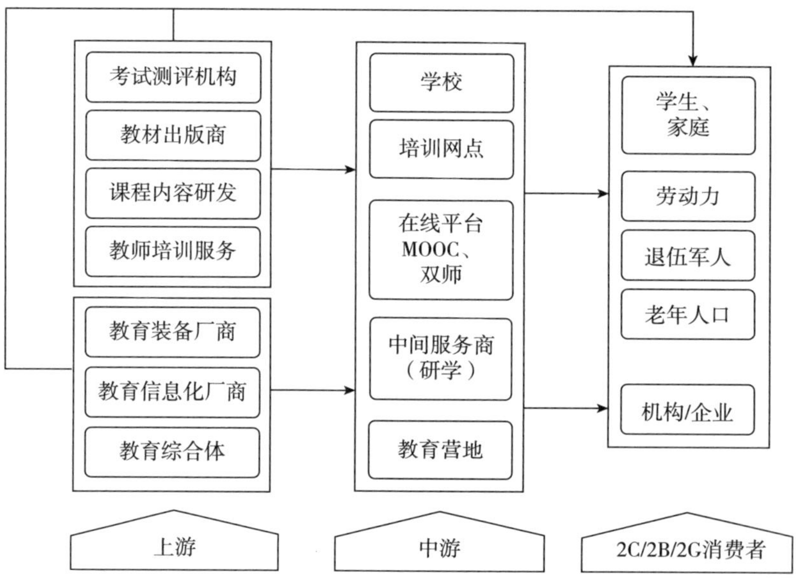

资料来源：申万宏源研究所。

图2　教育行业产业链

（二）教育行业商业模式

广义教育行业根据产业链终端客户的不同，可将服务对象分为个人用户（toC）和机构用户（toB），在此基础上将教育行业商业模式分为五类：学校、培训、在线教育、教育信息化和出版。根据《挂牌公司管理型行业分类指引》的划分，教育信息化属于软件和信息技术服务业，出版属于新闻和出版业，在本研究报告中教育行业商业模式主要为学校和培训，同时因为在线教育模式的兴起，其也成为一种重要的业务模式。

三、教育行业核心竞争要素及风险分析

（一）学校教育

根据《挂牌公司管理型行业分类指引》，学校教育包括学前教育、初等教

育、中等教育、高等教育，以及特殊教育。根据《中华人民共和国民办教育促进法（2018）》（以下简称《民办教育促进法（2018）》）以及《中共中央、国务院关于学前教育深化改革规范发展的若干意见》的相关规定，民办幼儿园不得单独或作为一部分资产打包上市；不得设立实施义务教育的营利性民办学校。因此，本报告所称“学校”为中等教育、高等教育、特殊教育中除幼儿园、义务教育阶段之外的教育公司。

1. 学校教育核心竞争要素

教学内容和质量。教育行业作为提供服务的行业，其教学内容及质量是核心和本质。因此，教育机构的核心竞争力是教育产品和服务提供过程中的体验和效果。与此相关的核心指标主要包括：一是教学内容及课程研发；二是体现教学效果的升学和就业情况。

核心人才管理能力。学校的核心竞争人才包括三部分：一是素质过硬且稳定的师资团队，是保证教学产品及服务质量输出的关键；二是管理型人才，对实现学校的规模化经营与规范化管理、维持企业发展起着至关重要的作用；三是技术型人才，教育发展离不开科技创新，技术型人才是推动教育公司尤其是在线教育公司信息技术与教育创新融合发展的重要驱动因素。

校企合作情况。近期国家针对职业教育领域的主要政策是促进产教融合、校企合作。职业学校加强与企业的合作，引入行业内领先企业参与办学，有利于提高学校的教学水平和教学质量；同时，以就业为导向的校企合作课程也有利于帮助学生获得合作企业提供的实习和就业机会，提升学校的就业率。

政府资源。《民办教育促进法（2018）》规定，新建、扩建营利性民办学校，政府应当按照国家规定供给土地；教育用地不得用于其他用途。民办学校属于偏地产、重资产模式，学校建设使用的土地及房产是学校的核心资产。同时，根据《民办教育促进法》相关规定，县级以上各级人民政府可以采取购买服务、助学贷款等措施对民办学校予以扶持；民办学校享受国家规定的税收优惠政策。因此，政府各项扶持措施可能影响学校的经营及财务情况，也是评估学校投资价值的核心指标之一。

2. 学校教育的风险特点

人才管理风险。学校在人才管理方面面临核心人才供不应求、行业人才流失率高、行业人才标准提升、人才激励模式单一等诸多风险和挑战。优质师资稀缺、同行的挖墙脚也层出不穷，都将导致师资的流动性过大，影响教学质量的维持。

合法合规风险。国家逐步加强对教育行业的整体监管，对教育机构在准入资质和日常监管等方面的合法合规性要求越来越严格。面对不断推出和完善的监管新要求和趋势变化，公司如果无法采取妥善的应对措施、完善内部管理架构和业务流程，可能导致业务环节无法满足监管要求。同时，学生安全无小事，学校的校舍住宿安全、食堂食品卫生安全、消防安全等涉及学生人身安全健康方面也可能存在合法合规风险。

土地资源风险。土地及房产是学校的核心资源。如果政府供地无法持续，则会严重影响教育公司的持续经营。同时，近年来民办学校也出现采用轻资产模式的情况，即由合作方提供土地和校舍等硬件设施，教育机构作为品牌方入驻。该模式具有复制效率高的优势，但也存在合作方失去土地使用权及房产产权或单方面解除协议的合作风险。

（二）培训教育

根据《挂牌公司管理型行业分类指引》，培训教育属于教育行业中技能培训、教育辅助及其他教育分类。培训行业本质上属于提供专业服务的连锁经营服务业。该行业公司的成长路径往往是一地成功、异地扩张，并通过跨细分赛道扩张突破天花板。

1. 培训教育核心竞争要素

品牌知名度。在信息不对称的情况下，消费者出于对机会成本的考虑，通常会选择知名的培训机构。因此对于培训机构来说，无论自身课程教学实力多么优秀，都需要立足公司长远发展、不断维护自身品牌形象，这也是提升公司获客效率的关键要素之一。

标准化课程体系。作为提供专业服务的机构，教学内容的重要性毋庸置疑。拥有优秀稳定的研发团队，形成系统化的培训课程，并进一步形成标准化课程体系，既可以完成去名师化、降低师资流动对教学的影响，又可以提高机构的整体教学内容质量、缩短从业人员的培训周期，进一步降低运营成本、提升机构实力；同时可以建立培训机构的课程化导向，培养品牌理念的认同感。

标准化渠道扩张体系。大多数培训机构通过加盟模式进行扩张，同时辅以自建或外购新的培训机构点。在加盟模式下，公司可实现低成本快速扩张，有利于品牌迅速占领市场。同时，公司资产、业务、人员进一步分散，对于统筹管理、内部控制、人员调配、教学质量方面提出了更高的要求。因此，标准化渠道扩张体系的建立可以帮助公司在风险可控的情况下快速复制盈利模式，加快品牌的市场覆盖率。标准化体系作为公司加盟扩张的基础，具体可以包括对加盟商的筛选（考察加盟商行业经验、开多店的能力等）、运营管理（包括装修标准化、教材标准化等）、教师管理和培训机制、业绩考核等制度的统一标准化。

2. 培训教育的风险特点

品牌声誉风险。培训行业作为连锁经营服务业，成功的关键是市场对其品牌和声誉的良好认可，而品牌和声誉的维持能力取决于多方面因素，倘若不能进一步维持品牌及声誉的认可度及提高所提供课程的知名度，或不能支付过高的市场推广及宣传费，业务及经营业绩将受到极大影响。此外，公司课程及内容的任何负面宣传都可能有损学生及家长对课程的兴趣，从而给公司业务及经营业绩造成不利影响。

知识产权风险。教学内容是培训行业的核心竞争力，培训机构的课程、教材、教学软件等内容产品涉及公司知识产权，若相关知识产权被非法侵害或公司侵犯他人知识产权，则可能使公司品牌和声誉受到影响，进而影响公司的业务开展和经营业绩。

扩张整合风险。在自建或并购的扩张模式下，如果公司现金流较为紧张或缺乏有效的整合能力，业务的快速扩张可能会导致并购整合、财务方面的相关风险；在加盟的扩张模式下，如果公司不能对众多加盟网点的经营加强管控，将可能影响加盟点的正常运营甚至对自身品牌形象产生不利影响。

（三）在线教育

在线教育指的是通过应用信息科技和互联网技术进行内容传播和快速学习的方法。与传统线下教育方式相比，在线教育具有效率高、使用方便、门槛低、教学资源丰富的特点。本报告中定义的在线教育主要是指为学生、家长、老师等 C 端客户进行的教育服务的企业。

1. 在线教育核心竞争要素

模式的选择及可复制性是在线教育发展的关键。在线教育短短几年快速发展历经线下培训 30 多年的发展历程，其商业模式复制性强，市场扩张能力强。但商业模式究竟是采取录播、直播、1 对 1 模式、小班课还是大班课模式、双师模式等是企业运营选择的关键，如何选择适合自身发展的可迅速扩张的商业模式是在线教育发展的关键。

技术水平是支撑，AI 大数据精准教学、因材施教。在线教育在技术上要特别重视系统的流畅性、用户信息的安全性，以及系统防火墙的稳定性才能保证在线学习效果顺畅、舒适，因此要特别重视技术系统的开发和维护。同时，系统对每个网络学员的个性资料、学习过程和阶段情况等可以实现完整的系统跟踪记录，针对不同学员以效果和效率标准为学生提供个性化的服务，真正做到因材施教。

获客成本是体现盈利能力的关键。目前大部分的在线教育公司都处于亏损状态，主要原因在于互联网公司通常是先花钱，先获客，然后再挣钱。一些在线教育机构的获客成本达到每名学员上千元甚至更高，所以在线教育的门槛看起来偏低，但要想最终存活下来获得盈利，获客成本和获客方式是企业盈利的关键。

2. 在线教育风险特点

平台、系统、网络安全等风险。对于在线业务领域，信息系统及基础设施的性能及可靠性至关重要，任何系统出错或故障或流量突然增加都可能导致系统中断或学生无法取得课程及服务。此外，电脑系统及运营可能遭受无法控制的事件，倘若学生经受重大服务终断，公司声誉可能受损，同时，公司信息系统拥有大量用户数据，面临数据存储、保障数据安全运行、避免数据泄露的问题。

师资管理风险。对于在线教育来讲，师资不会在物理空间上受到教育机构的管理约束，它们可能遍及全国各地甚至全球各地，在教师准入判定上需要考虑的因素更为复杂，需要在行业内推动师资征信的统一共享平台，采用黑名单制防止行为不良的老师进入行业内。在教学质量管控上，需要加强课程设计和教学标准化建设，从而强化自身教研和教学内容的主导性，弱化老师在授课过程中的关键作用，提供更为标准化的授课流程，从而增强师资的可复制性和可替代性。

知识产权受到侵害的风险。在线教育平台、系统的搭建以及教学材料、教研模式等知识产权是公司的核心竞争优势，若上述资源被无偿使用或侵害，将给公司未来持续经营能力造成重大不利影响。

四、教育行业监管体系和主要政策

（一）教育行业监管体系

国务院教育行政部门负责全国民办教育工作的统筹规划、综合协调和宏观管理；国务院人力资源社会保障行政部门及其他有关部门在国务院规定的职责范围内分别负责有关的民办教育工作。此外，在线教育机构根据其业务内容可能受到国务院信息产业主管部门、新闻出版广电主管部门的监管。

中国民办教育协会是民办教育行业自律组织，主要承担开展民办教育科学研究、开展民办教育评估活动、推广民办教育科研成果和经验、为政府部门对民办教育的决策提供咨询服务等工作。

（二）教育行业重要监管政策

民办学校分类管理。中共中央、国务院《国家中长期教育改革和发展规划纲要（2010—2020 年）》首次提出开展对营利性和非营利性民办学校分类管理试点。2018 年修正的《民办教育促进法》在立法层面明确区分了营利性和非营利性民办学校。国家区分营利性和非营利性民办学校，在审批登记、扶持措施、税收优惠、用地优惠等方面进行分类管理，给予非营利性民办学校更加优惠的政策。

行业准入。根据《民办教育促进法》规定，教育行政部门和人力资源社会保障行政部门按照国家规定的权限分别负责各类教育机构的审批。审批机关对批准设立的民办教育机构颁发办学许可证。民办教育机构聘任的教师应当具有国家规定的任教资格。

学前教育。近期关于学前教育的政策措施着重强调学前教育的普惠性，遏制涉及幼儿园的资本运作。《中共中央、国务院关于学前教育深化改革规范发展的若干意见》（中发〔2018〕39 号）要求把握学前教育公益普惠的基本方向，规范发展民办幼儿园，遏制过度逐利行为。民办园一律不准单独或作为一部分资产打包上市，上市公司不得通过股票市场融资投资营利性幼儿园。

校外培训。2018 年以来，监管部门出台了一系列政策，对面向中小学生举办的非学历文化教育类培训（校外培训）领域进行规范整治，主要措施包括对校外培训机构开展专项治理，纠正“超纲教学”“提前教学”“强化应试”等行为，严禁组织中小学生等级考试及竞赛；校外培训机构必须经审批取得办学许可证，并对培训机构的办学条件、培训安排、收费、日常监管等方面提出了细致要求。

职业教育。近期，国家针对职业教育颁布的法规政策重点在于促进产教融合、校企合作。国务院发布《国务院办公厅关于深化产教融合的若干意见》（国办发〔2017〕95 号）、《国务院关于印发国家职业教育改革实施方案的通知》（国发〔2019〕4 号），要求深化产教融合，促进教育链、人才链与产业链、创新链有机衔接，培育数以万计的产教融合型企业。教育部等部门发布《职业学校校企合作促进办法》《建设产教融合型企业实施办法（试行）》，明确了各部门深化校企合作的具体举措。

在线教育。教育主管部门对于创新性的在线教育培训活动一度采取较为宽松的监管态度，但近年来不断加强监管。教育部等部门联合发布《关于健全校外培训机构专项治理整改若干工作机制的通知》（教基厅〔2018〕10 号）、《关于规范校外线上培训的实施意见》（教基函〔2019〕8 号）均要求强化在线培训监管，按照线下培训机构管理政策同步规范线上培训机构。此外，线上教育机构还需要根据其具体线上业务形态，遵守有关互联网信息服务等方面的法律法规，取得 ICP 等许可证。

五、总结与启示

（一）对教育行业审查监管的启示

在教育行业的公益属性主导政策方向背景下，国家政策法规成为教育行业发展的核心变量，教育行业发展及能否进入资本市场受到教育政策法规的影响巨大。从具体细分行业来看：（1）幼儿园企业资本化路径受阻。2018 年 11 月 15 日，国务院发布《关于学前教育深化改革规范发展的若干意见》，明确社会资本不得通过各种方式控制国有资产或集体资产举办的幼儿园、非营利性幼儿园；民办园一律不准单独或作为一部分资产打包上市。（2）义务教育阶段学校企业不能成为营利性组织，不能上市或挂牌。《民办教育促进法（2018）》第十九条明确规定，民办学校的举办者可以自主选择设立非营利性或者营利性民办学校。但是，不得设立实施义务教育的营利性民办学校。（3）其他阶段学校企业可以选择成立营利性民办学校进入资本市场。《民办教育促进法（2018）》将民办学校区分为营利性与非营利性实施分类管理，其中营利性民办学校的组织形式为公司制，可以进入资本市场。同时，《民办教育促进法实施条例（修订草案）（送审稿）》（2018 年）规定，实施集团化办学的，不得通过兼并收购、加盟连锁、协议控制等方式控制非营利性民办学校。这一立法趋势表明国家不鼓励公司通过协议控制等方式控制非营利性民办学校进入资本市场。(4) 针对培训行业，虽然进入史上最严监管阶段，但资本化路径未受限。其中，中小学学科类培训监管最为严格，成人职业培训监管相对次之，早教培训监管相对宽松。(5) 针对在线教育行业，在线下培训行业处于政策强监管状态的背景下，政策监管范围将从线下培训延伸至线上培训，对线上培训机构提出了同步规范要求。在教师资格、备案公示等方面的监管趋同于线下机构，在线教育机构教研和运营规范度将大幅提升。

综上所述，国家对教育不同细分领域监管政策强度整体趋严、略有差异，幼儿园和义务教育阶段监管最为严格，因此在教育行业准入环节审查和监管工作中，应掌握教育行业各细分领域监管政策要求，包括能否进入资本市场、办学资质、师资、教学体系、办学场地、人员等方面要求，充分关注公司是否符合各细分行业的监管法律法规及政策是教育行业审查监管重心之一。

(二) 对教育行业信息披露的启示

1.《信息披露指引》的适用范围

教育机构尤其是学校可以分为公立和民办，其中民办教育机构又区分为营利性和非营利性。本次《信息披露指引》的制定聚焦于民办营利性教育机构，其适用范围涵盖《挂牌公司管理型行业分类指引》教育中除幼儿园、义务教育阶段外的教育机构。

2. 充分披露教育行业风险

如前所述，教育行业风险主要体现为宏观层面的政策监管风险以及微观层面的多方面运营风险。教育行业公司应充分披露相关风险以及涉及的公司经营情况信息，具体包括：一是合规经营风险，包括行业监管政策及对公司的影响情况，以及校舍住宿安全、食堂食品卫生安全、消防安全等涉及学生人身安全健康方面的合法合规情况，是否发生卫生、安全事故或存在重大安全隐患等。二是人才管理风险，包括核心团队及重点师资情况，教师招聘准入、培训、教学评价、绩效考核机制。三是品牌及知识产权风险，包括品牌使用及运营情况，以及风险事件对公司品牌声誉的影响；公司拥有的知识产权是否存在争议纠纷或权属不明情形，以及对公司合法规范经营、持续经营能力产生的影响。四是土地及房产资源风险，包括土地及房产使用的合法合规性、可持续性、到期无法续租的风险等。五是经营模式风险，包括加盟或合作模式下的质量控制、人员管理、发生纠纷的风险及相应的内控管理措施，并购及整合风险等。六是平台、系统、网络安全风险，包括网络系统的维护运营，突发事件的处理措施，以及对网络违法活动的风险防范措施等。

3. 充分展示公司经营特色及核心优势

根据前述教育行业评估体系，公司应充分披露投资者关注的核心竞争力情况及经营特色，展现公司的经营亮点与投资价值，提升对投资者的吸引力，具体包括：一是公司提供的教学产品、服务及教学内容情况，以及师资团队、课程研发情况；二是公司技术研发情况，教育业务与科技的结合情况，以及公司技术研发与业务协同关系；三是公司核心资产，包括核心资产为土地、校舍、人才、资金、品牌等情况；四是学校类教育机构应披露每年获取的政府购买服务、助学贷款等政府扶持措施及相关影响等情况，职业学校应披露校企合作情况；五是培训类教育机构应披露品牌优势、课程体系及渠道扩张体系的标准化情况，采取加盟模式的应披露品牌加盟策略、教学质量控制、教师管理和培训机制等情况；六是在线教育机构应披露相关资质、许可等取得情况，技术人才、技术研发及教育科技应用情况等。

第三篇　农林牧渔行业

一、农林牧渔行业总体发展概况

我国一直高度重视农林牧渔行业，2004—2019 年连续 16 年发布以“三农”为主题的中央 1 号文件。2019 年 2 月 11 日，人民银行、银保监会、证监会、财政部、农业农村部联合发布《关于金融服务乡村振兴的指导意见》，支持符合条件的涉农企业进入资本市场融资。具体来看，农业是以土地资源为生产对象、通过培育动植物产品来生产食品及工业原料的产业；广义农业（第一产业）是指包括种植业、林业、畜牧业、渔业四种产业形式以及其衍生的上下游产业。

（一）农林牧渔行业发展历程

18 世纪到 20 世纪，伴随着工业和生物学方面的快速发展，传统农业向近代农业转变可持续发展的理念，世界经济一体化的市场需求，以生物技术与信息技术为主要代表的新的农业科技革命及系统化、科学化、集中化的生产技术又将近代农业推进到现代农业。

（二）农林牧渔行业发展现状

根据世界银行最新统计数据[①]，世界农业、林业和渔业产值趋势稳步增长，从1997年的12070亿美元增长到2017年的33520亿美元，增长近2倍；全球畜牧业产值从6123.2亿美元增长到12697.3亿美元，增长了1.07倍。

据国家统计局数据，2017年农林牧渔行业总产值已达11.5万亿元，农业6.2万亿元占比最大，畜牧业3.0万亿元，农林牧渔行业总产值增速放缓，仅2.3%。从产业结构来看，1982—2018年，第一产业GDP占比从33%下降至现今的7.19%，主要是因为我国第一产业GDP增长速度明显低于全国总GDP增长水平。从细分行业来看，近10年，农林牧渔4个子行业的产值占比稳定，种植业占比53%左右，牧业占比30%左右，渔业占比10%左右，林业占比最低，仅为5%左右。近几年，我国农林牧渔发展存在以下特点。

国民经济占比逐渐减小。随着国家经济的不断发展，我国产业结构也发生了变化。从国家统计局的数据中不难发现，相较于第二产业、第三产业比重的不断增加，农林牧渔业的占比不断降低。

政策市场化程度不断加强。2014年以来，我国开始实行农业供给侧结构性改革，先后出台了新版《主要农作物品种审定办法》《国家级水稻玉米品种审定绿色通道试验指南（试行）》《全国种植业结构调整规划（2016—2020年）》等相关政策文件，同时，国家也逐步取消玉米、大豆和棉花临时收储政策并逐步降低小麦、稻谷最低收购价格，政策导向市场化趋势不断增强，特别是2019年农业一号文件，再次强调要持续推行农业供给侧结构性改革，通过市场化的方式完成行业供给侧改革和实现行业的高质量发展。

农业对外贸易依存度增加。受到我国农业从业者种植偏好与相对落后的农业技术影响，我国粮食价格在国际市场缺乏竞争力，粮食供给存在结构性不平衡，除水稻、小麦、玉米三大谷物自给率保持在95%以上，以大豆为代表的其他农产品都严重依赖进口。在畜牧业中，牛羊肉长期依赖进口，受2018年非洲猪瘟影响，猪肉大幅减产，进口需求也逐步增加。

劳动就业结构发生变化。随着我国农业的现代化建设不断加速，农业生产精细化作用越来越明显，需要的劳动力大大减少。另外，我国一线、二线城市

① 世界银行数据库，https：//data. worldbank. org/indicator/NV. AGR. TOTL. CD？end = 2018&start = 1998，2019 - 05 - 18.

发展逐渐与其他地区拉开了距离，次发达地区的城市化进程也日趋深入，大量农村劳动力开始进入城市的第二、第三产业寻找工作机会。

二、农林牧渔行业产业链及业务模式

（一）产业链简介

由于行业本身的特点，农林牧渔业的产业链庞大而复杂，各个细分行业之间的交流非常密切，行业上下游连接十分紧密。全产业链按照生产时点可以分为产前环节、产中环节、产后环节、流通环节及消费环节五个环节，而农林牧渔业的生产主要集中在产前、产中、产后三个环节。

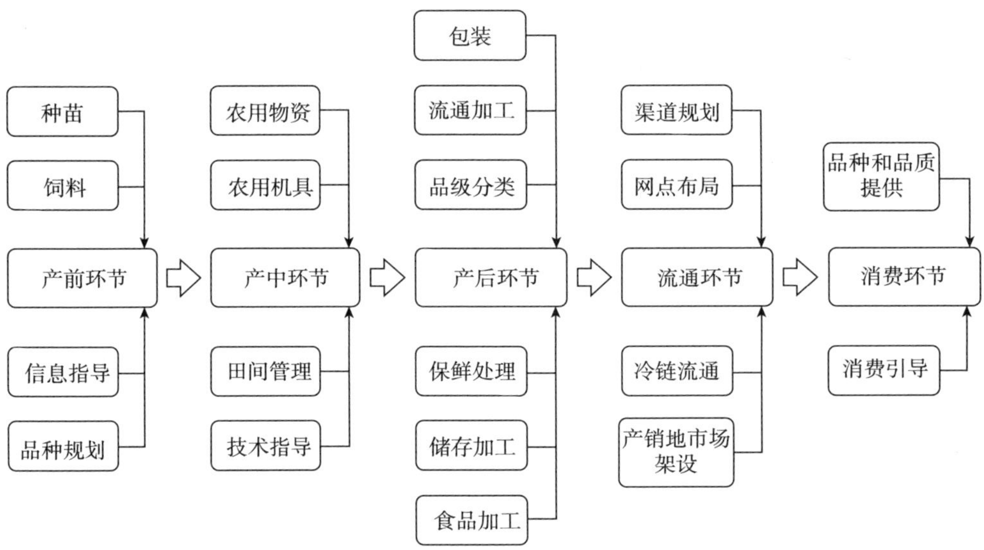

图3 产业链架构①

农林牧渔业的产前环节以育种、饲料等农资生产行业为主；产中环节主要包括种植业、畜禽养殖业、捕捞业等具体生产环节，其中部分行业的最终产品也处于其他产品的产前环节；产后环节主要是农林牧渔服务业。

（二）业务模式

受到地域限制，农林牧渔行业的销售模式主要以经销为主、直销为辅；从生产模式来看，种植业和养殖业企业普遍存在三种模式，分别为农户自主经营、公司+农户（或公司+基地+农户）及工厂化雇佣经营三种业务模式（见表1）。

① 产业分析全景图谱，http：//www.sohu.com/a/161358150_510626，2019-05-14.

表 1　　种植业和养殖业企业的三种业务模式

	农户自主经营	公司 + 农户	工厂化雇佣经营
表现形式	土地使用权为生产者自有或仅有土地流转程序取得，生产者自主建设简易的生产设施，全权负责包括农资采买，农业生产。产品销售在内的全部生产环节，自负盈亏	农户加盟公司，利用自有土地按照公司的规格进行种植或养殖，并与公司签订收购合同。公司为农户提供生产原料，技术服务和成品回购	公司通过招拍挂程序取得土地的使用权，斥资建设较大规模的生产设施，自主经营决策，产品统一品牌、包装，使用自有的销售渠道，生产者与公司为雇佣关系
应用规模	一般包括农业大户、家庭农场和生产型合作社	以行业内头部企业为主，业务模式较新	以行业头部企业为主，业务模式较为传统
模式特点	1. 投资小，规模小，管理水平低，抗风险能力差 2. 生产技术水平较低，产量不稳定 3. 完全自给自足，农户生产积极性高	1. 农户基本为一次性投资，带有加盟性质，公司通常采用协议约定的方式展开合作 2. 农户投资基础设施采用公司统一的技术标准，生产资料按照约定由公司统一供给 3. 生产资料所有权一直归属公司，在全流程中不发生变更，农户仅取得使用权 4. 农户收益主要按照最终产量进行计算，行情较好时可取得部分绩效奖金，在行业上行期农户生产积极性较高，但在下行期有一定的违约风险 5. 所用的建设土地为农户所有，公司无须购买土地	1. 投资较大，投资主体单一，管理水平较高，抗风险能力强 2. 公司对生产全流程有完全的控制能力，质量控制较好 3. 集成化生产便于公司统一购买先进的设备，生产效率较高 4. 生产资料所有权一直归属公司，在全流程中不发生变更 5. 与农户为完全的雇佣关系 6. 土地需公司自行购买，需要一定的政府公关能力 7. 收益完全归属于公司，需要有较强的成本控制能力

续表

	农户自主经营	公司+农户	工厂化雇佣经营
模式优势	1. 门槛极低,投入较小 2. 使用自有土地,土地纠纷隐患小 3. 全部生产资料自有,自负盈亏,生产积极性高	1. 解决农民融资难、销售难的困难,降低农户的风险。另外也解决农业企业资产前期投入大、土地受限等问题 2. 后续发展空间广阔。在小型农场、传统家庭农场逐步退出后,较为优秀的农户有望得到释放,成为公司+农户模式企业的后备产能 3. 更好地利用农民土地,促进就业,受政策鼓励	1. 全流程覆盖,有利于在宏观上进行风险控制,管理效率高 2. 有利于标准化生产模式的推行,公司整体技术水平普遍较高 3. 农民为企业雇工,管理转化能力强,生产效率高
模式劣势	1. 几乎没有扩张的空间,完全不受资本市场关注,融资一般仅限于小额贷款 2. 容易受疫病、自然灾害、政策变化的冲击,抗风险能力极差 3. 对环保不重视,环境危害风险大	1. 对管理水平要求极高,以合同管理农户难度较大 2. 农户存在个体区别,标准化生产难以彻底推广,生产效率相对工厂化雇佣模式略低	1. 重资产投入,前期资产投入较大 2. 畜禽较为集中,易于动物疫情传播,环保压力大 3. 受土地资源禀赋限制,扩张需要购买土地,扩张成本高
代表企业	无	温氏股份 Smithfield Foods 隆平股份	牧原股份

在三种模式中，农户自主经营是受我国小农经济影响最深的产业模式，该种模式主要以个体户为主，不存在成熟的农业企业。在另外两种模式中，工厂化雇佣经营属于典型的重资产发展模式，采取此种业务模式的企业在产业链中延伸较广，有一定的成本控制能力，但因为建厂投入较大，对现金流有较高的要求。公司+农户模式最早来源于美国，采用此种业务模式的企业基本不需要购买土地使用权建设生产设施，也不需要雇用大量的生产人员，整体来看公司资金压力较小。只要成本控制得当，公司+农户模式的企业极有可能在适当的行业上行期于短时间内出现爆发性的业绩提升。鉴于我国中小农业企业普遍存在规模小、投入低、政府公关能力弱、发展空间大等特点，公司+农户模式将是中小农业企业更好的选择。

三、农林牧渔各细分行业概况

（一）种子行业

种子行业为农业生产提供最基本的生产材料，是农业产业链的起点。自2000年《中华人民共和国种子法》颁布以来，我国种子行业正式进入发展期。但是在高速发展的同时，行业分散、科研能力弱、商品化比率较低、法规保护不全面等问题也一直制约着种子行业①。种子行业的核心竞争要素主要有以下五点。

1. 种质资源优势

种质是指生物体亲代传递给子代的遗传物质，它往往存在于特定品种之中。种质资源是作物育种的物质基础，未来农业的发展特别是以现代生物技术为代表的农业新技术革命，在很大程度上将依赖掌握种质资源的数量和对其研究利用的深广程度②。因此，对于育种研发企业来说，种质资源的积累、发掘与利用能力是企业自身竞争力的主要表现。

2. 研发优势

从育种路径来看，从产量提升到品质提升对企业的研发能力要求更高，这主要取决于公司的育种水平和种质资源的储备，只有公司育种水平过硬，种质资源储备充足，才能快速研发出符合市场需求的产品。例如，隆平高科在水稻

① 武春霞．种业进入整合发展期［J］．农经，2012－12－05．

② 刘明慧．发挥种质资源优势 促进种业发展［J］．种子世界，2000－05－15．

育种领域是我国乃至全球的领先者，多年研发的积累和近年来的大量产业并购显著提升了公司种质资源储备。

3. 营销创新优势

种子产品同一种类不同品牌产品之间的可替代性很强，为争夺市场资源，各大种子企业都在全力拓展销售网络①，有效拓展销售渠道、创新营销策略是未来种子企业竞争的主要因素。如隆平高科通过深化示范营销、会议营销等营销组合，细化差异化战略，撬动经销商、种植大户的积极性和能动性，使公司各品类产品营销成效显著，市场占有率稳步提升。

4. 一体化发展优势

种子行业集中度较低，企业众多、规模普遍较小，存在育繁推三段分离的局面。为了提高自身综合实力、实现长足发展，专注于一体化经营，使科研、生产、销售成为一个系统的整体，成为更多种业公司的选择。国外如杜邦、孟山都、先正达等主流种子企业都是集研究、开发、生产、加工、销售等环节于一体的大型公司。

5. 品牌优势

品种的品牌效应是品种销售的主要驱动因素。作为种子的主要消费者，农民群体消费黏性较易形成，相对于具体的生物数据更认可有足够知名度的品牌。由于同类种子可替代性较强，通过打造自身独有的品牌效益，构建产品知名度，提高消费者的信赖和消费黏性成为种业公司取得竞争优势的主要手段。

（二）种植行业

种植业生产的农作物包括粮食作物和经济作物，具体项目通常是指谷物、豆类、油料、薯类、棉、麻、糖、烟草、蔬菜、水果、食用菌、园艺作物、中药材种植等。种植业主要分布在我国东部，又分南方和北方，南方以水田为主，北方以旱田为主。种植行业的核心竞争要素主要有以下三点。

1. 资源优势

自然资源优势决定了农产品产量、品质与生产成本。一般而言，地势平坦、土壤肥沃、生态环境良好、气候适宜的地区农作物产量普遍较高。具有地理优势的种植企业在生产成本和品质等方面都具有一定的市场竞争力。

① 陈立辉．浅谈种业领域的投融资形势［J］．北京农业，2010－06－15.

2. 科技优势

农业科技是现代农业生产发展不可或缺的支撑。长期以来，我国农业集中度低，粗放式农业较为普遍。采取先进农机与种植技术的企业可以极大地提高生产效率，甚至阶段性地克服资源禀赋缺陷。

3. 基础设施优势

农业基础设施建设一般包括农田水利设施，农产品流通重点设施、粮仓管控设施等。完善的农业基础设施有利于提升农业企业标准化水平，提高公司现代化和信息化管理水平，有助于农产品质量追溯体系的建设。

（三）畜牧业

畜牧业与种植业并列为农业生产的两大支柱。作为农林牧渔板块最受资本青睐的细分行业，畜牧业尤其是生猪养殖业发展较为迅速，优质企业较多，但目前周期性强、集中度低、同质化高、环保问题突出等问题依然普遍存在。畜牧业的核心竞争要素主要有以下三点。

1. 优质种源

对于畜牧业而言，种源的优劣直接决定产品的质量与性质。采用优质种源培育的子代商品畜禽可以同时包含父母代种源的多种特性，增强产品的硬实力。掌握了优质种源，本质上就是对自身产品的良性背书。

2. 成本控制能力

对于中大型畜牧业企业而言，由于种源相对固定，产物同质化比较明显，价格也相对固定，企业自身的成本控制能力成为影响企业盈利能力的重要指标。通过提高物料转化效率，产业向上下游延伸等方式，企业可以有效减少物料浪费与购买生产资料的支出，提高生产效率。

3. 先进养殖技术

畜牧业作为我国历史悠久的传统行业，技术壁垒较低，采用传统养殖技术的个体或中小企业与采用现代先进养殖技术的企业产能差距极大。先进养殖技术对企业盈利能力的提升不仅体现在产量上，更体现在对疫病灾害的防御能力上。

（四）渔业

渔业是指捕捞和养殖鱼类、其他水生动物及海藻类等水生植物以取得水产品的社会生产部门，一般以捕捞与养殖作为生产方式。与欧美国家不同，我国渔业以养殖为主，以远洋捕捞为主的捕捞业份额不断降低。渔业是资金、技术及劳动力密集型产业，也是自然资源依赖型产业，水产品作为食品存在明显的食品质量安全壁垒，总体而言，行业核心竞争要素主要有以下三点。

1. 水域资源优势

海水、淡水养殖行业的主要资源是优质的水域，水产品养殖的特性决定水产品养殖行业要以水域资源为产业基础。大部分水产品的养殖对气候、水域要求较为严苛，水质、温度、盐度、酸碱度等指标的变动会对其品质产生重大影响。目前国内适宜养殖的天然水域资源较为稀缺，高品质水产品的养殖与生产区域仍然以原产地水域为主。随着工业的发展，水域污染加重，拥有适宜养殖的优质水域成为水产品养殖企业的一项重要竞争优势。

2. 技术优势

渔业各环节都存在较高的技术壁垒，如水产种苗选种育种、种质提纯复壮、饵料营养添加剂的研发、健康养殖技术、水产品精深加工能力及加工副产品综合利用技术开发等都需要企业投入较大的人力、物力、财力，进行长时间持续的研发。

3. 全产业链优势

全产业链的水产养殖业公司具有较强的成本优势和抗风险能力，在深度研发高端精深产品、提高加工处理能力、加强品牌市场建设方面都具有较强优势，所以头部水产养殖业公司均为具备全产业链生产的优势，如公司建立海参育种育苗—养成捕捞—研发加工—销售服务于一体的绿色环保可追溯的海参全产业链体系，国联水产建立了从种苗、饲料、养殖、加工、质检到销售的全产业链模式。

（五）林业

作为维持生态平衡的重要行业，林业不仅是我国环境保护布局的重点行业，也是国民经济重要的组成部分。林业的行业核心竞争要素主要有以下两点。

1. 主要林场资源禀赋

我国幅员辽阔，资源禀赋不一。我国国土横跨温带、亚热带、热带三个气候带，气候复杂多样。西北地区由于干旱少雨、蒸发快速，不适宜大多数林木的生长；南方地区雨量充沛、气候温和，为大部分林木种植提供了适宜的条件，另外我国不同地区地力差距较大，部分西北地区土地比较贫瘠、林木生长缓慢、周期长、培养成本高；南方地区地力肥沃，为林木生长提供了较好的基础。

2. 产品营销理念

林业受政策影响较大，每年采伐量都有具体的指标，产品区分度受营销附加值的影响较大。在完善林木种植标准化建设的基础上，拥有差异性或特色的林木品种更受到市场的关注，能够提高林业企业的知名度与竞争力。以挂牌企业红豆杉为例，该公司主要的种植产物红豆杉是珍稀的抗癌植物，公司以长寿树的概念进行宣传，起到了良好的营销效果，提高了业内的知名度。

四、农林牧渔行业风险分析

1. 行业季节性风险

农林牧渔行业总体上是围绕生产资料自然生长展开生产活动的，动植物的生长发育有一定的规律，并且受自然因素的影响。农业生产者在安排生产时一般都注重不违农时，顺应自然规律进行生产，以达到生产效率的最大化，所以农产品的供给也存在明显的季节性。随着科技的发展，近年来以温室大棚生产技术、无土栽培技术为主的支持农产品反季节生长的技术日渐成熟，但总体上并不能改变行业受季节影响较大的特点。

2. 自然灾害风险

农业企业经营与自然条件息息相关，容易受到自然灾害的影响。这也是因为我国在农业长期投入上的不足，中国农田基础设施普遍比较薄弱，设备比较落后，如灌溉、排水等水利设施尚不完善，自然灾害的损失率也比较高①。极端气候自然灾害如旱灾、水灾、霜冻、冰雹及风灾等，病虫鸟兽危害如各类病虫害、鸟害、鼠害等均会影响农业生产正常开展，导致减产、品质欠佳、生产运输设备和农产品的损失，增加了企业的负担。

3. 农产品价格波动风险

受农业生产供求关系变化、自然灾害、国际生产者垄断以及投机资本活动日益频繁等因素的影响，农产品价格呈现周期性波动。作为大宗商品，农作物价格也与贸易政策、汇率、资本市场状况等有密切联系，周期性特征较明显。近年来，“豆你玩”“姜你军”“向钱葱”都是农副产品价格频繁出现过山车式大幅波动的直接反映。

---

① 陈颖等．农业规模化发展与农产品安全的现状及对策［J］．耕作与栽培，2016－08－26.

4. 疫病风险

动物疫病与植物疫病一直以来是影响农业产量的重要因素。由于疫病暴发具有突然性与防疫滞后性，受影响的农产品将不可避免地遭受不同程度的损失。以非洲猪瘟为例，公开资料显示，2019 年 1 月，生猪存栏同比下降 12.6%，能繁母猪存栏同比降幅达 14.8%，2 月降幅进一步扩大到 19%。北部地区有多地存栏下降超 50%，未出现非洲猪瘟的产区养殖产能也下降 30% 左右。鉴于我国农林牧渔行业集中度整体较低，规模化企业较少，疫病防疫意识差，投入不高，疫病将在未来相当长的时间内成为行业发展中的重大风险。

5. 财务核算风险

农林牧渔企业自身管理架构相对简单，缺乏现代化的管理意识与基本的审计自觉，使不少业内企业对审计工作不甚重视。同时由于行业内采购的特殊性，不少企业存在向不特定供应商或个人不索要凭证，以现金方式进行采购结算的情形，受政策影响无须缴税，为财务造假留下了不小的空间。加之行业内重要指标生物资产盘点较为复杂，审计机构受制于审计成本、人力与时间上的限制，无法充分、完整地开展针对生物资产的审计工作。

6. 食品安全风险

由于农林牧渔企业集中度较差，合规意识不强，使用过期农药、非标准兽药的情形偶有发生。在企业发展中，若出现任何食品安全问题，不但会使公司疲于赔偿，还会直接损害公司的产品信誉度和市场形象，进而影响产品的销售。

7. 环境污染风险

农业环境污染最突出的问题是重金属污染，化学工业制造、金属矿山开采、日常生活废水排放以及农业生产中的农药和化肥的不规范使用等，导致土壤的重金属含量逐渐增加，极难恢复①。另外，近年来，在畜牧业规模养殖迅速崛起的同时，牲畜粪便造成的农业污染也呈现加重的趋势。许多大中型畜禽养殖场缺乏处理能力，将粪便倒入河流或随意堆放。粪便进入水体或渗入浅层地下水后，会大量消耗氧气，使水中的其他微生物无法存活，破坏生态平衡。

8. 政策变动风险

农业企业在税收、财政补贴等多个方面受到国家政策支持，补贴科目繁

---

① 土壤污染究竟有多可怕［J］. 地球，2018（9）.

多，金额较大。近年来，我国行业政策扶持强度逐渐减少，有向市场化发展的趋势。随着政策结构的转型，部分政策驱动较强的企业业绩势必会受到影响。同时，随着我国行业整体环保要求的提高及部分地区产能分配的需要，产能落后、环保不达标的企业将被陆续强制淘汰。

9. 知识产权保护风险

由于我国知识产权监督及保护体制还不完善，以种业为主的高科技附加值行业经常受困于品种保护成本过高的窘境，种子市场品种杂乱，假冒伪劣种子横行。另外，品种审定、良种补贴等相关制度制定的本意是规范市场，引导和促进优质品种的推广，但由于实际监管不够严格，制度并未带来预想的效果，反而在某种程度上保护了一些性质不良的品种，阻碍了良种推广工作。

五、总结与启示

（一）审查关注点

1. 财务真实性

农林牧渔企业财务真实性一直是资本市场长期关注的问题。所以在准入环节，对农林牧渔行业的公司应严格审查，尤其是对个人客户较多、存在业绩对赌、财务指标明显高于同行业的公司，可通过提高中介机构尽调要求、加强现场检查等方式加大审查力度，同时也可要求注册会计师对申请农业挂牌公司出具内控审计报告，提高内控制度健全及执行有效性。

2. 盈利能力

农林牧渔企业盈利能力受较多因素影响，盈利能力衡量维度多，因此应从多方面关注农林牧渔企业的盈利能力。对盈利能力的考量既应当考虑企业报告期内的主要财务指标，也应当考虑包括行业政策法规的变化和企业在生产经营品种权属等法律问题。

3. 经营模式

由前文可知，成熟的农林牧渔企业经营模式主要包括公司 + 农户模式及工厂化雇佣经营两种模式。不同模式有不同的特点，在财务数据上、法律问题上也应该有不同的侧重点。在中介机构前期尽职调查与企业信息披露中，应当按照自身不同的经营模式有选择、有侧重地进行披露，从而更加准确地体现企业自身的价值。

4. 土地问题

农林牧渔公司对土地的依赖性普遍较大，从以往挂牌审查反馈情况来看，土地权属问题是监管机构重点关注的问题。在中介机构核查与信息披露中，应当重点侧重企业土地取得的合规性以及相关程序履行的完备性，避免企业出现土地权属不清的情形。

5. 税收优惠

国家对农林牧渔企业的税收优惠政策主要体现在销售自产农产品免征增值税和农产品种植部分免征企业所得税两个方面。在监管中应当主要关注公司的完税情况及公司对各项税收优惠政策的依赖程度。

6. 关于产品质量问题

产品质量是对公司持续经营能力影响较大的因素，在审查与监管中可以重点关注公司生产经营相关的资质、许可、特许经营权等取得的完备性，公司内部质量控制制度的完备性及报告期内公司涉及产品质量问题的诉讼、仲裁情况。

（二）日常监管

经过前述分析，农林牧渔公司整体风险较高，在挂牌日常监管中可采取以下措施：一是披露年度内控评价报告。农业类挂牌公司董事会应按照《企业内部控制评价指引》的要求对公司内部控制进行评价，及时修正内控存在的缺陷，提高财务报表的真实性、完整性。二是披露每季度的经营数据。由于农业类企业经营周期性较强、受外部环境影响较大、业绩波动较大，应借鉴沪深交易所经验，要求农业类企业按照季度披露经营情况，便于投资者及时了解公司经营动态，提高投资决策效率。三是及时披露特有风险事项。如农业类企业发生自然灾害风险、疫病风险、政策变动风险、农产品价格波动等行业整体风险，应要求农业类挂牌公司及时披露对行业及公司自身影响、公司应对措施，并及时更新风险事项进展；如发生食品安全风险、环境污染风险等，应及时披露舆情信息、对公司的影响以及应对措施。

第四篇　影视行业

一、影视行业总体发展概况

（一）行业发展历史

1. 电影发展历史

中国电影诞生于1905年，经历了以下几个阶段[①]：第一阶段为初创阶段（1905—1949年），该阶段，中国电影主要在上海发展，以民间资本为主。经典作品：《孤儿救祖记》《狂流》《中华儿女》等。第二阶段为新中国电影萌芽阶段（1950—1966年），以国有资本为主导，作品主要以现实主义和浪漫主义结合。代表作：《白毛女》《祝福》《林家铺子》等。第三阶段为新中国电影发展阶段（1966—1990年），中国电影走出低潮，拍摄出《小花》《人到中年》等一大批反映改革实践、针砭社会时弊的优秀影片[②]，该阶段仍以计划经济为主。第四阶段为市场化改革阶段（1990—2009年），该阶段，中国电影先后实施了影视合流改革、电影精品工程、电影股份制、集团化改革等主要措施[③]，中国电影形成了国有、集体、民营多种所有制协调发展的新格局，艺术质量和形式都有了崭新的突破和提高。代表作：《孔繁森》《离开雷锋的日子》《那山那人那狗》《不见不散》《英雄》《神话》等。第五阶段为高速发展阶段（2010年至今），该阶段，多家影视公司上市融资，BAT成立影视公司，票房快速提高。代表作：《战狼》《我不是药神》《流浪地球》。

2. 电视剧发展历史

电视剧产业的发展大致分为以下几个阶段：第一阶段为初创阶段（1958—1966年）。这一阶段的电视剧从总体艺术上看，更多的是宣传品而非艺术品。比如为了进行忆苦思甜而创作的《一口菜饼子》；根据与地主阶级作斗争的少年英雄刘文学的事迹创作了《刘文学》等。第二阶段是停滞阶段（1966—1976年），在此十年间，电视剧的创作几乎是停滞状态。第三阶段是萌芽阶段（1977—1989年），由于生产方式和技术手段的巨大变革，这一时期的电视剧

---

① 中国电影史，http：//www. hudong. co，2019－07－15.

② 免费电影，http：//baike. baidu. c，2019－07－15.

③ 我国电影发展迎来第三次高潮，http：//news. xinhuane，2019－07－15.

从演播室内走向了演播室外，实现了实景拍摄。《敌营十八年》《红楼梦》《西游记》等一批经典作品面世。第四阶段是发展阶段（1990—2003 年）。1990 年《渴望》的成功播出，标志着中国电视剧进入大众化发展的新阶段；1991 年播出的《编辑部的故事》，首次在播出中植入广告，为电视剧制作的融资环节提供了新的渠道。第五阶段是迈向成熟阶段（2004 年至今），在市场竞争的压力下，中国电视剧产业在类型化生产和产业化运行两方面趋向成熟，产出了既有口碑又有收视率的电视剧，像家庭伦理类的《金婚》《裸婚时代》等，谍战类的《潜伏》《暗算》等。

（二）行业发展现状

2018 年全国制作发行电视剧 323 部、1.37 万集，制作发行电视动画片 241 部、8.62 万分钟，制作纪录片 7.59 万小时，比 2017 年小幅增长。电视剧国内投资额 242.85 亿元，电视剧国内销售额 260.95 亿元，与 2017 年基本持平。据新华网报道，2018 年全国电影总票房（含服务费）609.76 亿元，同比增长 9.1%，电影票房增速将进入年化 10% 左右增速趋势。其中，全国观影人次 17.2 亿，同比增长 5.9%，人均观影次数 1.2 次。近几年，中国影视行业发展特点如下。

行业处于洗牌期。近年来，影视行业在经历了野蛮生长后问题逐渐浮现：明星天价片酬、阴阳合同、艺人行为过失、作品质量低下等，随之而来的是资本的退出以及政策监管日益收紧。在此背景下，行业面临洗牌：首先，越来越多的资金实力较弱、产能落后的小微制作企业逐步被淘汰出局；其次，知名影视公司的挣扎与蛰伏期的影视黑马形成鲜明对比，上市影视公司 2018 年业绩普遍下滑，华谊兄弟、唐德影视等甚至出现大额亏损，同时欢喜传媒、开心麻花等后起之秀业绩大幅增长，新旧主体交替的趋势明显。

主管部门集中精力整治行业乱象。一是明星限薪。广电总局对于电视剧及综艺节目制作成本有了进一步的规范，控制演员、嘉宾的成本在整体成本中的比例，提高制作成本占比，既能保障内容效果，也能改变目前过度依赖流量明星的现象。二是规范税收。2018 年影视行业利用“阴阳合同”逃避税收案件曝光，10 月广电总局出台《关于进一步规范影视行业税收秩序有关工作的通知》，组织各地区税务机关督促影视公司、明星工作室、高收入影视从业人员进行 2016 年以来申报纳税的自查自纠工作。

剧集制作审批趋严，台网标准趋于一致。2019 年以前，对于电视台播放的电影和电视剧的审批较网络播出的更加严格，一些涉及鬼怪妖魔、三角恋、宫斗等的题材虽不能在电视台播，但可以在网络平台播出。但是，自2019年4月开始，对网络平台的审批及监管同电视台一致。另外，在内容上，审批部门对过度娱乐化的内容进行限制，加大扶持具有文化内涵节目的力度。

资本市场流动性紧缩。过去几年，影视产业的超高速发展吸引了大量资本进入。2010年与2015年，全国电影票房增速分别超过了60%与40%。无论是影视剧投资还是电影院建设都达到了前所未有的高峰。但是随着发展，资本逐渐意识到影视产业的盈利模式不稳定，行业乱象频发，资本的进入因并未获得预期的收益而变得越发谨慎。与此同时，政策开始对影视产业的融资进行缩紧：包括进一步限制影视公司在A股的上市、禁止影视游戏等行业的跨界并购，这直接导致了资本在进入后难以退出。最终，资本在2017—2018年开始逐渐撤离影视产业①。

在线视频快速发展。随着移动互联网的普及，在线视频快速发展。一方面，在线视频突破了时间及空间上的限制，满足了人们利用碎片化时间看视频的需求，另一方面，网络内容审批较松，内容上存在较多优势。2018年，全国在线视频用户突破6亿人，同比增长1.06亿人，行业规模达到1104.6亿元②。在各项政策引导下，视频网站趋于良性发展和竞争。近几年，在线视频平台纷纷加大自制内容投入，内容自制具有低成本、排播自主、广告植入灵活、IP自有等多种优势，能够形成视频平台的良性循环。如爱奇艺自2014年开始陆续打造《盗墓笔记》《老九门》等爆款网剧；2015年首次提出纯网综艺概念，陆续打造《中国有嘻哈》《偶像练习生》等S+级爆款综艺。下一步视频网站的竞争焦点转变为差异化精品内容和更优质的服务③。

规模增速放缓，质量要求提升。2018年中国电影综合票房达610亿元，同比增长9%，增速较上年下降13个百分点；全年中国内地观影人次达17.17亿人，人均观影次数达1.2次，增速下滑12.2个百分点，票房增速与观影人次增速逐渐放缓。随着观众成熟度提升，影片口碑效应增强，以往通过流量明星、发行宣传等方式提高票房收入的方式转向以口碑相传的方式，倒逼供给方提供

① 高洪浩．影视业深度承压即将洗牌：监管没放松 资本趋谨慎［EB/OL］．［2019－07－15］．http：//finance. sina. com. cn/chanjing/cyxw/2018－12－03/doc－ihprknvs7699862. shtml.

② 比达咨询，《2018年中国在线视频市场年度报告》。

③ 杨仁文．爱奇艺（IQ）深度报告：中国在线视频创新领导者——暨互联网视频行业分析框架［R］．方正证券研究报告．

更加优质的作品。

（三）行业发展趋势

技术革新将改变行业格局。新技术和平台型公司在影视产业中通常会在下一阶段成为行业的整合者。如今阿里巴巴、爱奇艺与腾讯是新晋的平台型公司，它们掌握着强势的渠道资源。纵观美国电影产业发展历史，最早的电影公司最终被电视公司收购，而这些电视公司如今面临着被电信公司、科技公司所收购的挑战，因此抓住平台型和新科技公司就能抓住未来的行业巨头。

行业集中度将不断提升。从制作端来看，目前全国注册的影视公司近 2 万家，每年生产的电影在 700 余部左右，真正撑起票房的只有前 50 部电影，其收获的票房占总票房的 80%，每年生产的电视剧大概在 300 部左右，真正挣钱的比例仅在 10% 上下。在制作成本不断提高、影视行业融资环境恶劣的背景下，资本退出路径基本也只剩下同业收购一条路，因此，行业集中度将逐步提升，头部公司将会越来越有价值。从渠道端来看，最近三年，国内院线集中度保持平稳，但是格局较分散，2017 年前三名的院线市场的占有率仅为 29.7%，相比之下，美国前四大院线市场占有率高达 61%，欧洲前两大院线的市场占有率更是达到了 50%。在亚洲市场，韩国前三的院线垄断了全国 92% 的银幕。由此看来，在中短期，渠道的扩张、兼并与整合的速度将维持在一定的高位，伴随的是行业集中度的进一步上升以及运营效率和产业整体升级。

电视端竞争优势重新显现。如前所述，近几年，在线视频对电视使用频率的分流明显，主要由于在线视频能满足人们利用碎片化时间的需求以及网生内容更丰富的优势。目前以上两点都发生了变化，首先，移动互联网的发展也遇到了瓶颈，总体移动互联网用户数连续两年增速为个位数，人均使用时长的增长在短视频快速增长期过后也偃旗息鼓，移动互联网对电视端用户的虹吸正在削弱。其次，随着网生内容管理的加强，自 2019 年 4 月后，网生内容要求与台端趋于一致，并且目前 OTT 上可播放的内容与移动端基本相同，电视端的内容劣势也不复存在。从中长期来看，《超高清视频产业发展行动计划》直接利好电视大屏的娱乐消费，电视端的超高清内容相比移动端具有较大优势，综上所述，电视端的竞争优势将重新显现①。

---

① 滕文飞，胡纯青．聚焦细分行业龙头 把握游戏、影视机会——2019 年文化娱乐行业中期投资策略［R］．上海证券研究报告．

电影市场将从增量市场向存量市场转变。随着人口红利消失、市场竞争日益激烈、消费行为的转变，未来2~3年，我国电影市场无论从影院与银幕数、人均拥有银幕数以及观影数来讲，基本趋于饱和，尤其是院线行业将陷入瓶颈。市场将进入存量竞争。事实上，在现在许多三四线城市的影院已经出现上座率低以及低银幕产出的问题。

衍生品等产业链延伸发展趋势。目前中国的电影市场对票房依赖度极高，接近80%。在北美市场，电影收入仅30%来源于票房，其余70%源于电影衍生业务。预计未来步入相对成熟的中国影视内容行业，IP衍生品发展是新方向。

二、影视的主要细分行业

影视剧产业上游为资金提供方及内容提供方，中游为内容制作方，主要为各类影视制作公司，制作方完成的作品通过内容传播方的宣传向最终消费者输出，即内容变现方。R86影视公司主要为产业链的中游，包括内容制作方、内容传播方中的院线。

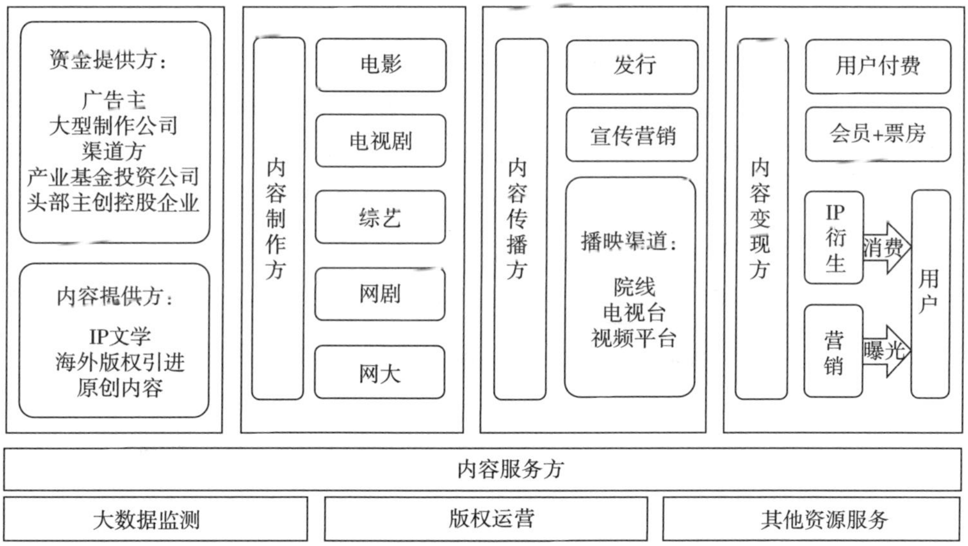

资料来源：艾瑞咨询，《2019年中国影视综内容投资价值研究报告》。

图4　影视行业产业链

大型制作公司主要有博纳影业集团、华谊兄弟等；渠道方主要有万达影城、大地影院、湖南卫视、爱奇艺视频、优酷视频、腾讯视频等；产业基金投资公司主要有华人文化产业投资基金、华盖资本等；头部主创控股企业主要有真乐道文化等。

影视制作公司主要有博纳影业集团、北京文化、阿里巴巴影业集团、华谊兄弟、欢喜传媒等；电视剧制作公司主要有正午阳光、柠萌影业、华策影视、唐德影视；综艺制作主要有湖南广播电视台、浙江卫视、东方卫视、米未、爱奇艺视频、腾讯视频等；网剧制作主要有五元文化、优酷视频、腾讯视频、爱奇艺视频等；网络大电影制作主要有奇树有鱼、淘梦等。

内容发行方主要有博纳影业集团、华谊兄弟、猫眼等；内容宣传营销主要有腾讯微博、微信、抖音、快手等；院线主要有金逸影城、横店影院、UME、万达影城、大地影院等；电视台主要有中国中央电视台、湖南卫视、东方卫视、江苏卫视、北京卫视、浙江卫视等；视频平台主要有腾讯视频、爱奇艺视频、优酷视频、芒果 TV、PPTV 聚力等。

（一）电影与电视剧制作

1. 业务模式

（1）拍摄模式

电影与电视剧的拍摄模式相同，即通常分为自制拍摄和联合拍摄。现代影视剧往往规模较大，导致前期资金需求较高、后期投资回报存在较大的不确定性，因此，目前主流的制作方式往往为联合摄制。在联合摄制的模式下，根据是否参与具体的摄制管理，联合投资方分为执行制片方和非执行制片方。执行制片方负责整个拍摄进度的把握、资金的管理、主创人员的确定等，处于控制地位；非执行制片方一般不参与影片拍摄，仅从事相关辅助工作。

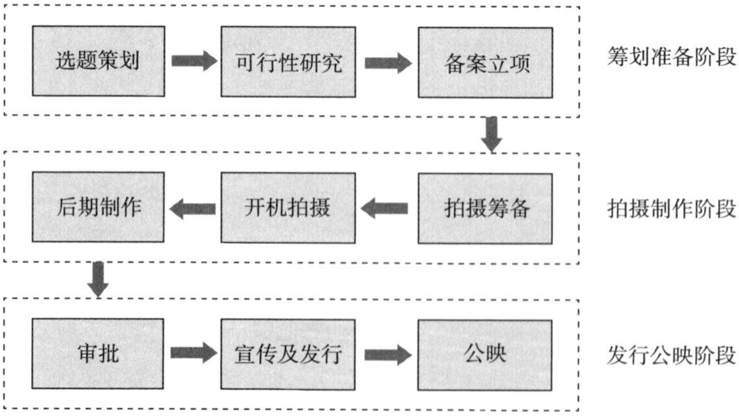

图 5　执行制片方的制作流程

(2) 销售模式

①电影销售模式

在目前我国的电影市场中，影院的票房收入仍是全国电影收入的主要来源。电影发行公司委托电影院线公司进行影片的放映工作，电影院线公司根据旗下所属影院的情况对影片放映下达排片指导，影院投资管理公司或影院根据实际情况进行调整。根据目前行业一般操作惯例及市场格局，电影发行方与院线、影院按照43∶57的比例对影片净票房[①]收入进行分配，但近年来随着电影市场的发展也可能产生协商分配比例的情况。

②电视剧销售模式

发行公司通过让渡电视剧播映权、信息网络传播权和音像制品版权获取收益，将其产品销售给电视台、新媒体公司和音像出版社。其中，电视播映权收入为主要销售来源，一般占收入的85%～90%。

电视剧的销售根据销售时点的不同分为预售和发行销售两个阶段。电视剧尚未制作完成时期的销售称为预售，后期制作完毕取得“电视剧发行许可证”后进入正式发行销售阶段。在现阶段，随着电视剧制作成本的逐渐上升，公司为了缓解流动资金压力，大多会采取预售的模式先取得一部分资金，在一定程度上保证了收入的实现。

电视剧的著作权在有效期内可以多次发行销售的特点，使电视剧的销售分为首轮发行（取得发行许可证后的24个月内）、二轮和多轮发行。公司会通过不同销售对象的组合方式实现销售收入的最大化。电视剧的发行流程如图6所示。

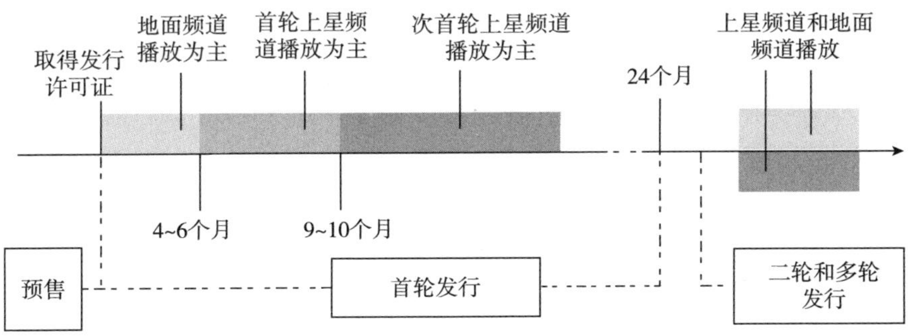

图6　电视剧发行流程

① 影片净票房收入是指影片的总票房收入扣除应缴的国家电影专项资金和流转税及附加后的净额。

2. 影视剧制作企业核心竞争要素

分析国内头部影视公司的竞争优势，发现优质的影视公司综合实力较强，在资本、人力、渠道、品牌、产业链等方面存在优势。

资本优势。影视剧行业普遍回款周期较长，为了保证前期制作质量，必须获取充足的资本支持。所以，拥有较多资本优势的影视剧公司具有较高的抗风险能力，国有影视公司与民营影视公司相比资本优势明显。比如在 2018 年的影视寒冬期间，民营影视公司普遍融资困难、现金流紧张，但中国电影 2018 年末货币资金储备达到 73. 57 亿元，雄厚的资金储备保障了公司有资金实力对外进行规模较大的影视剧投资，平抑单部影视剧投资亏损对公司整体业绩带来的不良影响，并具有进行较大规模资本运作的潜力。

人力资源优势。影视剧行业属于典型的人力资本密集型行业。优秀的影视剧作品不但对投资方的资金实力要求较高，而且对创作团队资源、制作经验、发行销售能力等方面都有较高的要求。在国内头部影视公司中均有与其绑定的知名创作人员，如华谊兄弟与冯小刚、张国立等；北京文化与陈国富、刘震云、严歌苓等。

渠道资源优势。目前，国内影视剧的主要发行销售渠道是电视台、新媒体以及电影院线。影视剧投资制作机构建立覆盖面广泛的销售网络并与上述渠道保持良好的合作关系是确保自身创作的影视剧作品能够顺利发行实现盈利的重要保障。

品牌优势。对于影视制作类企业而言，作品质量是影响影视公司盈利能力的关键因素，知名品牌意味着作品质量的保证。各个渠道作为流量入口，往往只愿意选择与市场口碑较好、作品水准质量有保障的机构长期合作。如头部公司制作的作品往往能够取得电视台黄金档播映权或者取得热门档的影院排位。

全产业链优势。完善的产业链布局为影视制作公司作品的制片制作、发行与放映提供了强大而完善的平台，有利于全产业链的规模化与集约化经营，同时也使影视公司能够保持在各个环节对影视产品的控制力。如中国电影业务范围涉及影视制片、制作、发行、营销、院线、影院、影视技术研发、器材生产与销售、演艺经纪、影视培训等众多业务环节。

（二）影院和院线

1. 业务模式

影投院线公司主要收入来自直营影院票房、卖品、广告等；加盟影院发行、广告等（分成比例小，绝对值小）；其他相关收入。其中，直营影院票房及观影人次决定了卖品、广告收入的情况。

我国院线公司经营模式主要包括纯资产联结、以资产联结为主加盟为辅以及加盟为主资产联结为辅三大类，具体经营模式如表2所示①。

表2　院线经营模式

经营模式	院线与影院的关系	代表院线	特点
纯资产联结	影院由院线直接投资兴建，影院资产归院线所有	万达院线	依托资产联结模式，院线能够以资本和供片为纽带，实现对旗下影院的统一品牌、统一建设、统一管理、统一排片
以资产联结为主、加盟为辅	旗下大部分影院由院线直接投资，影院资产归院线所有，但同时也鼓励加盟影院的进驻	广州金逸珠江，广东大地	在自有影院中能够实现统一经营和管理，但不能实现全院线各方面的统一
以签约加盟为主、资产联结为辅	旗下大部分影院和院线没有资产从属关系，只是以签约形式加入院线	中影星美、北京新影联、上海联和	以供片为纽带，实现统一排片，但不能完全实现统一品牌，统一经营和管理

2. 院线与影院核心竞争要素

（1）资质优势

在我国，院线牌照的取得需要满足一定的条件，目前国内共有48条院线，且最近五年多院线资质暂缓发放，导致院线资质成为稀缺资源。2018年底，国家电影局下发《关于加快电影院建设促进电影市场繁荣发展的意见》（以下简称《意见》），对成立电影院线公司提出了五项必备条件。《意见》的出台意味着资质申请将放开，但对申请者的资本实力、合法合规等方面的要求更加明确。

（2）跨区域扩张能力

目前国内主要院线除省内扩张之外（如金逸在广州、幸福在江苏、横店在浙江、上影在上海等），也在全国范围内布局。目前进入一线城市相对困难，

① 影院行业报告：电影产业链新趋势和行业格局，http://www.sohu.com/a/210323908_279374，2019-07-15.

二三线城市竞争较为激烈，大地、横店在四五线城市有先发优势，万达影城随商业广场下沉较为便利。跨区域扩张既需要与国内知名地产开发商、运营商建立良好的合作关系，又需要标准化、可复制的投资建设模式，对影投公司的综合实力要求较强。如万达拥有专门的影院建设团队，在影院项目投资建设的各个环节建立了一系列标准，能严格保证公司旗下影院建设品质的一致性，并且能保持每年新增 80～100 家影院的发展速度。

（3）较强的连锁经营能力

在纯资产联结模式下，院线对下属影院采取直营管理。这就需要公司具备强大的管控能力、高效的执行能力、规模化的运营能力和创新的营销能力，保证影院在各方面的统一。

（4）放映工艺的领先性

影院放映技术与消费者体验直接相关，领先的放映技术能够提高观影品质，增强消费者黏性，提高影院知名度。如万达是全国拥有 IMAX 银幕数量和杜比影院最多的院线，同时，推出自有高端巨幕品牌 PRIME，保持放映技术、品质处于国内外领先地位。

（5）资本实力

影投公司是重资产行业。影院建设较为特殊，层高、柱距、动线等都需要提前规划，多数影院会在商业地产打桩前介入，与开发商沟通或者签约，所以建设期较长。影院前期投资成本（装修、设备、座位等设施）一般按照单座位进行估算，三线及以下城市 1 万～1.2 万/座；二线 1.2 万～1.5 万/座；一线城市 1.5 万～1.8 万/座[①]，前期投入较高。综上所述，影投公司需要足够的资金实力才能保证影院的前期投入及拓展。

（6）非票业务的开发能力

非票收入占比是放映业务以外经营能力的体现，体现场景娱乐相关的综合实力，也是影投公司毛利率的主要来源。目前万达非票业务收入占比超 35%，一马当先；其他公司非票收入占比基本在 15%～25%，对比美国非票收入 40% 的占比，有较大的提升空间。

（三）电视节目

电视节目是一种运用多种宣传营销手段，同时广泛融合多个领域的艺术形

① 杨仁文，姚蕾．影院行业深度对比报告——观影人次提升驱动票房增长，单银幕产出拐点可期[R]．方正证券研究报告．

式所呈现的节目模式，包含多种类型，如晚会、生活、访谈、音乐、游戏、旅游、真人秀、美食、纪实、脱口秀、科技等①。

1. 业务模式

（1）制播一体模式

在传统制播一体模式下，电视台垄断播放渠道，自制节目霸占屏幕，凭借节目的创意和艺人的高人气来提高收视率，广告是获得收益的主要方式。在电视台播出完结后，电视台会将成片播映权出售给各大视频网站、海外电视台或付费频道创造额外收益。电视台会将部分非核心制作，如外景拍摄外包给制作公司。

（2）制播分离模式

2012 年《中国好声音》的推出标志着制播分离模式的开始，制播分离模式是一种制作和播放分离的模式，由独立的制作公司负责邀请艺人、节目拍摄制作等，然后出售给国内外的电视台或网络视频平台，获得版权费和制作费，同时电视台通过综艺节目的高人气吸引赞助、广告植入，开发衍生品等获取收益，这是目前的主流形式。

（3）网络综艺商业模式

随着互联网科技的发展，互联网视频平台不再局限于只扮演转播角色，转而独立进行综艺节目的制作。其中，最典型的案例是爱奇艺出品、米未传媒制作的另类辩论真人秀《奇葩说》。这种定位于视频平台的纯网络综艺也突破了传统综艺节目受到的电视端的限制，可以横跨手机、个人电脑、平板等移动终端，具有较大黏性。当前网络综艺行业收入仍然沿袭综艺的商业模式，即以广告招商为主。然而随着市场经济的低迷，招商收入增长速度放缓，迫使平台寻求多重变现方式，会员付费、版权分销、IP 衍生成为新的收入模式。

2. 电视节目类企业核心竞争要素

电视节目企业与电影电视剧制作企业类似，都需要有足够的人才积累及资源优势，包括创作团队的制作经验、对市场的敏锐度、精准把握观众心理等，以及获取优质客户资源、综艺节目的内容资源、媒体资源等；除此之外，电视节目还需要具备创新运营理念的优势。以大业创智为例，公司通过其控股股东大业传媒集团取得了《奔跑吧，兄弟》线下衍生权益和线下活动的开发运营权

① 艾瑞咨询，《2018 中国综艺行业报告》。

利，并深度挖掘栏目价值。在运营模式上，公司形成了拍摄地营销、商圈线下活动、衍生品开发等成熟的运营模式。尤其是拍摄地营销领域，公司作为这一模式的先行者积累了丰富的经验，形成了成熟的模式。

三、影视行业风险分析

影视行业普遍存在的风险除了市场竞争加剧风险、公司治理风险、人员流失及人力成本上升风险、影视作品适销性风险、侵权风险外，还存在以下特有的风险。

（一）业务风险

1. 受艺人行为过失影响风险高

国家新闻出版广电总局发布《国家新闻出版广电总局办公厅关于广播电视视频点播业务中暂停播出相关影视节目的通知》，对广播电视视频点播业务中，涉及吸毒、嫖娼等违法行为的影视编剧、导演、演员作为主创人员参与制作的影视剧、影视节目，一律暂停播出（点播）。若影视行业企业未能及时发现艺人的行为过失，将会影响相关电视剧、电影的播映，从而影响公司业务发展持续经营能力。如唐德影视 2018 年利润大幅下滑主要由于《巴清传》的两位主演均存在负面新闻，该剧未能播出。

2. 受行业政策变化影响风险大

影视行业受到国家严格管控，从制作前的审批、备案到播出都有主管部门的监管、电视台的调控。从 2004 年以后，国家逐渐通过正式文件或者窗口指导给予影视剧题材不同程度的管控，包括 2004 年公安题材、破案题材的剧集不能在电视台黄金时段播出；2012 年涉及宫斗、穿越、妖魔、三角恋等题材的剧集不能在电视台播出；2016 年上星古装剧不得超过 15%，明确规定早恋、转世、婚外情、同性恋等不得出现在电视剧中；2018—2021 年鼓励宣传建国、建党题材的剧集播出。综上所述，政策变化也会影响一些已经制作完成但没有发行的影视剧、电影面临不能播映无法收回成本的风险。

3. 收视率造假风险

电视台的主要客户是广告商，广告商投放广告的前提是要保证收视率，收视率无法保证，电视台可能会停播影视公司的电视剧，所以影视剧行业普遍存在购买收视率的情况。2016 年 11 月，《美人私房菜》因裸播收视率跌破 0.2，后被强制撤档，该剧从卫视转到网络后，点击量 8 天破 4 亿，主要原因就是没有购买收视率。具有同样情况的电视剧包括《天盛长歌》《娘道》等。目前购买收视率的价格已攀升至每集30万元至50万元人民币，假设以全国排行前20家卫视频道每年播出13000集电视剧计，全年收视率采买可高达40亿元人民币①。

4. 刷票房、代刷播放量的风险

电视剧制作方为拉动后续播放量及作品口碑，有通过第三方刷量的动机，视频网站也存在提高整体平台和部分作品播放量的动机。通过云合数据分钟级监测平台，可以明显看出，部分电视剧有异常凸起点，以及波段性持续刷量行为，比如凌晨三点追剧、日播放量15亿等。电影与电视剧类似，存在刷票房的行为，比如午夜时分院线排出场次，且场场爆满，目的是冲高票房。

（二）会计核算风险

1. 存货减值风险

在制和已完成影视剧作品未能通过主管部门的审查或预计销售价格低于制作和发行成本时，会使其较长时间内难以立项或者整体剧集市场价格下行，影响存货价值。

2. 现金流风险

影视作品从启动投资开始拍摄到实现销售收入并回笼资金往往需要1年以上的周期，普遍存在跨期现象；在影视作品的摄制和发行过程中，资金流出持续贯穿全部过程直至发行结束，而资金的回笼往往在某几个时点发生，呈明显的间歇性。头部剧项目一般投资金额较大，需要多途径筹资。

3. 应收款风险

电视剧应收款项是公司将电视剧的播映权卖给各大电视台或视频网站后的应收款项，此类款项回款期较长，尤其是电视台。

4. 业绩波动风险

电影、电视剧为项目制管理模式，且项目变现进度难以预期，如果投资的影视剧因政策、上映档期等原因不能在该年度确认主要收入，则可能引起公司收入增长的波动。

① 李程程．撕开收视率黑产遮羞布，电视剧行业“山竹”将至［EB/OL］．［2019-07-15］．http：//tech. ifeng. com/a/20180917/45170401_ 0. shtml.

四、总结与启示

影视剧公司在行业政策、经营模式、会计核算、盈利模式等方面与传统行业存在较大差别，因此，完善的公司治理、清晰的商业模式和符合行业特点的财务信息需要重点关注。

（一）挂牌准入方面

1. 关注持续经营能力

影视制作公司存在业绩波动较大的风险，这一风险在中小影视公司中尤为突出，中小影视公司在品牌、渠道、资金、人员聚集等方面实力较弱，一旦发生作品发行失败，有可能影响公司持续经营能力，所以针对中小影视公司，我们审查中应综合判断其持续经营能力，如果存在过往成功作品较少、入行时间较短、不存在具有影响力的演职人员、资金实力较弱等情形，应审慎同意其挂牌。

2. 关注合法规范经营

影视行业是强监管行业，在审查中，我们应重点关注业务合法合规情况，包括税收缴纳、资质取得、内容审批、明星薪酬等事项的合法合规性。同时，需要关注相关行业政策对公司业务的影响以及公司应对能力。

3. 关注财务真实性及完整性

针对电影业务，一方面，影院可能会通过刷票房的形式虚增票房收入；另一方面，一些三线、四线城市的影院为了少分红，存在瞒报收入的情况，所以财务真实性及完整性都可能存疑；针对电视剧业务，可能存在提前确认收入的情形，部分电视剧制作公司存在向电视台交片就确认收入的情形，但电视台播映时间并未确定或者长时间未播映，未实现风险报酬转移。所以在审查中，我们应重点关注财务的真实性及完整性。

（二）信息披露方面

影视行业特点鲜明、风险突出，所以在信息披露方面应重点关注以下几个方面：一是重点披露核心技术人员（及艺人）的行业经验及相关风险；二是重点披露行业监管政策及变动情况，并分析对公司业务及财务的影响；三是重点披露财务信息，包括会计核算政策、存货构成及减值情况、收入构成、商誉减值情况、流动性风险等；四是重点披露著作权的相关情况，包括取得方式、储备与开发情况、针对盗版侵权的内控制度等；五是重点披露作品相关信息，包括基本情况、拍摄模式、作品团队、内控制度等。

（三）并购重组方面

如前文所述，影视公司近几年行业集中度将不断提升，并购重组行为将成为趋势。针对新三板公司并购重组应重点关注以下三点：一是高估值并购。结合上市影视公司并购重组状况分析，高估值并购容易出现商誉减值风险，所以针对新三板影视公司并购重组中的高估值并购，应结合同行业估值情况重点关注估值合理性、公允性。二是跨行业并购。影视行业存在较高的人才资源壁垒、渠道资源壁垒、资本实力壁垒等，需要进行多年的前期积累才能具备一定的行业地位及影响力，而跨行业并购由于业务构成、管理理念、关键资源要素等存在较大差异，一般很难产生协同效应，所以针对跨行业并购影视公司的情形，应重点关注并购目的及对公司业务的影响。三是收购标的股东情况。如收购标的的大股东是有名的导演、演员、编剧等，应重点关注估值合理性，是否存在利益输送情形。

稿　约

《多层次资本市场研究》是由全国中小企业股份转让系统有限责任公司组织编写，面向社会公开出版的学术类书籍。内容涵盖中小微企业发展、资本市场制度创新、市场改革等我国资本市场发展的重要问题。风格为理论与实践并重、宏观与微观结合、现实与前瞻兼顾。

选题范围包括资本市场制度改革创新研究、新三板市场发展研究、民营经济产业研究、中小企业发展研究、资本市场微观行为研究、域外资本市场分析及启示、上市及挂牌公司案例研究等。

书中设置包括“理论前沿”“制度探索”“企业研究”“域外经验”“案例分析”等部分，每辑根据实际情况适当调整。

现面向全国经济、金融、法律、投资等理论界、实务界，诚征稿件。来稿应论点鲜明、逻辑严谨、结构合理、可读性强，具有学术深度和实践应用价值。稿件篇幅以8000～10000字为宜，特别优秀的理论稿件不受此限。稿件一经录用，编辑部将及时通知作者；采用后将根据文章质量及字数支付稿酬，并奉送样书。

投稿请发送至以下电子邮箱：tougao@neeq.com.cn，并附作者简介，包括姓名、署名单位、职务或职称、研究领域、通信地址、邮政编码、联系电话、E-mail等信息。所有投稿应符合国家著作权规定、公认学术规范和所附《编辑体例》要求。

本书编辑部保留对来稿进行文字性和技术性修改的权利。本书采用文章均不代表全国股转公司观点，文责由作者自负；除特别说明外，文章为作者个人观点，与其所在单位、职务无关。

投稿人向《多层次资本市场研究》投稿，即视为接受本稿约。

编辑体例

投稿论文应为作者原创、未公开发表、无知识产权争议并应符合学术规范，严禁一稿多投，并符合以下要求。

一、文章字数

文章应论点鲜明、逻辑严谨、可读性强，具有学术深度和实践应用价值，字数在8000～10000字为宜，特别优秀的理论文章字数不限。

二、标题

文章题名一般不超过20个字，必要时可加副标题。黑体三号字，居中。

三、作者

题目下方一行署名作者，宋体小四号字（居中），附加脚注、使用上标星号（*）标明，脚注中应当注明作者姓名、工作单位、职务、职称、学历。如有两名作者，第二名作者用两个上标星号（**）标明，依此类推。

四、摘要和关键词

摘要一般不超过300字；关键词3～5个，关键词之间用分号分隔。宋体小四号字，首行缩进。固定行距28磅。

五、正文

正文区分标题和内容，标题首行缩进，层级依次为“一、……”“（一）……”“1. ……”“（1）……”“①……”。一级标题采用黑体小四号字；二级标题采用楷体小四号字；内容首行缩进，宋体小四号字，固定行距28磅。

六、注释和参考文献

注释采用页下脚注，分页连续编号。注释非引用原文者，注释前加“参见”；引用资料非原始出处者，注明“转引自”；数个注释引自同一资料者，可合并同注。

参考文献附于文后，连续编号。注码放在文章标点之后，注码符号为“1、2、3、……”字体及字号：宋体小五号字，首行缩进。

（一）著作类

1. 独著作品

董安生．民事法律行为［M］．北京：中国人民大学出版社，2000：19－22.

2. 合著作品

徐明，李明良．证券市场组织与行为的法律规范［M］．北京：商务印书馆出版，2002：10.

3. 多人合著作品

左卫民，等．可持续发展与环境资源法制建设［M］．北京：中国法制出版社，2003：214－216.

4. 编辑作品

国务院研究室编写组．十三届全国人大一次会议（政府工作报告）辅导读本（2018）［M］．北京：中国言实出版社，2018：65－67.

（二）论文类

1. 期刊

谢庚．新三板服务中小微实践［J］．中国金融，2018（19）.

2. 论文集

（1）公开发行类

尹田．论动产善意取得的理论基础及相关问题［M］//民商法论丛（第29卷）．北京：法律出版社，2004.

（2）非公开发行类

李文超，李明红．新形势下乡土法官调解模式的检视与完善——从人民法庭家事纠纷的微观角度［C］．最高人民法院第二届人民法庭论坛论文集，2017.

3. 学位论文

王刚．西方各国金融系统演进和功能的制度分析——兼论我国金融系统的改革［D］．长春：吉林大学，2004：189.

（三）译作类

亚当·斯密．国富论［M］．唐日松，等译．北京：华夏出版社，2005：224.

（四）报纸类

郑志刚．CDR：只是刚刚吹响上市制度改革的号角［N］．经济观察报，2018－04－16.

（五）辞书类

沃克．牛津法律大辞典［M］．北京社会与科技发展研究所，译．北京：光明日报出版社，1988：68.

（六）外文类

遵从该文种注释惯例。英文注释体例如下：

1. 著作类

Harold U. Faulkner. American Economic History［M］. Harper & Brothers Publishers, 1960：23－25.

2. 论文类

Gavin Goh & Andreas R. Iiegler, Retrospective Remedies in the WTO after Automotive Leather［J］. Journal of International Economic Law, 2003, 9.

（七）网络类

梁慧星．关于中国物权法的起草［EB/OL］．［2009－08－08］．http://article.chinalawinfo.com/article/user/article_display.asp? ArticleID＝29283.

七、其他要求

（一）关于文章中的外文词语

1. 文章正文中第一次出现的外文词语，请不仅要标注出中文译义，并写全外文单词。

2. 图表中的图标、表头与单位等请用中文词汇。如引用外文，请标注中文译义。

（二）关于文章引用法律法规条文

1. 发布与实施的时间及发文单位要正确。

2. 法律法规的名称及引文内容要准确无误。引用具体法律法规、规范性文件应当加用书名号，首次引用应当使用全标题，如《中华人民共和国证券法》《中国证监会关于进一步推进全国中小企业股份转让系统发展的若干意见》。

3. 法条或文件内容序号（第×条、第×款、第×项）、时间（世纪、年代、年月日等）、数量金额等使用阿拉伯数字，但直接引使用原文的从原文。

（三）关于图表

1. 文中若出现图表，内文中应提到见表1（或表2、表3、……）或见图1（或图2、图3、……）。

2. 图表中如有数字，请注明单位，图表中的图标、表头与单位等请用中文词汇。

3. 请注明图表的数据来源。

（四）关于统计百分比数据

含有百分比的数据要四舍五入精确到0.01%，各占比部分相加之和的误差小于或等于0.01%。